人類学ワークブック

フィールドワークへの誘い

小林孝広・出口雅敏　[編著]

新泉社

はじめに

　本書は、文化人類学を初めて学ぶみなさん、そして、これからフィールドワークをやってみようというみなさんを対象にしています。「文化人類学とはいったい何をする学問なのだろう」、また、「フィールドワークという言葉はよく聞くが、いったいどういうことをするのだろうか」「フィールドワークをやってみたいが、いったい何から手をつけたらいいのだろう」「そもそも文化人類学やフィールドワークすることにはどんな意味があるんだろうか」……そんな疑問をもつみなさんに対して本書は書かれました。

　私たちは現在、グローバリゼーションや日常生活の市場化といった大きな社会変動の時代に生きています。自分自身の立ち位置を知ること、またそこから新たな生き方を模索することがますます重要な課題となってきています。文化人類学と、その手段としてのフィールドワークは、これらの課題に取り組むための大きな可能性を秘めています。

　本書で、文化人類学の基本的な概念や考え方、そして、フィールドワークにおいて「何に目をつけると、そこからいったいどんな世界を垣間見ることができるのか」を学んだら、みなさん、実際にフィールドに足を運んでください。

　本書の大きな特徴は、書き込み式の手作業、先輩たちのフィールドワークの成果をまとめたエスノグラフィーを読むこと、そして実際にフィールドに足を運んでみること、そういった一連の作業（ワーク）を通じて、自分たちの身のまわりの世界をもう一度新たな目で見返すためのフィールドワークにみなさんを誘うことにあります。

　書き込みで汚れた本書を手に、みなさんがそれぞれのフィールドに出かけてくださることを、私たち執筆者一同は心から期待しています。

編　者

Contents

はじめに　*3*
本書の使い方　*8*

第1章　住まう ——意味の世界に住む　▷ 矢野敬生　*13*

イントロダクション　*14*
ワーク　*15*
キーワード　*16*
　　1　見ること：ふたつのフィルター　*16*
　　2　「住まう」ことを分析するための枠組み　*17*
　　3　「住まう」ことをめぐる人類学的アプローチ　*19*
　　4　プルム社会の家屋とトロブリアンド社会の村落　*21*
エスノグラフィー
日本の家・ムラ空間——信仰対象物とその象徴的構造——　*27*
まとめ　*48*
ポスト・ワーク　*49*

第2章　食べる ——食べ物を考える　▷ 林　在圭　*51*

イントロダクション　*52*
ワーク　*53*

キーワード　*54*
 1　食物選択と食物タブー　*54*
 2　食べるに適している学派　*55*
 3　考えるに適している学派　*57*
 4　食は他者認識のバロメーター　*59*
 5　共　食　*63*

エスノグラフィー
韓国農村の日常食と儀礼食
―忠南唐津郡の一宗族マウルの事例を中心に―　*67*

まとめ　*80*

ポスト・ワーク　*82*

第3章　贈る——モノの交換から人と人のつきあいをみる　▷小林孝広　*83*

イントロダクション　*84*

ワーク　*85*

キーワード　*87*
 1　ビール返杯の応酬とニューギニアのクラ交換　*87*
 2　お返しのメカニズム　*90*
 3　交換の形式と社会的な距離　*94*
 4　社会に埋め込まれた経済　*95*

エスノグラフィー
過疎・高齢化山村における現代の行商　*99*

まとめ　*124*

ポスト・ワーク　*126*

第4章 **集う**──人間関係のなかで生きる　▷ 竹中宏子　127

イントロダクション *128*

ワーク *129*

キーワード *131*

　1　社会集団の類型化　*131*
　2　運命的な集い　*134*
　3　自由選択的な集い　*140*

エスノグラフィー
アソシエーション「高貴な狼」 *149*

まとめ *171*

ポスト・ワーク *174*

第5章 **抗う**──抵抗する人びとに学ぶ　▷ 出口雅敏　175

イントロダクション *176*

ワーク *177*

キーワード *179*

　1　未開社会の「抗い」　*179*
　2　ヨーロッパ社会の「抗い」　*182*
　3　「抗い」の多様なスタイル　*188*

エスノグラフィー
サウンドデモ──抵抗戦術としての祝祭──　*197*

まとめ *226*

| ポスト・ワーク *229*

第6章 祈る ── 信仰と儀礼にこめられたこころ　▷ 長野隆之　*231*

イントロダクション *232*

ワーク *233*

キーワード *234*

1　世界宗教・民族宗教・民俗宗教　*235*
2　現代のまじない　*236*
3　神の諸相　*237*
4　稲作儀礼　*238*
5　祈願の手段としての芸能　*240*

エスノグラフィー
岩手県旧江刺市広瀬の民俗芸能 *242*

まとめ *259*

ポスト・ワーク *261*

索　引　*262*
執筆者紹介　*266*

装幀　勝木雄二

本書の使い方

■フィールドワークとは

　まず、ある先輩人類学者（本書第1章「住まう」の執筆者）のフィールドワーク体験記を紹介します。

　　　文化人類学を学びはじめた1970年代はじめには、文化人類学の専門コースは数えるほどしかなく、自分自身で人類学を学んでいくしかなかった。そこで知り得たことのひとつが、「異なる文化を生きる人びとのあり方を理解するためには、その現場に身をおく必要がある」という人類学の基本姿勢と、専門の人類学者になるためには、「異なる文化に出かけて、長期のフィールドワークを経験することが必須の通過儀礼らしい」という事実であった。

　　　大学院に進んだ翌々年に、私はジャワ東部の干潟漁村での1年半にわたるフィールドワークの機会を得た。当時、田中角栄首相の東南アジア歴訪をきっかけに各地で反日暴動が勃発し、そのために出発の足止めをくらっていた私は、ようやく1月末、凍てつく羽田を飛び立って炎天下のジャカルタの空港におりたった。

　　　半月にもおよぶインドネシア政府関係省庁での煩瑣な調査許可の手続きを終え、調査地スラバヤに赴いた私は、はじめ都市カンポンに居をさだめ、しばらく後に知人の紹介で調査対象漁村に住み込むことになった。主な研究テーマは、干潟漁村における漁撈活動について調査することであった。

　　　間借りした村には当時、水道がないばかりか、電気も通じていない。家々には便所さえ設置されていなかった。ないないづくしの生活のなかで、ある人類学者が「家の基本的機能はシェルターだ」と書いていたのを思い出しながら、雨露さえ凌げれば何とかなるかと覚悟をきめたものである。

　　　ことばによるコミュニケーションもいまだ十分とはいえなかった

当時の私にとって、まずできることといえば、家人や村人の日々の行動を観察して、自分はどう振るまえばいいのかを見よう見まねで学習すること、暇をみては村人のものめずらしげな視線にさらされながら調査地の周辺を歩きまわり、周辺の地図を作成することだった。家屋やモスク・ワロン（小店）・墓地、道路や水路の位置、水田・養魚池の分布を記入したり、点在するモノ（漁船・漁具・獲れた魚・干物加工品など）を写真に撮り、その名称を聞いては記録する。村人の漁撈活動について行ったり、何か出来事があると首をつっこみ、村外からやってくる物売りたちの動きを観察したりする毎日であった。

　一方、下宿では日用の品々をそろえつつ、家屋のつくりや間取り、家屋内のモノの配置、どのように部屋空間を使っているのかといった暮らしのこまごましたことがらを見てフィールドノートに書き込む。こうしたヒトやモノの観察をとおして、日本人である私たちとはどうも違った作法があるらしいということがだんだんにわかってくる。慣れない生活の苦しさや違和感よりも、自分が埋め込まれた異なる空間での生活や振る舞いに次第に興味をそそられるようになっていった。

　このような当初の作業は、やがて本格的なフィールド調査が進むにつれて、それまでは書物のうえだけで知りえたさまざまな知識にリアリティーを与えてくれることになる。たとえば早朝まだ暗いうちに男たちは帆船で出漁し、行商にでかける女たちはベチャに荷を山のように積み込み出発する。日中干潮の干潟では、女性たちが貝類の採集をしているかとおもえば、漁船が岸につくと、漁獲物の搬入・処理や加工に多忙をきわめる。どうもよくみると性別による分業や活動領域が明確に区分されているらしい。家に同居するメンバーはかならずしも血のつながった者ばかりではないようだ。（婚姻初期の妻方居住による）二世帯同居の場合には世帯ごとに別個に食事を準備するから、台所には２組のかまどと水瓶があるのだ。また食事はみんなそろってするわけでもないらしい。行き来する親族は

母方に偏りがみられるとか、などなど。
　こうしてジャワ村落の日々の生活の有り様を学んだことは、その後、日本のムラ社会や韓国の両班マウルを研究する際、比較対照する事例として意味をもつばかりでなく、個別事例を相対化するための視点を提供するという意味で、たいへん貴重な体験であった。

　ここには「馴染みのない世界」（異文化）に出かけたひとりの若い文化人類学者が、その世界を理解するための手探りのプロセスと、それを振り返った思いが綴られています。文化人類学は、自分にとって馴染みのない世界を、自分が見たいようにその世界を見るのではなく、その世界の論理に即してその世界と彼ら（彼女ら）のやり方を理解しようと努めます。しかし、また、だからこそ、「馴染みのない世界」をとおして、今度は逆に、ふだんは見えにくくなっている自分自身のものの見方、考え方、やり方の当たり前さに新たに気づくことができるわけです。「馴染みのない世界」は、国境を越えた遠くにあるものではありません。自分のいまだ馴染んでいない世界＝「馴染みのない世界」は自分の周囲にいくらでもあるはずです。
　本書では、このように「馴染みのない世界」にあえて飛び込むことで、自分がふだん気づかずに過ごしている日常世界を新たに捉え返す、そんなきっかけを与えるツールとしてフィールドワークを考えてみたいと思います。
　当たり前のやり方だと思っていることが、「じつは人間のさまざまにある可能性のなかのひとつでしかないこと」に気づくことは、その当たり前さを生み出している歴史的、社会的な条件への探求や、また「そうではないやり方」を新たに生み出すこと、すなわち日常の変革につながっていくのだと考えます。日常変革のツール、それが、本書でみなさんを誘うフィールドワークの位置づけであり、「文化人類学やフィールドワークをすることにどんな意味があるんだろうか」という問いに対しての私たちなりの回答です。

■ 6つの生活場面

　文化人類学は対象とする世界を、自然と人、人と人、人と超自然の関わりとして、まるごと捉えようとします。本書では、自然と人の関わりとして「住まう」、「食べる」、人と人の関わりとして「贈る」、「集う」、「抗う」、最後に人と超自然との関わりとして「祈る」を取り上げます。どれもみなさんにとって馴染みのある生活場面ではないでしょうか。

■ 各章の構成

　各章の構成は、先にあげたそれぞれの「生活動詞」を出発点にして、イントロダクション、ワーク、キーワード、エスノグラフィー、まとめ、そして、ポスト・ワークからなっています。順を追ってワーク（作業）をすることで、文化人類学の基礎知識を得ることができると同時に、みなさん自身のフィールドワークへの準備ができるようになっています。

- ●イントロダクション
    取り上げられる生活動詞の世界を概観します。
- ●ワーク
    それぞれの生活動詞を起点に、みなさん自身を取り巻く日常を振り返る設問になっています。直接本書に書き込みしてください。
- ●キーワード
    その生活動詞をめぐって、文化人類学者がさまざまな世界の事例を引き合いに出し、これまで思索した事柄を解説します。文化人類学の基本的な概念と考え方、そしてフィールドワークの現場での目のつけどころを学ぶことができるはずです。
- ●エスノグラフィー
    その生活動詞をめぐってフィールドワークを行った成果を提示します。先輩はいったいどのようにフィールドワークを行ったのか、ここにはみなさんがフィールドワークをする際のヒントが描かれていることでしょう。自分だったらどうするかを考えながら読み進めてもらいたいと思います。

●まとめ

　フィールドワークを通じて、どのように自分自身の日常を振り返ることになったのかを示し、これからフィールドワークするみなさんへのエールとしています。

●ポスト・ワーク

　二つの設問があります。一つ目は先のワークの振り返りです。キーワードと先輩のエスノグラフィーで学んだことをとおして設問に取り組んでみてください。二つ目は、具体的なフィールドワークの課題です。まずは身近な「馴染みのない世界」へと一歩踏み出してみてください。きっと自分なりの課題が見つかると思います。

　本書の各章は独立しているのでどの章から読みはじめてもかまいません。興味をもった生活動詞を選び、ワークに取り組んでみてください。このワークブックが「馴染みのない世界」を前に立ちすくむみなさんの肩をそっと押すものになれば嬉しいです。グッドラック。

第1章

住まう

――意味の世界に住む

矢野敬生

イントロダクション

　私たちは、ある地域、ある場所の、特定の家に住んで、さまざまな出来事に出合いながら生活している。住居や地域に「住まう」ということは、ただたんに「そこに居る」ということではなく、「ヒトとモノ（建物や家具など）とコト（出来事）が織りなす空間的場において生活を営む」ということである。「住まう」ということの内容には、①居住する「ヒト」の関係があるだけではなくて、②住まいや地域内に「モノ」が配置されており、さらに③「モノ」と「ヒト」との間にはなんらかの意味をもった関係が空間という場において表出し、空間を構成しているといえる。

　したがって、「住まう」ことの意味を理解するには、空間的場でのヒト・モノ・コトの意味連関を解き明かすことが必要である。人類学は長いこと、フィールドワークをとおして、この「住まう」ことの意味の解明にあたってきた。その成果を踏まえて、空間的場でのヒト・モノ・コトの関係の様態を読み解いてみよう。

ワーク

①あなたの住んでいる住まいの間取りをスケッチしてみよう。
②つぎに、その図に、各部屋に置かれているおもな配置物（モノ）を書き入れてみよう。モノを設置することで居住空間がデザインされ、規定されることがわかる。
③各空間の名称（たとえば台所、寝室、居間、浴室、客間など）と、その空間を家族のうち誰が、どのように、そこを占有しているか。さらに出入り口やしきりなどを記したうえで、（たとえば来客があった場合、あなたはどこで応対するかを思い浮かべて）これらの空間が親密度に応じて、いかに「私的」「公的」に区別されているかについて考えてみよう。

（下記のような方眼紙を用意して記入。□□2マスをタタミ1畳分とする）

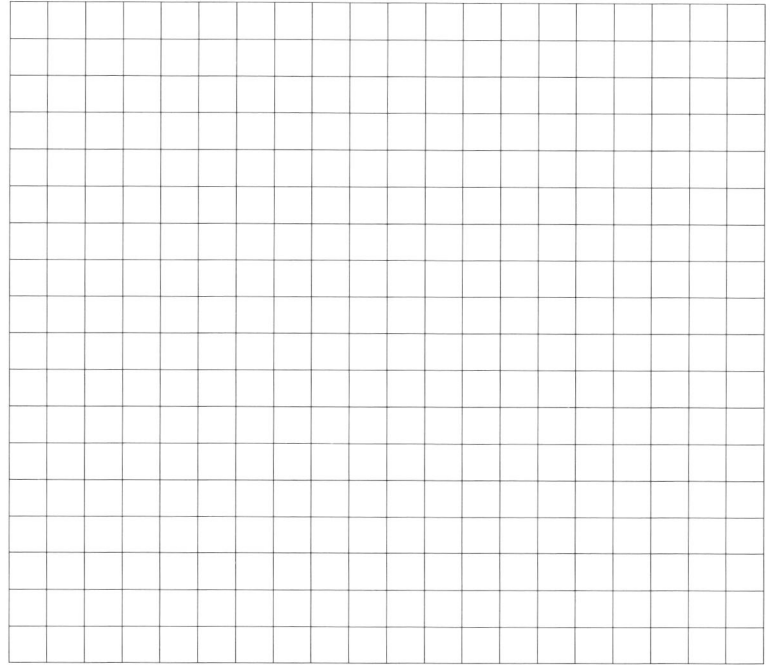

第1章 住まう―意味の世界に住む―

キーワード

　もし仮に、「住まうことを主題として、あなた自身が関心のあるテーマを設定して、それぞれ調べてみましょう」という課題が提示されたとしたら、あなたは具体的に何を調べようと思うだろうか。建物の構造を思い浮かべる人もいるだろうし、家庭生活をテーマに取り上げてみようという人もいるだろう。あるいは地域社会をテーマにすることも可能だろう。

　自分の関心にもとづいてテーマをしぼりこみ、問いを立てることがフィールドワークの第一歩となる。具体的なテーマが決まったら、フィールドワークの主要な方法である観察（みる）と聞き取り（きく）を行う。身近な場・生活空間をフィールドとして、「住まう」をテーマに、観察にもとづいたデータを収集し、それを読み解く作業の参考となる人類学のキーワードをみていこう。

1　見ること：ふたつのフィルター

　私たち人間は、ふたつのフィルターをとおして外界を認知する。第一のフィルターは、人類として共通の形質的能力である感覚器官（いわゆる五感、ここではおもに視覚）で、私たちは感覚器官をつうじて外界の生の情報をしぼりこんでいる。第二のフィルターは、（個別）文化で、これによって外界の情報を「文化的情報」として知覚していく。

　このことは、たとえば「虹は七色か」という問題を思い浮かべてみるとよい。虹を構成する光の帯には、実際にはどこにも色彩を区別する線など引かれていないのに、日本人の多くは七色としている。これは、私たち（日本文化）が「虹は七色からなる」と考えているにすぎない。すなわち、個別社会や文化はそれぞれ外界を認知する際に、固有の言語カテゴリーによって自然の連続性（たとえば虹の帯）を恣意的に区分・分類し、それぞれの分節に命名をほどこしているのだ、と考えることがで

きる。

　このことは、(1) それぞれの文化ごとに、観念される世界が別様に構成されていることを意味している。すなわち観念される世界の構造のあり様が、民族や社会集団によって異なっている。さらに付言する必要があるのは、(2) 当該文化内に住むものにとっては、こうした文化や観念の構成はあまりに当たり前でかつ当然のことであるために、特別に意識されないという面があることである。いいかえれば当該文化を身にまとったものが、そうした構成のすべてを意識化し理解しているわけではないということである。そこで観察者であるフィールドワーカーは、意識化されていない思考を読み解き記述する必要がある。(3) そのためには、観察者であるフィールドワーカーは、対象である文化を理解するために彼らの経験によりそい、現場の生活の場で観察し、どのように人びとが語りあっているのかをつぶさに見聞すること、すなわちフィールドワークをとおして、背後にあるもの（たとえば文化コード）を読み解かねばならない。

　しかし、ここにも付帯要件が存在する。すなわち、(4) 社会科学一般においては、自然科学と異なる認識上の道具立て・ものさしが必要となる、ということである。自然科学では、たとえば電子顕微鏡をもちいて細胞の仕組みを見るように、器具や道具によって（すべてではないにしても）状況を把握することが可能である。それに対して、社会科学一般の道具立ては、観察者自身のなかに組み立てられた概念装置をとおして世界を読み解く。ということは、観察者の側に、読み解くための仕組み（いわゆる思考の道具としての知識）が準備されていないと、見えているものも見えてこないという事態が生じることになる。この点は後述する人類学理論のもつ意味と読み解くための装置としてのパラダイムと関連してくる。

2　「住まう」ことを分析するための枠組み

　「住まう」ことに関して具体的なテーマを設定するための準備作業と

して、「住まう」ということがどのような構成になっているかについてまず考えてみよう。

「住まう」とは、「ヒト・モノ・コトが織りなす場所的空間において生活を営む」と仮定すると、ヒト・モノ・コト・場所的空間の四つが住まうことの構成要素となる。

①「ヒト」 誰がそこに住んでいるのかといった、家族・いえ・地域における成員の構成がまず問われる。そして「住まいや地域社会は、成員のアイデンティティを形成し、保障するシステムだ」とすると、誰が、どのような関係を取り結んでいるか、そしてそれぞれのアイデンティティはいかに形成されるのかが、つぎに問題となる。とくに昨今は家族といえども自明のものではなくなっている。

②「モノ」 モノがそこに設置されることによって、空間がデザインされる〔石毛1971〕。空間的な場に設置されたモノ、たとえば家屋構造・間取り・しきり・物質財・信仰対象物・設置施設などの意味を読み解くことが問われる。

③「コト」「住まう」という行為は、自然と社会との境界に位置し、社会と自然、あるいは身体と物質の間で生ずる出来事（緊張・葛藤）を調整する、そうした重層的な「交渉」の過程〔祐成2007〕としてとらえることができる。その際とくに、非日常的な出来事（ハレ・ケガレ）に注目する必要がある。

④「場所的空間」 場所的空間は全体と部分、部分と部分という連鎖と位層により構成された有限な広がりで、固有の意味や機能をもっている〔渡辺1975〕と考えることができる。住まう場であるこのような社会的空間を、成員は行為や関係にもとづいて分節化し、たとえば囲炉裏の座にみられるように、誰があるいは何がその場を占有するかを指定し、空間的配置を構造化している。こうした配置や配列は象徴的な意味合いを帯びている。さらに「住居はたんなる容器ではなく、ひとつのコスモス（宇宙）である」〔布野1997〕といわれるように、住居や集落の配置が、宇宙そのものを反映しているともいえる。

3 「住まう」ことをめぐる人類学的アプローチ

社会人類学の二大潮流

　近代における社会人類学（家族・親族論）の大きな流れは、単純化すると、経験主義的全体論（集団・制度・機能・規則）から観念主義的全体論（カテゴリー・象徴・分類・意味）へ、機能主義人類学から構造主義人類学へ、集団論的視点から空間論・世界観へ、可視的視点から不可視の構造へ、といった推移として把握できる〔田中 1995 他〕。表1は、近代社会人類学の二つの潮流の特徴を、いくつかの指標にもとづいて整理したものである。

表1　近代社会人類学の二つの潮流

	経験主義的全体論	観念主義的全体論
人類学の潮流	機能主義人類学	構造主義人類学
年　代	1920年代～	1950年代～1980年
代表者	マリノフスキー ラドクリフ＝ブラウン	レヴィ＝ストロース ニーダム、リーチ
キーワード	機能	構造
主要概念	集団・制度・機能・規則	カテゴリー・象徴・分類・意味
親族理論	出自理論	縁組理論

機能主義人類学

　20世紀初頭における人類学の有力なパラダイムは、人類史の再構成と諸習慣の起源を思弁的に探求する「進化主義」と「伝播主義」で、その方法はさまざまな文化要素や制度の一部を取り出して比較・分類したり、人類進化史に位置づけようとするものであった。これに対して、1920年代に登場する機能主義人類学は、経験的なフィールドワークと参与観察によって、制度や慣習を文化要素相互の機能的連関やそのコンテキストにもとづいて理解しようと主張する。

　とくに機能主義人類学者 A. R. ラドクリフ＝ブラウンは、社会と有機体との類比にもとづいて、「機能」とは、ひとつの要素が全体のなかで、もしくは全体の維持・存続のために果たす役割ととらえた。そして諸制

度はほかとの関連で、ある種の調和・均衡を保つという仮説を提起した。さらにその際に扱うべき対象は、具体的で観察可能な事実としての諸関係の網の目である「社会構造」であり、社会構造の比較によって一般原理や法則の抽出（たとえば親族システムや政治体系の類型化）が試みられた。ここでは個人は地位にもとづいて規定され、義務と権利を行使するものとみなされがちであるという難点をもっている。

構造主義人類学

　こうした社会を有機体と捉え、自然科学に匹敵するような一般的法則を定立しようとする機能主義の傾向に対して、1950年代初頭になると、たとえばE.E.エヴァンス＝プリチャードにみられるように、社会を象徴体系とみなし、意味や世界観を探求しようという新たな動向が現れてくる。

　経験主義的な機能主義人類学から、広い意味での構造主義人類学にみられるような、実体としての個々の要素ではなく要素と要素の関係に注目し、むしろ隠れた構造を発見することによって、文化・社会現象を分析しようとするパラダイムの変革が起こってくる。

　機能主義は社会構造を具体的な、すなわち直接見聞可能な社会関係に求めたのに対して、構造主義者C.レヴィ＝ストロースは、「社会構造とは経験的実在ではなく、モデルとして操作可能な変換群集合に関係するという抽象的構造観」であるとした。それは「人びとが抱く世界についてのイメージやものごとの分類の仕方から社会のあり方を探ろうとする立場である。この場合、対象となるのは具体的な社会関係の広がりからなる社会というよりも、社会観を一部とするような世界観や宇宙観（コスモロジー）、あるいはそこに反映している思考形式そのものである」〔田中1995〕という。

　そして1980年代までに人類学理論の主要な潮流が開花するに至る。それは構造人類学をはじめとして、『文化人類学キーワード』（有斐閣）の学説紹介のキャッチフレーズによれば、「分類体系から個別文化の論理を検証し、人間精神の普遍性を探る」認識人類学、「象徴的思考と象

徴的行為についての多種多様な研究を通じて、人間の思考と行為の本質的特徴へ向かう」象徴人類学、「象徴と意味を求める民族誌により、文化の理解を試みる」解釈人類学である。そこには人間行動の主要な動因を、諸個人の生物学的・心理学的欲求や社会的必要を充足することに求める人間観から、あるいは地位に応じた役割を遂行するといった機械的な人間観から、意味や象徴こそが人間の際立った特徴とみなす人間観への推移をみてとることができる。

　そこでつぎに、このような機能主義から広義の構造主義への視角の移動を、具体的な事例をとおしてみることにしたい。人類学理論の展開によって、私たちの見方や視界の展望がいかに広がるかを感じとってほしい。

4　プルム社会の家屋とトロブリアンド社会の村落

プルム社会の家屋構造

　インド東部、ビルマとの国境地帯に住む稲作農耕民プルム人は、典型的な父系外婚氏族を形成し、規定的母方交叉イトコ婚（男は母の兄弟の娘と結婚）を実施している社会としてよく知られている。R. ニーダムによれば、妻与え集団の優位と妻受け集団の劣位という社会関係は、家屋の空間構造のなかにはっきりと表現されているという〔ニーダム 1977〕。家屋（モノ）を対象として各部屋空間を誰（ヒト）がどのように（コト）利用し、その場所的空間はいかなる象徴的意味が付与されているかをみていこう。

　高床式の家屋の平面見取図は、図 1 のとおりである。家屋は縦に二分されており、〈後〉と〈前〉に入口があり、後が正式の入口で、前はいわば勝手口である。正式の入口からみて、家屋内部の右側はフムリルと呼ばれる一段高くなった空間である。左側はニンガンと呼ぶ、一段低い空間である。またフムリルとは〈右〉を意味し、ニンガンとは〈左〉を意味する。右側の間は家長夫婦・未婚の子女の寝場所で、家の奥（後）部はかまど（儀礼にも使う聖火）と神棚が設置されている。左側の間は

娘婿の寝場所である。婿は労役婚資として結婚後3年間、妻の家で働かねばばらない（これをマクサと呼ぶ）。ここはまた婚出した娘たち（ニンガンと呼ぶ）が親元を訪問する際に泊まる場所でもある。いわば他者のための空間といえる。

このように妻の与え手側は右側に、妻の受け手側は左側に位置づけられる。家を建てるときも、まず右の柱（シャトラ）を立ててから、つぎに左側の柱（セナジャンフィ）を立てる。こうしてみると右側の空間は左側の空間よりも優位にあ

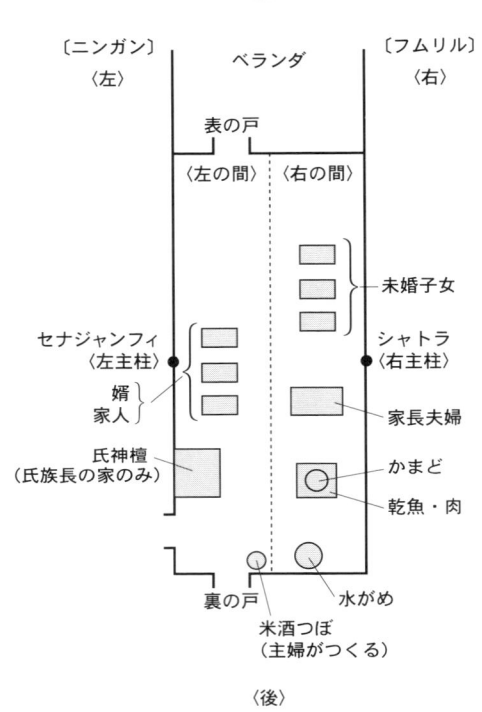

図1　プルムの家屋平面図

り、家の奥のほうが表よりも優位にあることが象徴的に示される。

このようにプルムの家屋は、可視的には右の間と左の間との間にはっきりとした二元論的対比、つまり右／左、私的／公的、身内／他人、男性／女性、東／西、天／地、妻与え手側／妻受け手側、がみられる。したがって規定的縁組が存在するプルム社会では、「物、個々人、集団、性質、価値観、空間観念、その他多種多様な種類のものが、（二元論的対立という）ひとつの関係体系の中に整序されている」。この分類は、社会生活と宇宙論とを共に秩序づけているのであり、プルムの社会組織は宇宙論的秩序の一部をなしていると、ニーダムは指摘するのである〔ニーダム 1993 他〕。

トロブリアンド諸島オマラカナ村の村落空間論

　ニューギニア南東端に位置するトロブリアンド諸島は、20世紀初頭に機能主義人類学者B.K.マリノフスキーがフィールドワークを行い、その最初のモノグラフ『西太平洋の遠洋航海者』を著したことで、人類学上たいへん名高い島である。マリノフスキーはそれまでの主要な潮流であった、文化の進化や伝播をとおして思弁的な歴史を再構成する方法をしりぞけ、文化の有機的連関を参与観察にもとづくフィールドワークにもとづいて立証しようとした。彼の用いたこうしたフィールドワークの方法（現地語を駆使し原住民と生活を共にしての集約的な参与観察法）は、現在に至るまでのフィールドワークの範型になっている。

　ところで、「クラ交易」や「母系制社会」として知られるトロブリアンド諸島の村落空間をここに取り上げる理由は、一つは後述する日本のムラを考える際の比較事例として、二つは機能主義人類学者マリノフスキーの事例に対して、構造人類学者レヴィ＝ストロースがそれをどう読み解いたか、両者の差異を明らかにするためである。

　さて、果樹や椰子の木立に囲まれたトロブリアンド島・オマラカナ村の民家配置（図2）をみると、中央が広場になっており、首長の家と首長の大きなヤムいも小屋および舞踏場と墓地がある。中央は「公共的・祝祭的生活の場所」であり、とくにまわりを囲むヤムいも貯蔵小屋は神聖な性格とともに、さまざまのタブーに包まれている。この貯蔵小屋のまわりをぐるりと円形に道路が囲んでおり、この家並みの間の道路は、「家庭生活・日常生活の場」である。外側の家並みは村人たちの住居で、それぞれ首長の妻たち（一夫多妻）が住む家（A-B）、首長の母系氏族の人びとの住む家（A-C）、ふつうの人びとの家（B-C）からなる三つの地区に細分化され、これが村落の俗なる部分である。村落の配置はこのような社会学的な図式を示しているとマリノフスキーは指摘する。

　けれども、レヴィ＝ストロース（1972）によると、こうした対立はたんに中心と周辺、聖と俗との間にあるだけではない。それはさらにほかの次元にまで及んでいる。すなわち、内側の円の貯蔵小屋には生の食糧が保存されており、そこでは料理することが禁止されている。「この二

つの円の主要な区別は料理のタブーである」という。なぜなら「料理はヤムいもに有害」だと考えられるからである。

外側の円の家族の住居においてのみ食糧が煮炊きされ、消費されることができる。ヤムいもの貯蔵小屋は住居よりもはるかに立派につくられ、飾り立てられている。独身者だけが内側の円のなかに住むことができ、結婚したカップルは周辺部に住まねばならない。ただ首長だけは内側の円に住むことができる。また同心円的な二つの円環は性についても対立させられており、中心の場所は男性の部分と呼ばれ、道路は女性の部分と名づけられる。

このトロブリアンド諸島の事例を、構造主義者レヴィ＝ストロースはさらにつぎのように読み解いている。オマラカナ村の構造は「同心円

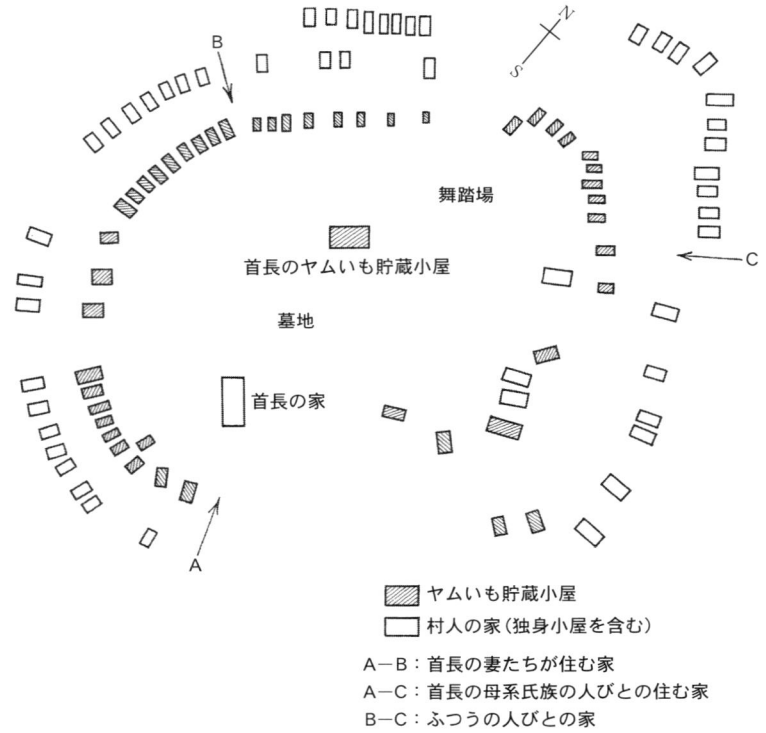

図2　オマラカナ村の村落配置

的構造」といわれるもので、内円と外円との間には「聖と俗、生ものと火にかけたもの、独身と結婚、男性と女性、中心と周辺といった対立の複雑な体系がある」という〔レヴィ＝ストロース 1972〕。

　このような構造主義的対立項をマリノフスキーはどこまで自覚的であったかはわからないが、こうしてレヴィ＝ストロースによって二項対立の図式として整理されると、この空間配置がデタラメになされているのではなくて、かれらの世界観を表現していることに気づく〔鳥越1989〕。そして「それ自体では目に見えるものではない社会組織が、どのように見える形を与えられるのか」に、かれの関心が注がれていることがよくみてとれるだろう。

　ただし一言付け加えると、フィールドワークをとおして「社会・文化をまるごと理解しよう」とするためには、機能主義的方法と構造主義的方法は、（リーチもいっているように）「（両者の見解は）相反するというよりも、（どちらが正しく、どちらが間違いだというようなものではなく）むしろ互いに相補的なものだとみなされるべきだ」ということを私たちは心にとめておきたい。

　つぎのエスノグラフィーでは、「プルム人の家屋構造」や「オマラカナ村の村落空間」の事例をふまえて、日本に家屋や村落を対象とした場合にどのように解読が可能か、こうした問いに対する私自身の試行を示してみたい。

　個別文化の記述（エスノグラフィー）対象としては、私たちにより身近な日本の伝統的な家とムラを取り上げる。家とムラを理解するためには、少なくとも「有賀喜左衛門の家理論」や「鈴木栄太郎の自然村理論」について基礎的な知識をふまえておく必要があるが、この点については本節のなかで多少なりとも言及するので、くわしくは他書（たとえば鳥越1993）に委ねることとしたい。

引用参考文献

石毛直道，1971，『居住空間の人類学』，鹿島出版会

祐成保志，2007，「住居―交渉過程としての住まい―」，佐藤健二・吉見俊哉編，『文化の社会学』，有斐閣

田中雅一，1995，「人類学のパラダイム―理論と親族―」，米山俊直編，『現代人類学を学ぶ人のために』，世界書院

鳥越皓之，1989，「村と共同体」，合田濤編，『現代社会人類学』，弘文堂

─── 1993，『増補版　家と村の社会学』，世界書院

ニーダム，R．1977，『構造と感情』，弘文堂

─── 1993，『象徴的分類』，みすず書房

布野修司，1997，『住まいの夢と夢の住まい』，朝日新聞社

マリノフスキー，B．1971，『未開人の性生活』，新泉社

山下晋司・船曳建夫編，1997，『文化人類学キーワード』，有斐閣

リーチ，E．1981，『文化とコミュニケーション―構造人類学入門―』，紀伊國屋書店

─── 1985，『社会人類学案内』，岩波書店

レヴィ＝ストロース，1972，『構造人類学』，みすず書房

渡辺欣雄，1975，『宴』，弘文堂

エスノグラフィー

日本の家・ムラ空間
―信仰対象物とその象徴的構造―

1　調査概要

調査地の概要

　調査対象地のS新田は八ヶ岳南麓の標高900mほどに位置する山間集落で、近世初期に開発された新田村である。開発初期は集落を貫流する立場川沿いの狭小な河岸段丘上に生活の基盤をおき、長年にわたって原野（原山台地）を切り開き、水田用の水路を開削してきた。こうした土地開発にともない、近年になってようやく原山への家の分出が現れるようになる。とはいえ高冷地ゆえに生活条件はきわめて苛酷かつ不安定であった。このため江戸期以来、各種の農間稼ぎ（複合生業）が盛んに行われてきた。戦前期の農業形態は水稲や雑穀類の栽培のほか、養蚕業が盛んに行われてきたが、戦後は花卉（とくに菊やカーネーション）のハウス栽培の先進地として名高い。

問題関心の所在：シンクレティズムの諸相

　調査対象集落のS新田をひとまわりしてみると（図3）、集落のほぼ中心部に真言宗の寺院（寛文年間1661～73年に開山）があり、さらに集落を北に向かって登っていくと、小高い地点に集落の氏神様である大理神社が木立に囲まれて姿を現す。周辺を子細に観察してみると、このわずか数百mの間に100カ所を超えるさまざまな小祠や社祠群があちこちに点在している。また農家を訪ねると、屋敷の内外にさまざまな信仰対象物が目をひく。
　本論は1960年代以前の生活の主潮を刻印している信仰対象物を対象

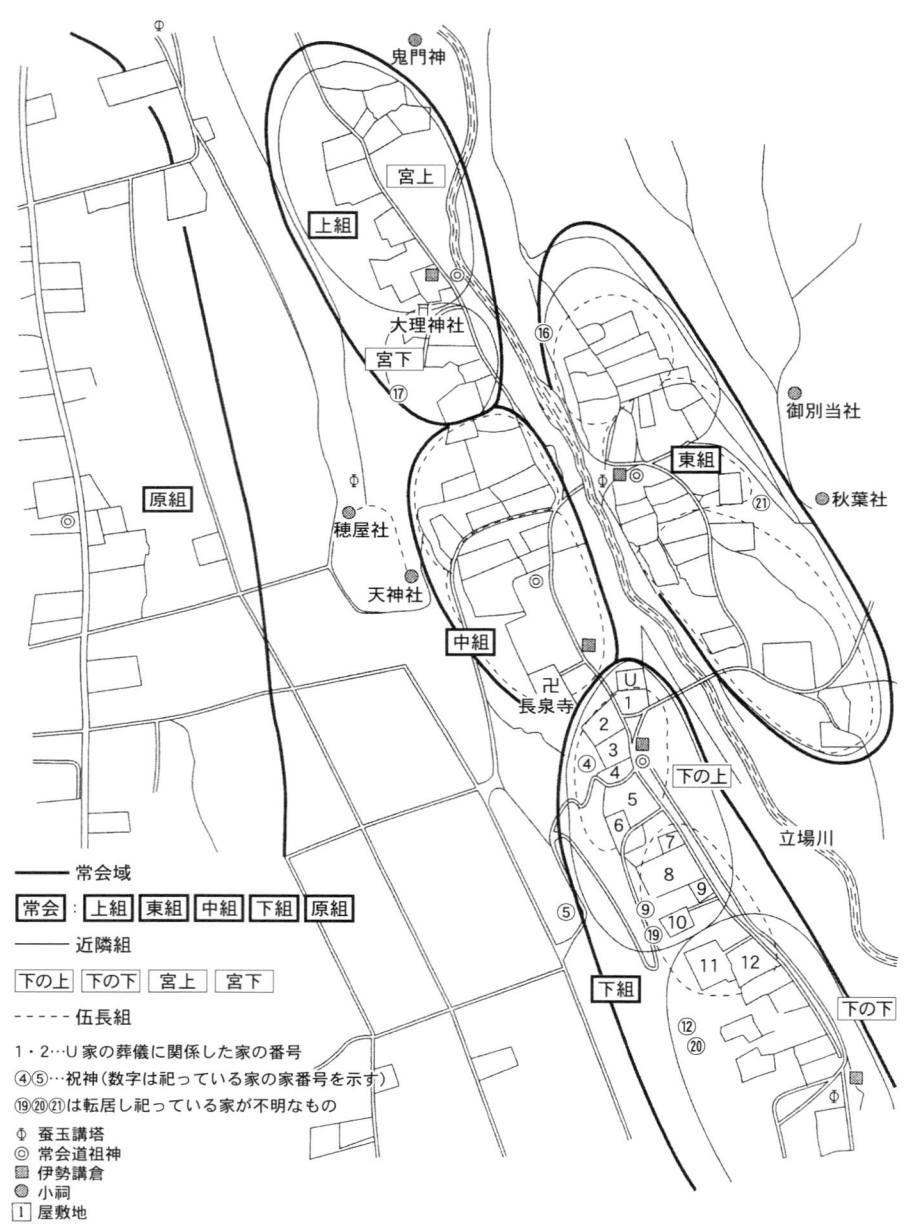

図3　S新田の空間

として、これらが存立してきた意味を問うことにある。とくに伝統的な日本文化の中核的な文化的パラダイムである「いえ」と「ムラ」とに焦点を当てて、空間に刻み込まれた村落生活の履歴ともいうべきさまざまな信仰対象物を手がかりに、ムラ人の世界観の一端を提起することに主眼をおいている。

フィールドワークの手順

　この調査は、1994年に実施した社会調査実習（集落悉皆調査）と並行して行われたものである。この集落を調査地として選定したおもな理由は、新田村とはいえ近世以来の歴史が村文書や景観に刻み込まれているからである。

　調査研究の手順としては、集落の住宅地図をたよりに集落内をくまなく歩きまわって、そこに点在する社祠・小祠群をすべて地図上に記録した。同時に親しくなったお宅の間取りを書き取る作業を行い、家屋内や屋敷地の信仰対象物・各部屋の名称や隠居屋をふくむ部屋の使われ方などの聞き書きを行った。つづいて村を構成する基本的な範疇である家・組・ムラを単位として類別を行い、具体的な祭祀対象物の分析を試みた。

　地図上にマッピングした信仰対象物は、先に述べたように、集落内におおよそ100カ所に及ぶ。これらは必ずしも集落全体にわたって均質に分布しているわけではなく、家々が点在する集落内部（民俗語彙としての「ムラ」域）に集中していることがまずみてとれる。さらにそれぞれの来歴を示す個々の名称をみると、各地の名高い神社や仏閣にその由来をもっており、多様性に富んでいる。これらを数量的にみると、もっとも多いのが馬頭観音（45基）で、戦前期まで馬が農耕や山仕事あるいは中馬稼ぎや馬産の糧として、農家にとってなくてはならない存在であったことを示す証左であろう。馬頭観音のほかには、いわゆる信仰と親睦を目的としたさまざまな講中の講塔（14基）、代参講塔（10基）、多様な供養塔（13基）、同族神を祀る祝神（13基）、常会道祖神（5基）などが目をひく。こうした社祠・小祠群の詳細な分布図をふまえて、日本の一村落社会における生活慣行と重層的な祭祀機構のもつ象徴的な構造を描

き出す作業を試みた。

　ところで本題に入る前に、制度的な意味でのムラ（自然村）の行政組織について簡単にふれておきたい。

ムラ（自然村）の行政組織

　S新田の運営組織は、「行政の末端」としての性格（「区」の運営組織）と、ムラ社会がムラの生活を成立たせるための「自治的組織」としての性格という二面性を兼ね備えている。しかし実際には、構成員においても組織面においても双方は重複しており、S新田を外部に対して代表するのは区長である。

　この新田区は下部組織である五つ（上組、中組、下組、東組、原組）の「常会」に分かれている。常会は通例「村組」と呼ばれるもので、集落の内部を地域的に区分する組織であり、日常生活に密着した基礎的な地縁集団である。常会はさらに下位単位である近隣組・伍長組から構成される。1992年調査時には、5常会・10近隣組のもとに計31の伍長組が編成されていた。伍長組は5戸またはそれに近い戸数（4～7戸）からなり、元来は江戸期における治安維持のために連帯責任・相互監視を目的として組織されたものであった。

　「区」はまた独自の財政（各戸から徴収する区費や共有財産からの収入その他）をもっており、運営の中心となるのは理事会で、区長、区長代理のほか、計16名の各種役員から構成される。区長と区長代理は在任中、区役場に常勤し、区関連の事務処理に当たる。区長および区長代理・区役員の任期は1年である。区の審議機関としては区総会と区会がある。区総会は区の最高議決機関であり、全戸の代表者（世帯主）が参集し、役員の決定・承認、予算・決算の承認、区の重要な事業計画などについて審議・決定する。

　区全体の共同の出役作業（いわゆる村仕事）としては春・秋2回の道普請、道路掃除、神社境内の掃除（春夏秋の常会当番制）などがあり、出役の未進者（不参加者）には出不足金が科せられる。ムラの正式な成員となるためには、かつてはさまざまな制約がみられたし、正式なムラ

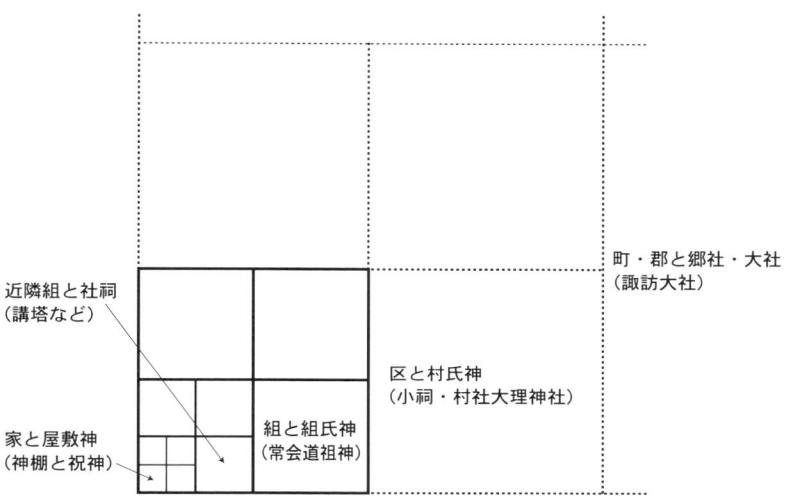

図4　S新田の地域社会と祭祀構造の重層性（入れ子型構造）

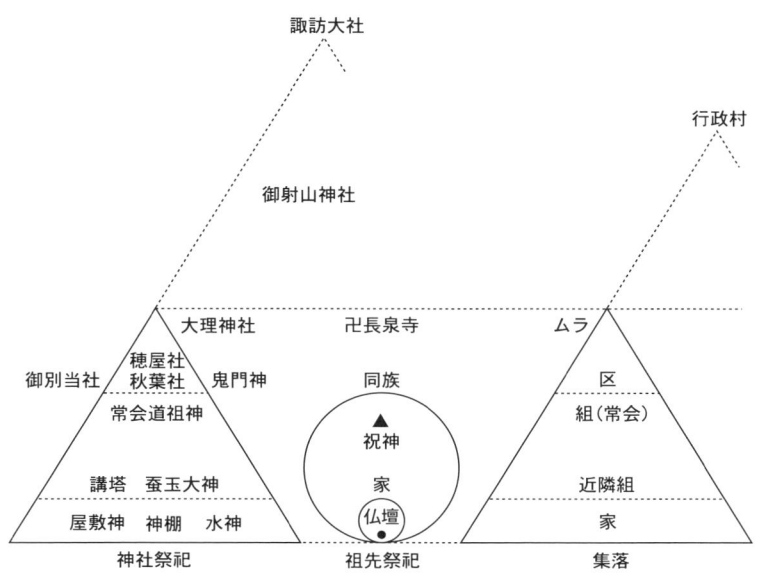

図5　自治運営組織と祭祀組織の相互対応関係の模式図

成員として認められるための村入りの儀式も執り行われてきた。こうした行政・自治組織としてのムラ（区）が、地域生活における生活互助や規制の単位としての外枠を形成している。

　一方、集落に点在する多くの神社や小祠を祀る主体という観点からみると、①家（あるいは同族）が祀る屋内神や祝神、②区の下部組織である常会（組）を単位とする常会道祖神、③S新田区（ムラ）が主祭する村社大理神社および小祠に分節化し、それらが垂直的な階統構造をなしている。ムラは物的基盤をそなえ、行政・自治組織と階統構成をなす祭祀組織が、パラレルな関連をもちながら対内的・対外的にムラという固定的な枠構造を構成している（これを上から眺めると図4の「入れ子型構造」をなす）。否むしろ、「ムラ」という外枠は祭祀組織に支えられることによって存立の基盤を堅固なものとしているとみることができる。

　このように自治組織と祭祀組織とが不可分に結びついて共存（すなわち政事と祭事とが一体化）している姿こそがムラ社会の伝統的形態といえるだろう（図5）。

2　家をめぐる祭祀と信仰

　むらの日常的な生活連関や社会関係は超世代的な連続を志向する「家」を基底にして、家の系譜的な結合としての「同族」や親族と、地縁的結合としての「近隣組」や「常会」とによって担われている。こうした意味でも、日本の村落社会を構成する伝統的・基本的な文化的パラダイムは「家」と「ムラ」だといえるし、日本文化の基層構造をなしている〔柿崎他 2008〕。

　新田における象徴空間を論ずるにあたって、まず家に焦点を当てて、「家をめぐる祭祀と信仰」を取り上げる。このために家屋内や屋敷内をつぶさに観察し、伝統的な民家の間取りをスケッチし、屋内に配置されたモノ一つひとつを丹念に記録する。すると仏壇や神棚ばかりでなく、神札（護符の一種）をはじめとして、さまざまな屋内神や屋敷神が祀られていることがみてとれる。

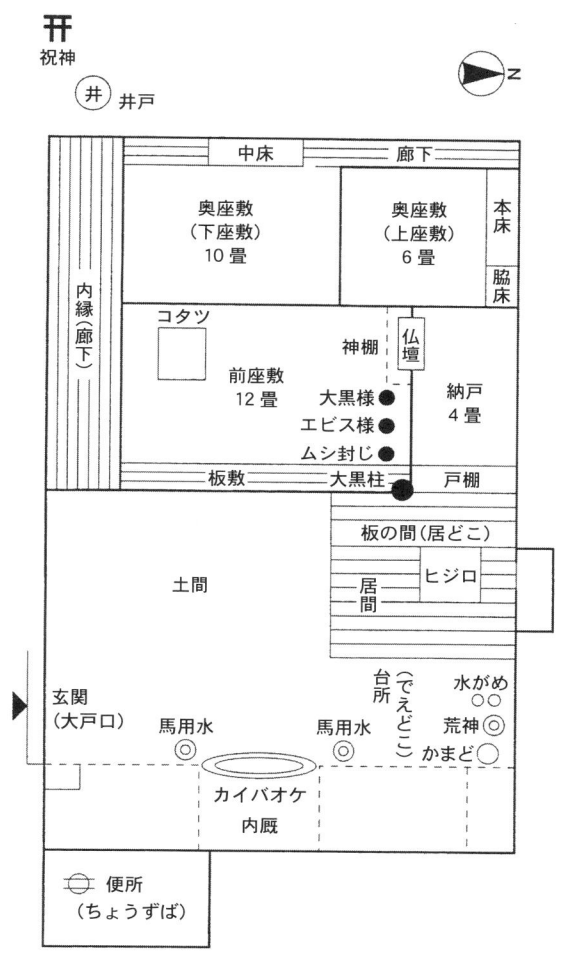

図6 K家の家屋間取図（昭和2年以前）

家の間取りとさまざまな屋内神

　図6は、下組K家の昭和2年改築前の間取りを聞き取りながら、そこに祀られている信仰対象物を記録したものである。はじめに昭和初期のK家のプロフィールを簡略に説明しておこう。K家は新田における草分けの家で、Kイットウ（マキ）の大本家である。地分けした分家2

戸と4戸の孫分家をもち、分家からは「ナケー（中家）」（中心的な家）と呼ばれている。昭和初期当時のK家の家族構成は、戸主夫妻とその子ども・戸主の両親および弟からなる直系的な家族構成をなしており、昭和5年にはじまる昭和恐慌期の

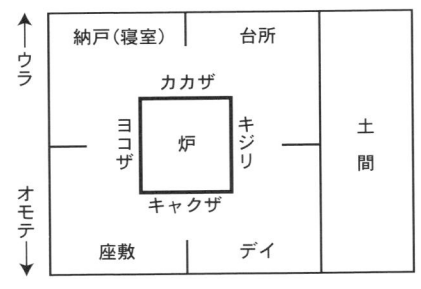

図7 間取り図と囲炉裏の座順

さなかに前戸主（父）は隠居し、息子が家督を相続している。昭和2年に自宅を改築し、それまで別棟であった蚕室を2階に増築した。当時の当家の経営状況は稲作や養蚕に加え、洋菜をはじめとする商品作物の導入による複合経営が目をひく。

ところで、K家の屋内空間に目を転じてみると、日本の伝統的民家によくみられる整形四間取り形式（いわゆる田の字型）に近く、土間・居間・納戸・座敷という四つの機能空間から構成されている。「土間」は農作業や農具の収納場所であるばかりか、台所・内厩・便所が付属している。台所にはかまどや水がめが置かれ、通例カマド神や水神が祀られるが、K家では荒神様を祀っている。

「居間」は板敷で中央にヒジロ（囲炉裏）が置かれ、食事・憩い・休息・団らんといった私的な日常生活の場を形づくっている。家制度のもとでは家の成員は職階に秩序づけられた体系を有しており、これを表象するのが囲炉裏をめぐる座順である（図7）。

「納戸」は戸主夫婦の就寝場所であり、時に産室ともなる場所であって、他家の例ではここに種籾が保存され、産神が祀られることもある。

これに対して「座敷」は婚礼・葬送をはじめとする家行事や村の寄り合い・伊勢講などの公的なムラの行事のための非日常的空間となっている。日常的には居間に近い機能をもつ前座敷から床間をもつ奥座敷まで、利用において濃淡がみられる。座敷はフスマによって間仕切られているが、通過儀礼や村の寄り合い・伊勢講などの際には間仕切りを取り払って、広間として利用される。ここには現代住宅にみられる空間の個

室化とは異なって、伝統的な家屋における場（空間）利用の融通性がみてとれる。また器としての家屋は座敷で執り行われる婚礼や葬儀において、家の外の存在（たとえば嫁）を内なる存在へ、あるいは逆に内の存在（たとえば死者）を外なる存在へと変換する装置となっている。

　ところでK家では、オモテ側の前座敷に神棚があって、三つの屋内社にそれぞれ「大社宅舎栄建章来代鬼門金神八方除護」「金比羅宮」「正遷宮御師一万度御祓大麻幸福出雲」の神符が祀られているほかに、長泉寺の厄除けや諏訪大社の家内安全のお札なども並置されている。神棚と並んで横のお札棚にはエビス様と大黒様、願い石、さらにムシ封じの呪符も置かれている。またK家の場合にはこの神棚の下段に仏壇が設置され、そこに仏像と位牌が安置されている。

　このような伝統的な農家の空間配置の特徴は、①座敷と居間が「オモテの空間」をなすとすると、土間・台所と納戸が「ウラの空間」をなしていること。そして、②オモテ空間が村氏神や檀家寺と関連した家長が担う公的な神や仏が祀られているのに対して、ウラ空間は荒神・歳神・水神など、主として主婦が関わる私的（屋内的）な民俗神が祀られている。このように多様な機能神が祀られているわけだが、③どちらかというと個別経営体としての家と関連して、その家や成員の存続や繁栄を祈願するための民俗神（たとえばエビス様・大黒様・個人の厄除けや祈願といった神札）の類が多くみられるのがひとつの特徴である。

　すなわち家は、相対的な自立を志向し、家経営にもとづく家の超世代的な永続と繁栄を祈念するから、家をめぐる祭祀空間の配置は、家や家成員の私的な祈願といった面が強調される。このため公的なムラや組との関係性はどちらかというと稀薄である。

同族祭祀としての祝神

　つぎに屋敷地に目を転じると、当家の裏山（ヒラ）に祝神と刻まれた野面の石祠が祀られている。祝神とは、おもに長野県諏訪地方から隣接する山梨県北西部に広く分布する同族神および屋敷神を祀る祠で、新田では祝神をイワイデン（祝殿）とも呼ぶ。祝神を祀っている家はマキ

（同族団）の総本家や旧家がほとんどで、ムラ内には少なくとも 11 基の祝神が存在している。祝神の特徴は、集落内の家や同族を中心とした系譜関係にもとづく祭祀形態であり、さらに祭神の多様性が著しい。祭主を基準に分類すると、各家単位で祀る屋敷神タイプと、同族で祀る同族神タイプに類別できる。K 家の祝神は一戸一祠型の前者の性格を示しており、イッケ（同族）が一同に会して祝神を祀ることはない。

3　近隣組・村組（「常会」）と常会道祖神

生活互助単位としての近隣組・村組

　個人を包摂する家は相対的な自立性をもち、個別の生計戦略を駆使しているとはいえ、個別・単独で生計や生活を営んでいたわけではない。同族や親類に加えて、近隣家々の間でさまざまな互助・協力関係を結び、あるいはムラの共同労働を遂行し、氏神や小祠の共同祭祀や祭りを催すことによって、社会的共同性を培い、全体としての生活を成り立たせてきたといえる。いいかえれば、そうした関係を維持するための暗黙の決まりごとや取り決めを共有することによって人びとの生活の営みを成り立たせてきた。

　ところで、こうした地縁にもとづく近所付き合いの核をなしているのが近隣組と村組である。こうした家相互の互助は、一般に「生業における互助」と「生活における互助」に大別できる。生業・生計に関わる互助としては田植えや収穫・養蚕・山仕事など、これに対して生活面では屋根替え・家普請や災害時の援助のほか、冠婚葬祭の際に互助が営まれてきた。

　本節ではまず生活面での互助として、①風呂の共同利用としての御日待講、②葬儀における互助、③信仰にもとづき娯楽や経済的機能をもった講集団を取り上げることにしよう。地縁単位である近隣組・村組が生活面における互助にいかに関与し、これを基礎として他の諸集団や関係がいかに累積しているかを捉えたうえで、つぎにそうした地縁にもとづく関係を背後から支えている祭祀構造をみることにする。

（1）御日待講（お湯っ講）

かつて農村地域には共同の廻り風呂の風習がみられ、新田では「御日（火）待」と呼んでいた。中組にはかつて上・中・下の近隣組にそれぞれ御日待講があったし、下組に2組、東組に2組、上組に3組あった。風呂を焚くのは一日おきで、まず御日待組内の当番の家へ風呂桶をかついでいき、下校した子どもたちが水を汲み、風呂を沸かす。風呂が沸くと子どもたちが近所に「お湯にきてくれ、お湯にきてくれ」と声をかけてふれまわる。夏場は屋外に、冬場は土間に風呂桶をおき、老人・子ども・若者・壮年の順に風呂をあびる。待機している者たちは囲炉裏端や縁側でお茶を飲みながら、農作業や世間話に花を咲かせたものだという。いわゆるムラにおける貴重なパーソナル・コミュニケーションの場でもあった。こうした廻り風呂の風習も、農村の近代化とともに各戸が風呂の設備をもつようになった1950年代後半には廃れてしまった。

（2）葬儀における互助

人間関係が密なムラ社会にとっては、死は突発的・非日常的で、かつ危機的な状況であるがゆえに、とくに社会的な性格を強くおび、葬儀は地域社会の習俗に従って隣近所の人びとの互助によって執り行われる。図3の下組にふられた数字（1・2…12）は、U家の葬儀（昭和58年）における近隣互助を示したものである。葬儀に関与する人びとは「オモテの役割」（1〜6）と「ウラカタの役割」（7〜12）とに二分される。前者は死者の関係者で、葬送儀礼に直接関わる人びと（葬家の成員や親戚）であるのに対して、後者は葬儀の道具の用意・穴掘り・調理といったいわば葬儀の準備に当たる人びとである。狭義の葬式互助とは後者を指し、近隣組からなる葬式組が主役となる。

実質的に葬儀を担う近隣の人びとを「オトブレー組」と呼び、現在でもこうした葬儀全般にわたり世話をする慣習が続いている。オトブレー組は組内の小組として組織され、喪家の属するオトブレー組だけでは人手が足りない場合には、「添え組」といって、ほかの組内の人びとにも手伝ってもらう。

このように葬儀の互助は、基本的には喪家の帰属するオトブレー組に

よって執り行われ、原則として一戸当たり男女二人が参加することになっている。組（常会）の内部に組織される近隣組は共同風呂の御日待講やオトブレー組と重複し、こうした組内の付き合い関係はふだんから大切にされ、日常・非日常を問わず地縁関係にもとづく近所付き合いの核をなしている。

(3) 信仰と親睦を目的とした講

「講」とは一定の信仰を中核として組織され、結合の基礎を村落のうちにもつ任意の集団で、おもに①宗教的機能を主とする講（宗教講）、②経済的機能を主とする講（経済講）、③社会的機能を主とする講（社交講）に類別される。ところで残存する講塔や古文書などから、かつて新田では伊勢講（機能①②③）・蚕玉講（①）・天神講（③）・太子講（②）・御日待講（③）・戸隠講（①）・念仏講（①）・二十三夜講（①③）・無尽講（③）などが結成されていたことがわかる。ここでは伊勢講と蚕玉講を取り上げてみよう。

「伊勢講」とは、伊勢信仰を中心に結成された代参講で、近世に入り全国的に広まった。かつては上組に２組、中組に２組、東組に１組、下組に２組存在し、家並みに順じて地域を区分していた（図３参照）。講の開催日の夕刻、当屋の者が開始を各家に伝えると、各戸主は身を清めた後、伊勢講に参集する。当屋では床間に小さな社（なかに札が納められている）を置き、天照皇大神宮、秋葉様（正一位秋葉神社）、山の神（大山祇命）などの掛け軸を掛けて拝み、経文を唱え、それが終わると御神酒をあげ、直会となる。

各伊勢講では、共有の掛け軸や勘定、名簿を記した講帳のほか、それぞれ伊勢講蔵をもち、木曽の漆器・椀・四つ膳などのかなり高価な什器類を所有していた。これらは葬儀や祝儀の際に使用され、借用する際は使用料を払い、それが買い替えや備品調達の資金となった。また伊勢講への拠出金はメンバーに融通された。

つぎに取り上げる「蚕玉講」は、いわゆる養蚕儀礼のひとつで、養蚕農家が集まって養蚕の守神である蚕神を祀る講である。新田では戦後しばらくまで養蚕が行われており、蚕玉様（講）と呼ばれる講が上組に２

組、中組に2組、東組に1組、下組に2組存在していた。現在養蚕業は廃れてしまい、本来の意味は失われているものの、上組では現在でも宮上講、宮下講の2カ所で蚕玉講を行っている。それぞれの蚕玉講では講塔（蚕玉神社）を保有している。

　現在ではこうした講はほとんど行われなくなってしまった。その理由としては、時代とともに信仰的な意味が希薄化したこと、加えて娯楽や社交の機会の増大したことがあげられる。とくに若年層の講への関心が希薄になったことが致命的であった。かつては多種多様な講が地縁の近隣組を基盤として展開し、信仰的な意味に加えて、社交や娯楽としてムラ人同士の紐帯や付き合いを強化する積極的な機能を果たしていた。

組氏神としての常会道祖神
　上・下・中・東・原組の常会は、それぞれ「常会道祖神」と呼ばれる組氏神を祀っている（後発地区である原組の道祖神は昭和22年に組のシンボルとして建立されたものである）。道祖神とはそもそも「サカイ」（塞）の神であり、通例常会の境筋に勧請されている。そこで道切りの儀礼を行う地域も多くみられるように、道祖神は常会と常会とを地理的に区割すると同時に、自分たちの生活域を護持するという意味合いが強い。

　道祖神をめぐる祭事は「常会道祖神祭」と呼ばれ、新田では1月3日の常会総会、4月上旬と9月下旬の作場道づくり、さらに11月23日の収穫祭（かつては「湯立て祭り」と呼ばれた）と年に4回催される。1月の道祖神祭の日は常会の初総会の日でもあるため、総会では常会役員の選出・決算・予算・事業計画といった常会議題の審議と承認（すなわち政事）を行った後、道祖神に幟を立て、組員同士で年始の挨拶をかわし、ごちそうを食べ、酒を飲む。とくに近隣の人びとと年頭の挨拶を交わし、新年にあたり「付き合い」を再確認し合う意味が大である。また常会道祖神の祭日に常会の総会を開くことの意義は、「常会の決めごとは神様のもとで執り決められた」ということを確認することによって、逸脱や異議を唱えることに対する戒めという意味をもっていた。

　作場道づくりは村仕事のひとつで、今でこそ道路わきの草取りといっ

た清掃作業にすぎないが、かつては村人総出で未舗装道路を補修するため、かなりの重労働であった。各家から一名ずつ出て道づくり作業に当たる。家を代表としてこの仕事に出役することは、ムラでの「一人前」を意味し、若者にとっては評価の指標ともなっていた。

　11月23日の収穫祭は、大理神社では区（むら）主催の「秋期皇霊祭」が区役員が中心となって執り行われ、こちらは祖霊に対して収穫を感謝するといった公的な意味合いが強い。これに対して、常会単位の収穫祭は収穫を終え、労を互いにねぎらうという日常的な意味が強調される。また各常会は保有する採種田から収穫した脱穀後の藁や長芋などの野菜を集会場にもちよってセリにかける。

　このように「常会道祖神祭」は「道祖神」を祀るという信仰的・宗教的な意味に加え、諸行事や農作業の節目に日常生活の核となる組（常会）の人びとが一堂に会する機会であり、前述したとおり日常的な付き合いを確認し合い、共に労をねぎらい合うことに主眼がおかれ、そのことによって祭事を挙行する単位としての常会の連帯や結束を強化するという顕在的機能を果たしてきた。後述する小宮御柱祭や常会道祖神祭りの際の共同飲食、さらには村仕事や結などの共同労働といった時空を共有する非日常的な関わりや経験がムラ人の一体感や連帯感あるいは共属感情をいっそう強化してきたことはいうまでもない。こうした村祭りの遂行自体がムラの統合性の象徴となってきた。

　また常会は、さまざまな祭事や互助を行うための独自の財政的基盤をもっており、常会の財産としては、共有の山林や採種田、伊勢講蔵、集会所、道祖神等の施設と、採種田の米の販売収入、戸割りの常会費（下組では現在一戸当たり3000円の均等割）や寄付金・繰越金の利子収入（下組では元金200万円ほど）などである。こうした収入の一部を祭典費や常会内の子ども会・婦人会・老人会などの活動に助成している。

　以上、ここでは生活諸関係の中核をなす近隣組としての常会を基盤として、風呂の共同利用（御日待講）・葬式の際のオトブレー組・宗教的社交的な伊勢講・生業としての養蚕にかかわる蚕玉講といったさまざまな機能を担う諸集団が、地縁としての常会を基盤として累積している様

相をみてきた。こうした諸集団を束ね、組（常会）の自立性・統合性を象徴するのが境の神であり、性や豊穣を司るとされる常会道祖神である。

4　村氏神と小祠

　歴史的にみると近世初期、徳川幕藩制のもと、小農の自立にともなって家が成立し、こうした家々の連合体として自治的村落（ムラ）は存続してきた。この自治的村落はムラ組織をもち、家数を制限し、かつ独自の財政と共有財（コモンズ、具体的には共有山林・神社・共有田など）を有していた。さらに村境を枠とする範域を領有し、その保全をはかってきた。またムラの正規の成員権を獲得するには種々の制約が存在した。定住したからといって必ずしもムラの正式成員に加えられるわけではない。また村外への他出者は――たとえば村外への他出した家は分家とみなされず、同族からも除外されるように――諸々の権利を喪失するし、村規範から逸脱した者に対しては村八分という強制的制裁をともなっていた。このようにムラは、機能主義的な観点からみると、諸集団の累積として表出し、ムラを保全し維持存続させるための諸機能を果たしてきたといえる。

　これに対して祭祀的景観からムラをながめてみると、村氏神や「小祠」（神を祀る小規模な社殿を有する祠）・組氏神を祀る祭祀的世界を構成している。そこでムラの祭祀的世界の構成とその空間的な意味について考察を試みる（図8）。

村社・小祠の位置と来歴
　（1）村氏神「大理神社」は、集落の中心よりやや北の上手に位置し、当集落を守護するように鎮座している。大理神社の本社は大和国添上郡宇奈大理社である。
　このほか新田には、集落が単位となって祭祀を挙行する小祠に「御別当社」「秋葉社」「鬼門神」「穂屋社」がある。
　（2）「御別当社」は歴史的には大理神社よりも古く、その形から「象

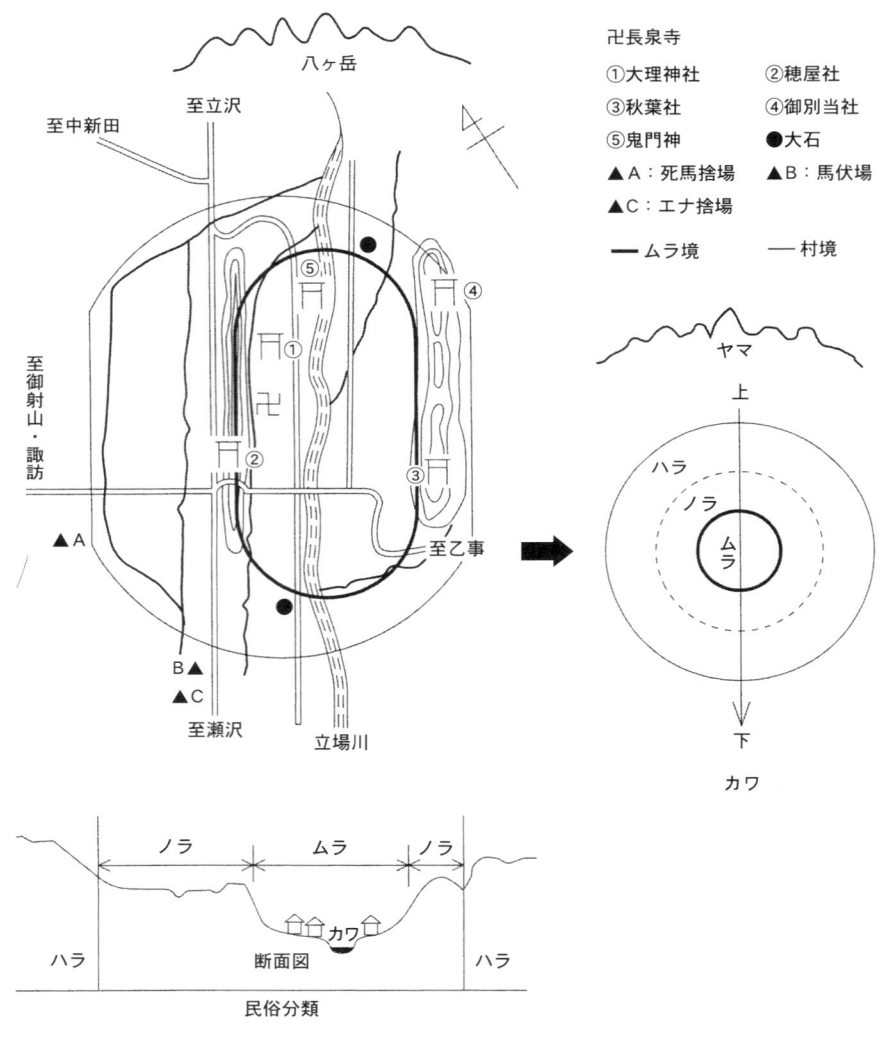

図8 S新田の水平的空間構造

頭山」と呼ばれる東側の段丘上に位置している。記録によると、御別当社の祭神は御別当多賀大明神で、創立は明暦2（1656）年で、古くより崇敬を受けてきた。開村（元和7〔1621〕年）後、間もなく建立された神社である可能性が高い。石造の小祠があり、人によっては「ヤマノカミ

サマ」とも呼んでいる。もともとは「ヤマノカミ」「土地の神」として祀ったものと思われる。

　(3)「秋葉社」は享保6 (1721) 年の造営と伝えられ、「象頭山」の南側に位置する小祠で、周囲には無数の石碑・石塔群がみられる。秋葉社の本社は、遠州（静岡県）秋葉神社で、火伏せの神として祀られている。

　(4)「鬼門神」は立場川の上流、上組の共同墓地の崖の上にあり、方位学的にはムラの北東に位置する。鬼門とは、方位学上もっとも縁起の悪いとされる北東（丑寅）の方角を意味し、この方角からあらゆる災厄が村に出入りするとされる。そこで、これらの災難を封じ込めるために祀られたのが鬼門神である。方位学的な意味のほかに、このあたりは立場川の川幅が極端に狭く、氾濫多発地点でもあった。このため鬼門神は、こうした自然災害から集落を守護する神として位置づけられる。

　(5)「穂屋社」は、立場川の河岸段丘の西に位置している。この穂屋社は諏訪大社上社の摂社である御射山社の分社である。近世以来、原山の入会地をめぐる争論において、穂屋社は原山の南端を示す境塚としての役割を担い、S新田の入会権および領有権を示すうえで重要な指標となってきた。

村氏神・小祠の祭礼

　(1) 村氏神・大理神社の祭礼

　新田住民のほとんどは大理神社の氏子となっており、氏子総代は通例、区長職を終えた人が任命される。大理神社の例祭は春祭り（3／15）、夏祭り（9月最終日曜日）、秋祭り（11／23）、このうち春と秋の祭りは区の役員、各種団体長、神主、氏子総代のみが参加する。神主は諏訪大社上社から招き、神主がお祓いをした後、集落センターで直会を行う。

　一方、夏祭りは春秋の例祭と違って多くの村人が祭りに参与し、にぎやかに執り行われる。この祭の見せ物としては、昔は相撲大会や境内の回り舞台で演芸会などが催されたが、昭和30年頃から「長持ち行列」と小学生が行う「花笠踊り」に変わった。

　そのほか区の祭事としては、元旦に「拝賀式」を大理神社で執り行

い、早朝から区の役員全員で年頭祈願をする。その後、長泉寺に場を移して護摩供養を執り行う。

(2) 大理神社の小宮御柱祭

大理神社では7年に一度の諏訪大社の御柱年（寅年・申年）に、通常の夏祭りに代わって「小宮の御柱」が執り行われる。大理神社は諏訪大社の末社ではないが、S新田は御頭郷の一員として諏訪大社上社の御柱祭に参加している。これは大理神社と諏訪大社との本末社関係によるというよりも、歴史的にみて新田が諏訪大社の信仰圏に包摂されていることに由来するためである。新田における祭祀組織のヒエラルヒー構造は、ムラ内部にとどまらず、信濃国の一の宮であり、旧官幣大社諏訪大社上社の権威に、村氏神が包摂される形式をとっており、上位・上部権威への意識上の帰属を物語っている。

ところで、新田の小宮御柱祭は集落を単位として挙行され、諏訪大社上社の御柱祭（山出し祭4月、里曳き祭5月）のミニチュア的性格をもち、祭祀行事や祭りの運営面においても類似性が著しい。1994年度の瀬沢新田の小宮御柱祭をみると、3月15日の「御柱見立て」（長沢共有林で本1（円周146 cm）、本2（円周136 cm）、本3（円周130 cm）、本4（円周100 cm）の赤松を選定）を皮切りに、区役員有志による「御柱の伐採」（4／26）・村人全員（各戸1人参加）による「元綱の製作」（5／31）、木落とし場・原山の草刈り（6／13）が行われた。6月21日の「山出し祭」当日は運営委員らが早朝から大理神社の境内に集まり、御柱祭の成功と安全を祈願した後、御柱置き場で「浄め御柱出発式」が執り行われた。木遣り唄の後、3本の御柱は木落し場に向かい、丘から木落としを行った後、村の老若男女をはじめ、親戚・観光客らが曳き子として参加して御柱を原山公園まで曳行した。その後、山出し祭に参加したもの全員で夕暮れまで慰労会が開かれた。

山出し祭から約3カ月後の9月27日に「里曳き祭」が行われ、早朝のお祓いや浄めなどの曳行式の後、下組から大理神社までの間、集落を縦貫するメインストリートで御柱を曳き、最後に大理神社の四隅に御柱を立てる「建て御柱」が挙行された。本1から順に御柱が起立すると、

「冠落とし」と呼ばれる御柱の先端部分を削り落とし、参加者は削り落とされた木片を「お守り」として競って拾う。この建て御柱の終了をもって、大理神社の小宮御柱祭は終了する。

　小宮御柱祭は7年に一度の新田区の祭礼であるため、入用となる経費は基本的に区が負担する。ちなみに1992年度の新田御柱祭における費用は総収入が1,966,790円、総支出は1,825,923円であった。

神社・小祠の景観的・象徴的な意味

　福田アジオ〔福田 1982：pp. 38-39〕は、ムラの領域が①「民居の一集団」＝集落＝定住地としての領域＝ムラ、②「耕作する田畑」＝耕地＝生産地としての領域＝ノラ、③「利用する山林原野」＝林野＝採取地としての領域＝ヤマ（ハラ）、の3層からなる同心円的構造モデルを提示した。このうち同心円の中心をなす定住地としての領域のみが「ムラ」であり、それを境として「ウチ」と「ソト」とに区分する観念があることを指摘した点は重要である。

　日本各地にみられる道切り行事や虫送り行事を例にあげれば、フセギ（防ぎ）などの道切りの地点は、「ムラの地籍上の境界」ではなく、定住地としての「ムラ」（集落）のすぐ外側に設置され、「ムラ」のなかへ邪悪なものや災いが進入してくるのを防ぎ、これによってムラのウチは浄化された状態が保持され、ムラの安全は保たれるという。これに対して、ソト、いいかえれば外縁としての自然的世界は、危険かつ不浄で邪悪なものの跋扈するところであり、人の力の及ばぬ世界であるという観念がそこには働いている。

　Ｓ新田を例にとると、近年耕地整理が行われて田畑の領域が飛躍的に拡大し、かつ明治後期から原組への家々の移転がはじまったために、近世における集落の様相は一変してしまった。しかし近世期に新田開発が行われたのは立場川の河岸段丘に挟まれた狭隘部で、その西側の原山域は八ヶ岳嵐が吹きすさぶために、耕作には不向きな土地であった。安永から文化年間にかけて西平汐と呼ばれる水路が開削されたことによって、はじめて水田の開発が可能になった。八ヶ岳の尾根づたいの沢地は

立沢村の余水によって細々と水田経営が行われてきたにすぎず、大部分は戦後の構造改善事業が行われるまで未開墾地として取り残される状態が続いてきた。

ところで新田の集落空間モデルとしては、集落としての村＝「ムラ」は河岸段丘の内側に収束し、その周囲に中間的・両義的な性格をもった空間としてのノラが広がっている。西平は河岸段丘上から荒涼と広がる原山（ハラ）の一部ではあるが、開発の結果ノラの延長として意識されるようになる（図8参照）。

つぎに、このような民俗分類にもとづく景観領域区分に、神社・小祠等の分布を重ね合わせてみると、ムラ内に多数点在する社祠（民間信仰的な性格をもった多様な石塔群）は集落内部（「ムラ」）に集中しており、墓地は河岸段丘の斜面に同族単位にかたまって建立されている。そして集落を取り囲むように穂屋社、御別当社、鬼門神、秋葉社の小祠が位置し、とくに鬼門神は集落の北東にあり集落の鬼門を守る神としての役割を付与されている。また集落の北と南の入口には大石といわれる「ムラ」境を示す大きな岩があり、集落をそのソトと区分している。このようにムラの領域は「枠」として明確に区分され、ムラを守護する意味を担った象徴物によって囲繞され守護されていることがみてとれる。

ハラとムラの境より外縁には社祠、小祠群は一切存在しない。ここは「ムラ」とハラ・ノラの切れ目にあたり、この境界から先は危険で不浄なソトの世界であることを示している。さらに注目すべきことは、「ムラ」のなかを浄なる空間とするならば、尾根立て道沿いにあるエナ捨て場（流産した子どもや後産の胎盤を捨てたとされる場所）、馬伏場（馬の健康維持のために悪血を取って捨てたとされる場所）、死馬捨場といったケガレを廃棄する場所は村境のソトに設置されており、そこは不浄で穢れた世界として意味づけられている。

村氏神社・小祠の空間的・景観的配置をみると、明らかに象徴的な意味で生活空間である集落（「ムラ」）を護持する枠構造を示している。周辺の他村落との拮抗関係の中で領域保全の意味をもつ外枠が村の地境（「村の境界」）であるとするならば、日常の生活における諸集団が累積し

た内側の境界をなす空間が集落（民俗語彙としての「ムラ」）である。

　こうした意味から村落は二重の枠構造——すなわち日常生活空間としての「ムラの枠」と領域としての「村境の枠」によって保全されていると捉えることができよう。村境の領域統括はとくに隣村との水利秩序をめぐって顕在化する。こうした固定的な枠構造に取り囲まれることによって、ヨソものを排除し、ウチにおけるいっそう強固な共属感情（ウチの意識）が形成されてきた。一方「ムラ人はムラに従って暮らす」といわれるように、ムラは個人の安全を保証するが、他方で個人の自由をも制約してきたといえる。

　以上述べてきたように、ムラは、政治的・経済的・社会的な存在であるばかりでなく、ひとつの祭祀的世界として、かなり明確で固定した持続的な枠構造をもち、ウチとソトとを峻別するばかりでなく、ムラの祭祀や組内の日常的な相互扶助の実践をとおしてムラ内の異なる諸要素（たとえば家々の個別性・同族・親類関係、地主小作関係などの関係）を連鎖的につなぎつつ、総体としてのムラを持続させてきたといえる。このような村構造の観念的な投影がまさしく、図8に示した水平的空間構造だといえよう。以上、S新田の事例に依拠して、旧来の家とムラの空間構造を社会生活と関連づけて論及したものである（より詳細なむらの全体像については〔柿崎他 2008〕参照）。

引用参考文献

今里悟之，2006，『農山漁村の〈空間分類〉—景観の秩序を読む—』，京都大学学術出版会

柿崎京一他編，2008，『東アジア村落社会の基礎構造』，御茶の水書房

清水昭俊，1987，『家・身体・社会』，弘文堂

福田アジオ，1982，『日本村落の民俗的構造』，弘文堂

宮家準，1989，『宗教民俗学』，東京大学出版会

村武精一，1984，『祭祀空間の構造—社会人類学ノート—』，東京大学出版会

———1994，「共同体のコスモロジー」，佐々木宏幹・村武精一，『宗教人類学』，新曜社

conclusion
まとめ

　本章の目的は、場所的空間としての生活の場で、「住まうこと」をテーマに、観察（見る行為）をとおしてその意味連関をどう理解することができるのかを問うことにあった。ワークでは、読者自身の住まいの世界を可視化してもらった。また解説では、機能主義から構造主義までアプローチの変遷を具体的にたどり、私たちは、たんに物理的世界に「住まう」のではなく、意味の世界のなかに「住まう」という視点のシフトを意図した。

　取り上げたエスノグラフィーのモチーフは「見る」という観点からいうと、ひとつは「路傍の石」といえどもそれがそこに置かれているからには何らかの意味があるにちがいないということ、さらに私たちの生きている世界は、見えている世界だけでなく、不可視の世界を組み込んでおり、それを読み解いてみようという試みであった。またここで述べてきた新田の事例は、なにもS新田のみに特有の様態ではなく、少なからず日本各地のムラ社会に通底する現象であるといえる。このような日本的な「ムラ」の特殊性は、ジャワのデサや韓国のマウルなど異なる民俗社会と比較した際にいっそう顕著になる。

　自分の生きている世界について、これまでとは少しでも違ったまなざしで見ることができたり、自分自身の抱える問題を考える際のなにがしかのヒントが得られたならば、このワークの当初の目的は達せられたといえるのではないだろうか。

post-work
ボスト・ワーク

【課題1】
　ワークに記した家屋配置図をもとに、そうした区別や分類の基準や仕組みは、いったいどうなっているのだろうか、あなたの考えをまとめてみよう。
　「場所的空間」に関して、誰があるいはなにがその場を占有するかを確定し、その空間的配置の構造を読み解いてみよう。

【課題2】
　本章のエスノグラフィーの内容は、現代を生きるあなたがた若者にとっては、ひとつの異文化体験ではなかったかと思う。伝統的な（たとえそれが創られたものであるとしても）家・ムラ社会の事例をゼロ・ポイントとすると、現在の私たちの住まいや近隣・地域社会あるいは世界との関わりはどのように変化しているのだろうか。変化をふまえつつ、つぎの課題に取り組んでみよう。
　私たちは今いったい、どのような世界に生きているのだろう。まわりには文化的背景の異なる人びととの関わりが日常的になりつつあり、世界中の多様な情報が飛び交い、新技術によってもたらされたモノや道具に囲まれて生活している。こうしたヒトやモノとのつながり、さらにはコト（出来事）をめぐって、現在の私たちを取り巻く空間的場である世界はどのように構成されているのだろうか。そして、そうした世界に住む私たちはそれらとどう関係をとり結んで（あるいは結ばず）、どのように世界を認識しているのだろうか。下記の変容の諸要因を参考にして、あなたのまわりの世界の見取り図を自分なりに読み解いてみよう。

［現代社会における「住まうこと」の変容の諸要因］
・家屋形態の近代化：標準化され合理化された家屋構造、たとえばnDKシステム

- 日本における住宅形式の展開：食寝分離→公私室の分離→個室の確保と規模拡大の論理・寝床化
- 家屋の質：仮の住み処→クラッシュ・アンド・ビルド化
- 家の解体：職住の分離、経営と消費の乖離
- 核家族の個別化：核家族のもつ不安定性
- ムラ社会のもつ地縁性や地域社会の連帯性の喪失：地縁から選択縁へ
- テクノロジーによる外部との新たなつながりの誕生：縁の変容・あらたなネットワーク関係（情報縁）の生成

第2章

食べる

――**食べ物を考える**

林　在圭

introduction
イントロダクション

　私たちは生きていくためには食べなければならない。人間にとって、食べることは生命と健康を維持するためのもっとも基本的な行為であり、その意味で生物学的に普遍的な営みである。そのため日々の生活のなかで、何をどのように食べているかは、あまり意識されることはない。しかし、この一見当たり前の行為の背後には、人と自然、人と人との関わりあいが深く結びついている。

　何を食べるのか、どのように食べるのか、また何を使って食べるのかは、文化圏によって異なり、それぞれの特有の食文化をつくり上げている。食を介して人間関係や社会のつながりが生まれる。日々のありふれた事柄としての食をめぐる行動に注意を払うことによって、その社会や文化のもっとも基本的な構造がみえてくるはずである。

　本章では、ありふれた日常生活のひとこまにすぎない「食べる」という行為を切り口に、人と自然、人と人との関わり方について考えてみることにしよう。しかしながら、食べるという「食」の問題は非常に間口が広く、網羅して説明することは不可能であろう。そのため、ここでは人は何を食べるのか（食べないのか）、そして人はなぜそれを食べるのかという問題に限定して、とくに韓国の食を中心に紹介しながら、日本の食文化を考えるきっかけを与えることにしたい。

work
ワーク

①あなたは昨日、どこで、誰と、何を食べただろうか。ふりかえって書き出してみよう。

②ふだんの食事とは違うものを食べるのは、いつ、どんな場面でだろうか。そして、何を、誰と食べるのだろうか。最近あったことを思い出して書き出してみよう。

①

どこで	
誰と	
何を	

②

いつ	
どんな場面	
何を	
誰と	

▼ keyword
キーワード

1 食物選択と食物タブー

　日本ではかつて、長い間、仏教の影響で肉食を禁止する風習があった。また今日の日本でさえ、箸に関するタブー（立て箸、二人箸など）や食い合わせ（ウナギと梅干、タニシと蕎麦、天ぷらとスイカなど）など、多くのタブーが残っている。世界をみわたしても、さまざまな生物が食物タブーとして禁食となっている。タブーは人間社会を構成する根本的な特徴のひとつであるといえる。それゆえ、多くの人類学者がタブーの謎に取り組み、人間社会にタブーが存在する普遍的原理を模索してきた。

　なぜ人間は、ある種の食べ物をわざわざ禁止したのだろうか。あるいは、それぞれの文化はどのようにして自分たちの食べるものを選択してきたのだろうか。この疑問の根底には、人間はもともと何でも食べていたが、文明の発達とともに、食べ物を限定してきたという考え方と、人間は自分たちの食べるべきものを一つひとつ選択しながら食べ物を広げてきたという二通りの考え方がある。

　前者の、食べ物を限定してきたという考え方には、何を食べるのかという人類の食物選択が、すべて技術の問題に帰するとしたL. H. モルガンの技術進化論をはじめ、J. F. マックレナンやJ. G. フレーザーなどの古典的トーテミズム論、B. K. マリノフスキー、E. デュルケーム、A. R. ラドクリフ＝ブラウン、M. フォーテス、E. E. エヴァンス＝プリチャードなどに代表される機能主義的トーテミズム論、そしてM. ハリスの経済合理主義論があげられる。他方、後者の、食べ物を広げてきたという考え方には、C. レヴィ＝ストロースのトーテム理論、M. ダグラスの文化象徴論、E. R. リーチの文化記号論などがある。

　以下では、レヴィ＝ストロースが『今日のトーテミズム』（1962）のなかで、前者を「食べるに適している理論」と称し、そして後者の文化を「考えるに適している理論」と名付けたので、この名称を借りるとし

よう。

2　食べるに適している学派

モルガンの技術進化論

　人類学の歴史のなかで、最初に人類の食生活について体系的に記述を行ったのは、モルガンである。彼は人類の食物選択の歴史が技術の進歩に裏打ちされていたという立場をとり、何を食べるのかという人類の食物選択は、すべて技術の問題に帰するものだととらえた〔モルガン 1877〕。

古典的トーテミズム論

　食物選択に関する重要なキーワードの一つが「トーテミズム」である。トーテミズムとは、親族集団がそれぞれ特定の自然物（トーテム）と象徴的に結びつけられることによって、社会構成単位として明瞭に識別される社会認識の様式のことである。このトーテミズムは多くの人類学者によって、食物選択の謎を解く重要な手がかりとして注目されてきた。人類学におけるトーテミズム研究の先駆者はマックレナンで、彼はトーテミズムを動物崇拝に由来する宗教であるとみなした。また同時代のイギリス宗教人類学者のフレーザーは、トーテミズムを呪術であると述べた〔フレーザー 1898〕。彼らは、トーテミズムの解明に苦心しながら、これを原始的な信仰、原始心性の現れだと考え、それにもとづいて食物が選択されているとしたのである。

機能主義的トーテミズム論

　20世紀初頭にニューギニア南東端・トロブリアンド諸島でフィールドワークを行ったマリノフスキーは、トーテミズムに人間と神とを媒介する食物という概念を導入することによって説明を試みたが、食物選択については、古典的トーテミズム論のように信仰や心性的な理由からでなく、「空腹を感じた時に、直接そこ（自然）から補充するように食物を集め、調理し、食べる」という、たんに人間の生命維持という機能的

な側面からのみ考察を行った。これに対しデュルケームは、トーテムを西欧国家の国旗と同様の、識別認識のための役割をもつものとしてとらえた〔デュルケーム 1912〕。

一方、ラドクリフ＝ブラウンは、トーテミズムを個別的事例によって説明するのではなく、人類社会に普遍的に存在する法則のひとつとして解明しようとした。すなわち、トーテミズムとは人間とトーテムとの間の儀礼関係から発生した、もしくはその特殊な一発達であると述べる〔ラドクリフ＝ブラウン 1955〕。トーテムとは、親族集団が象徴的な関係で結びつけられている自然界の事物で、おもに動物・植物であり、親族集団と同定されることも多い。彼によれば、トーテムは集団の統一と連帯性を保証しているのと同時に、集団間の差異を強調する役割を果たすものである。

一方、フォーテスは、トーテムの選択をトーテムと親族集団の類似性に求めようとした。彼が参与観察を行ったアフリカのタレンシー族では、「牙をもった」肉食動物がトーテムとされており、人びととトーテムとの関係が先祖の関係ときわめて類似していたからであるという。だから、こうしたトーテムは食物タブーとなるのだという。

さらにエヴァンス＝プリチャードによって、トーテムの解釈は外的類似性（外観上の相違）から内的相同性（たとえば、鳥の翼と獣の前肢のように、外観上の違いはあるが、発生的構造的に同一であること）へと移行を成し遂げた〔エヴァンス＝プリチャード 1940〕。こうした一連のトーテミズム論の研究は、食物選択におけるトーテムであるがゆえに、食物タブーが存在するが、そうでないものは、いわば「食べるに適する」となる。

ハリスの経済合理主義

実利主義を精緻化したのは、アメリカ人類学者のハリスである。彼は、経済学で行われる、費用とそれに見合った利益に着目した費用と便益分析を応用して、すべての食物タブーを物質的利害関係によって説明しようとした。彼は「好んで選ばれる（食べるに適している）食物は、忌避される（食べるに適さない）食物より、コストに対する実際の利益

の差引勘定のわりがよい食物なのだ」という理論を展開し、食物選好問題を解こうとした〔ハリス 1985〕。

　彼の説明によると、私たちが犬や猫を食べないのは、それが愛しいペットだからではなく、肉食動物である犬は肉の供給源として効率が悪いから食べないのである。

3　考えるに適している学派

レヴィ＝ストロースのトーテム理論

　ラドクリフ＝ブラウンのトーテム理論を批判的に継承しつつ、まったく新たな理論を展開したのが、レヴィ＝ストロースである。彼は言語の文法から食習慣を理解しようとした。「なぜその集団がそのトーテムを選択したのか、あるいは、しなければならなかったのか」という根源的な問題を設定した。彼によると、食物選択において、人びとは自然種は「食べるに適している」からではなく、「考えるに適している」から選ばれていると述べた〔レヴィ＝ストロース 1962〕。

　私たちが何を食べ、何を食べないかを決定するのは、それが技術に裏打ちされているからでも、食べるに適しているからでもなく、考えるに適しているからであるということになる。つまり、何を食べるか（食べないのか）ということは、切実な自己表現であって、食物は文化によって規定された象徴的意味やメッセージをもっている。これが、彼の「考える」ということの含意である。そして人びとは、そのメッセージや意味の伝達のために、食物を選択するということになる。

リーチの文化記号論

　イギリスの人類学者のリーチは、人間が無秩序な混沌状態（自然）に名前を付けて分類し秩序体系をつくり上げようとする際に、どうしても分類の網目からこぼれ落ちてしまうものがある。その自然の余剰部分がタブー視されるのだとした。

　『文化とコミュニケーション』（1976）のなかで彼は、ユーラー図形

```
    A        C        B
  （人間）  （ペット）（動物）
```

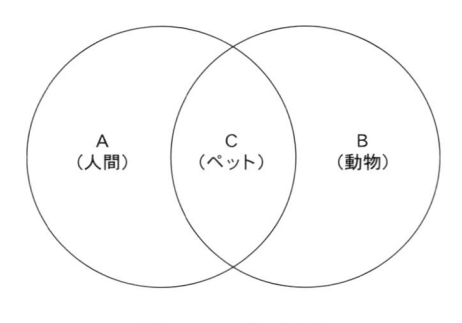

図1　ユーラー図形

（図1）を用いて説明する。タブーとは、カテゴリーの明確な対立に関して異例なカテゴリーに適用されるとして、AとBの二つの言葉のカテゴリーがあるとして、Bは＜Aではないもの＞と定義され、その逆もまた真であるとき、この区別を仲介する第3のカテゴリーCがあって、AとB両方の属性を共有すれば、そのときCはタブーであるという。すなわちAとBに人間と動物をあてはめる。重複部分Cには人間であり、かつ動物でもある存在としてのペットが入る。そのため、ペットである犬や猫を禁食としていると説く。

メアリー・ダグラスの文化象徴論

　イタリア生まれのイギリス人類学者、メアリー・ダグラスは、リーチの理論を具体的に食物タブーに適用した。彼女は『汚穢と禁忌』（1966）のなかで、「レビ記」の禁忌について、イスラエル人にとって清浄で許食の動物は反芻類・偶蹄類というカテゴリーAであり、蹄のない動物はカテゴリーBとして可食域から排除される。可食域に入る動物のうち反芻類・偶蹄類は当然許食されるが、そのどちらか一方のもの、つまり蹄が分かれていても反芻しない動物（たとえば豚）、あるいは反芻しても蹄が分かれていない奇蹄類（たとえばラクダ）は汚れたものとしてタブーとされる。このように曖昧で両義的な境界上の動物がタブーとなる。

　このようにして、レヴィ＝ストロースが指摘し、リーチやダグラスが

証明しているように、私たちの食物選択は、私たちの世界観の表現であり、自分たちがどのようにありたいと思っているのかという願望の表現でもある。こうした考え方によれば、生き物としての「食える・食えない」という機能とは異なる次元で食物の選択は解釈でき、それぞれの文化によって、自己と他者の境界にあるものをタブーにしたり、あるいは、「旨い・まずい」という基準で、まずいものは栄養があっても食べないのである。

4　食は他者認識のバロメーター

　以上、食物選択とタブーに関わる人類学の研究成果をみてきた。一方、現実の食べ物、食べ方、食事をみると、そこにそれぞれの文化の特徴がみえてくる。食による他者認識を中心に、次節のエスノグラフィーと関連させて、韓国と日本の事例からみていこう。人間は、食べるもの食べないものとのカテゴリーを変えることによって、自分たちとそれ以外の人たちという境界をつくってきた。

民族による違い
　ある民族の料理法や特定の食べ物は、しばしば社会集団としての自己と他者とを区別するシルシとなり、他の集団と区別する根拠ともなっている。かつて日本では、日本料理で使うことのないニンニクを使う韓国人（朝鮮人）を「彼ら」と、日本人の「われわれ」とを区別する根拠とした。ちなみに私が日本の空港に降り立った時、韓国に行ってきたことを自覚化するのは、自分の口から発するニンニクの匂いからである。韓国料理に欠かせない大切な食材が、料理全般に使用され真っ赤に彩る唐辛子であり、それと並んで大量に摂取されているのがニンニクである。普通に韓国人はまとまった鱗茎を一日に3〜4個も食べる。韓国人の一人当たりのニンニクの年間消費量は10 kgを超え、300 gの日本人の36倍である。
　また、食の違いの経験、とくに珍味やゲテモノに関しては、理屈抜き

の本能的なレベルで強烈なインパクトを受ける。こうした韓国料理としては、夏バテ防止や病後の保養などのために食される犬肉の「保身湯(ボシンタン)」と、屋台などでたくさん売られているおやつ感覚の「ボンデギ」(繭のサナギ)がある。

　一方、韓国にとって日本は長い歴史のなかで、つねに意識され、他者として区別されるべき存在であった。今でも韓国にとって日本は、「追いつき追い越せ」のよきライバルであり、パートナーである。そのため、韓国ではキムチを食べる韓国人の「われわれ」に対し、タクワンを食べる日本人を「チョックパリ」(倭者)と呼び区別する(ちなみに両者の根本的な差異はタクワンがたんなる塩漬けであるのに対し、キムチは唐辛子やニンニク、さまざまな野菜を混ぜ込んで発酵させたものである)。

　韓国の象徴的食物としてのキムチが、韓国では一年中食されているが、とくに越冬のためのキムチ漬け(「キムジャン」と呼ぶ)の季節になると、一種の民間行事と称せられるほどで、町々の市場には白菜をはじめとする野菜が山積みされる。このキムチ漬けのために、会社ではキムジャン・ボーナスが支給され、各メディアではさくら前線ならぬ「キムジャン前線」が流れる。キムチの内容物も、地方や家によって異なり、塩辛などの海産物を入れるか否か、唐辛子やニンニクの量や塩加減が家々の味を決する。韓国の各家庭には、今では通常の冷蔵庫とは別にキムチを保存しておくためのキムチ専用の冷蔵庫がある。このように韓国人にとって、キムチは米と並ぶ栄養補給源として準主食の地位にあるといえる。

　食卓でのマナーや食習慣も、民族によってかなり異なる。人間の食行動は高度に社会的なものであり、幼少時から長い年月をかけて社会化していく。そのため、食事の内容や作法も、家族や地域や民族の歴史を色濃く反映し、それぞれに個別の象徴的な意味をもっている。

　たとえば、日本と韓国の食事マナーでもっとも異なる点は、韓国では箸はおかずを食べるときにだけ使い、ご飯やスープやチゲ(鍋料理)には匙を使う。韓国料理にスープやチゲの種類が豊富なのは、それらが匙で食べるのに向いた料理だからであり、食卓を囲む者は、同じ鍋のなか

に直接それぞれの匙を入れてすくって食べる。また、日本では正座をして器を手にもって食べるが、韓国ではあぐら（女性は片膝を立てることも多い）をかいて器を食卓に置いたまま食べる。韓国では器を手にもったり、直接口につけたりすることは行儀が悪いとされる。

　もうひとつ、日本と違って韓国では料理を残す習慣がある。日本では食べ物を残さず、すべてを食べるように教えられるが、韓国ではこれとは逆に、出されたものをすべて食べつくすのは、マナー違反になる。儒教の国である韓国では、祖先祭祀をし、客をもてなす「奉祭祀接賓客」が第一の行動様式として実践されている。日常の食事を「飯床（パンサン）」と呼ぶが、飯床では、日本の懐石料理や西洋のフルコースのように一品ずつ時間を追って供されるのではなく、すべての料理を一度にお膳の上に並べるのが基本である。一度にすべての料理が並べられることから、客をもてなす接客の食事は料理の種類とその量という、見栄が大切になっている。韓国には「お膳の脚が曲がるほどの御馳走」という表現があるが、品数が多いほど豪華な食事で、人をもてなす際にはたくさんの料理が並ぶ。そして残すことによって「食べきれないほどの御馳走でした」という謝意を表し、「充分な量が振る舞われた」ということを示すことになる。

　このように、どの民族であれ、自分たちの料理や調理法には強いこだわりを示す一方で、逆に他者の食事作法に対してはテーブルマナーを含め、強い嫌悪感を抱くことがよくみられる。食べ物を介した自己対他者の認識・再認識に有効に働くのは、幼い頃から理屈を超えた価値観として刷り込まれているからであり、異文化に対してはなかなか寛容にはなれないという側面をもっている。同じ食べ物を共に分かち合って食べることによって、人びとの間には他者に対する「われわれ」という自己認識が培われるからである。

社会階層による違い

　こうした自己認識は、それぞれの民族集団を区別するだけでなく、同じ民族集団内の社会階層を差別化するときにもよくみられる。同じもの

を食べる場合でも、調理法の違いによって、自己と他者を区別することも少なくない。食物選択や調理法を含む食習慣の差異は、集団を切り分けていく重要な要因のひとつとなっており、集団のアイデンティティや性差やステータスを表すものとなる。

　たとえば、かつての韓国でも白米飯は支配階層の両班(ヤンバン)たちの食べ物であったのに対し、庶民の百姓たちは雑穀飯を食べていた。あるいは、精白米を食する上流階層に対し、玄米飯を食べる下流階層という図式である（現在では自然食品や健康食のブームもあって逆転現象が起こっている）。調理法では、炭火焼きや「ジョンゴル鍋」（即席で焼いて食べる鍋）の上流階層に対し、スープ・野菜たっぷりのチゲ鍋を食する下流階層に分かれる。また今日では、食物の選択には経済性と安全性が密接に関係しており、たとえば同じ牛肉を食べるといっても、松阪牛を食べるか輸入牛肉を食べるか、あるいは有機栽培の野菜を意識して食べるか、そんなことよりも安いものを選択するのかといった選び方に、その人の嗜好や経済力などが表される。

性別による違い

　他方、今日では家族が同じところで一緒に食事をするのが家族団らんだといわれる。しかし、一昔の韓国では、家族が同じところでみんなが一緒に食事をせず、世代が異なる者は同じお膳を囲んで食べない。大人は一人ひとりが一膳の独床（日本の「銘々膳」）がもっともていねいで、若い人は数人（未婚息子同士、娘同士、嫁同士）が大きいお膳を一緒に囲む。したがって、世代や年齢や性別によって、家族の食事の時間や場所がそれぞれ異なっていた。

　また韓国では、手羽先は女性の食べ物、胆嚢や卵は男性の食べ物、受験生にはくっついて落ちないように飴や餅を食べさせ、逆に表面のスベスベした性質から滑って落ちない（不合格にならない）ようにワカメスープは避けられる（ワカメスープは産婦には欠かすことのできないものである）。祭祀供物として唐辛子はもちろん、魂を寄せつけない性質をもつとされるニンニクやネギ類がタブーとなっている。

現在の韓国人は、唐辛子やニンニクが入っていない料理を美味しいとは感じない。韓国の食卓は全体が真っ赤であり、食卓に並べられた数種のおかずのすべてが唐辛子で赤く彩られ、辛いものを朝からたっぷりと食する。そのため、祭祀供物を祭祀後に美味しく食するための工夫が「ビビムバプ」であり、スープご飯の「グッパプ」である。ビビムバプはご飯の上に載せた具と共に唐辛子味噌のコチュジャンでこねて食べる。他方、グッパプはスープのなかにご飯を入れ、薬念醬（薬味調味料）やコチュジャンなどで調味し、かき混ぜて食べる。家庭の食卓や食堂などではつねにコチュジャンがうずたかく盛ってあり、韓国人の食生活には欠かせないものである。たいていの韓国料理はこれを混ぜて食べる。刺身も日本のようにわさび醤油だけでなく、コチュジャンに酢と砂糖をまぜた酢コチュジャンをつけて食べるのである。

　調理法から食事作法に至るまで、食べることに関わるあらゆる「きまり」（習慣）が、その文化の人びとにとっては、文化的自己そのものに関わる重大事であり、食べ物の差異によって文化的自己の差異を際立たせ、自らの固有性を保持するのである。

5　共　食

共食と人間関係

　1990年代以降、日本では個人で食事をする「個食」という言葉が出現した。子どもが塾通いやお稽古事で帰宅が遅くなったり、また親が残業で遅くなったりして、親との子の生活サイクルがかみ合わなくなり、家族がそろって食事ができず、バラバラに食事をする現象が現れている。子どもがコンビニの弁当やおにぎり、ファストフードのハンバーガー、インスタント食品やスナック菓子を食べて済ませてしまっていることさえ起こっている。

　しかしながら、食べ物を分かち合って共に食べる（共食）という行為こそ、人間的な現象である。ある特別の食べ物をみんなで分かち合って食べる共食は、人と人とを結びつけるもっとも強力な行為となる。これ

は象徴的には性的交わりとも同等にくらべえるほどである。分かち合って食べることと性的交わりをもつことは、人と人との関係の網目のなかに分かちがたく織り込まれ、文化全体の様相を形づくっている。

とりわけ共食は、いかなる社会にも必ず見出される慣習・儀礼であり、食物を分かち合って食べることで、身内（仲間）意識が育成される。日本でも「同じ釜の飯を食べた仲」という言葉があるように、同じものを分かち合って食べることで「仲間同士」「われわれ同士」という強い身内意識が培われる。食事という行為は人と人とを結びつけ、あるいは対立するものを和解させ共存させる手段でもあるのだ。婚礼や葬礼、祭礼の際に重要なのも共食である。

共食は人びとの共同生活やコミュニケーションを支え、媒介する、きわめて重要な社会的役割を担っているのである。

食物の象徴的意味

共食には、欠かすことのできない食べ物がある。その重要性は、それらのもつ象徴的意味や文化的価値によるものである。

韓国では、肉や餅、果物がそうしたものである。肉や餅は古来から、神々に豊穣を祈念するための生贄の名残りであり、果物は多産と子孫繁栄を象徴するものである。現在でも、中部西海岸漁村の豊漁祭では、牛をその場でつぶし、生肉を供物として捧げ、スープにして村中の人が共に食している〔矢野・林 2004〕。これらの食物は祭祀などのさまざまな儀礼において、欠くべからざる供物である。

またインドネシアのトラジャ社会では、儀礼の際に水牛は欠かせない。水牛は高い価値をもち、土地の取得・家の建築・墓の建造などの支払いに使用される交換財でもある〔秋野 2000〕。儀礼において、供儀としての共食のために、互いの肉の贈答のために、重要な象徴的意味をもっている。

ハレの日の供物・御馳走

また、正月や盆行事のように、一年を通して生活の節目ごとに行わ

れ、農業との関係が深い歳時風俗(年中行事)には、ふだんとは違うもの(御馳走)をつくって神仏や祖先に供え、家族も同じものをいただく。これらの日には、ふだんとは違う御馳走をつくり、神仏や祖先に供え、人も同じものを食べて作物の豊作を祈り感謝し、また家族の健康を祈願し健康を感謝する。

　この日は労働から離れて休む(遊ぶ)日となる。日本ではこれを「ハレ」と呼び、日常の「ケ」と区別する。ハレの日は特別な食事を食べ、特別な衣装を着て、特別な行事が行われ、非日常の世界に入る。それが終われば、また日常のケの世界へともどっていく。このハレとケの繰り返しが、私たちに生活リズムをつくっていた。

　こうした年中行事や通過儀礼などのハレの日につくられる供物や御馳走は、その地域の栽培作物と密接な関係をもつ食物であり、人びとが集まって分かち合って共に食べる。人びとは愛情や友情を表したり、つながりを強化したりするために分かち合って共に食べるのである。そして、特有の食物が文化的自己認識において、象徴的に重要な意味をもつのは、それがその文化の共食のための食べ物として欠くことのできない存在だからである。

　以下のエスノグラフィーでは、韓国のもっとも代表的な非日常(食)であり、典型的な共食行為がともなう祖先祭祀を取り上げ、韓国の村落社会における日常食と儀礼食の関係を明らかにする。調査手法と手順は、まず世帯のタイプわけのための世帯調査を行い、祖先祭祀などの参与観察と世帯タイプ別の食事記録をとり、食物の摂取頻度による計量的分析を行う。

引用参考文献

山内昶, 1994, 『「食」の歴史人類学』, 人文書院
山川三太, 1998, 『文化人類学通になる本』, オーエス出版社
秋野晃司ほか編著, 2000, 『アジアの食文化』, 建帛社
矢野敬生・林在圭, 2004, 「韓国における豊漁祭の現在」, 『人間科学研究』, 早稲田大学人間科学部

モルガン, L. H., 1958-61, 『古代社会』上・下（青山道男訳), 岩波文庫

フレーザー, J. G., 1951-52, 『金枝篇』（簡訳版）1-5 巻（永橋卓介訳), 岩波文庫

マリノフスキー, B. K., 1967, 「西太平洋の遠洋航海者」（寺田和夫・増田義郎訳), 『マリノフスキー・レヴィ＝ストロース』, 世界の名著 71, 中央公論社

ラドクリフ＝ブラウン, A. R., 1975, 『未開社会における構造と機能』（青柳まちこ訳・蒲生正男解説), 新泉社

ハリス, M., 1988, 『食と文化の謎』（板橋作美訳), 岩波書店

レヴィ＝ストロース, C., 1970, 『今日のトーテミズム』（仲沢紀雄訳), みすず書房

ダグラス, M., 1972, 『汚穢と禁忌』（塚本利明訳), 思潮社

リーチ, E. R., 1981, 『文化とコミュニケーション』（青木保・宮坂敬造訳), 紀伊國屋書店

ethnography
エスノグラフィー

韓国農村の日常食と儀礼食
―忠南唐津郡の一宗族マウルの事例を中心に―

はじめに

　農耕社会を背景とする韓国の伝統的な食生活は、「ご飯より優る薬はない」という医食同源（韓国では「薬食同源」と呼ぶ）の考え方にもとづき、日常食は主食のご飯と副食のスープ・キムチ・ナムル・焼肉などのおかず（「飯饌(パンチャン)」）から構成されている。そのため多種多様な副食をとおして均衡のとれた栄養素を取り込むことが可能であった。一方、韓国の食生活は日常食だけでは完結せず、非日常の儀礼食を組み合わせることで全体的な栄養バランスをとってきたといえる。

　ところが韓国では、日常食や儀礼食に関する具体的なフィールドワークにもとづく実証的研究はほとんど行われてこなかった。儀礼食における交換関係を焦点に祖先崇拝と社会構造との関係を明らかにした研究〔全京秀1992〕や、一漁村の祖先祭祀に関する調査報告〔末成1985〕が注目されるにすぎない。

　韓国では伝統的に、村落社会における日常の食事がいたって質素であるのに対して、祭祀・結婚式・還暦祝い・葬式などの儀礼時に用意される食事は、その量や質においてたいへんな御馳走であった。いずれも日常の食事ではめったに口にすることのない肉や魚料理をはじめ、餅やチヂミや果物を食する機会ともなっている。なかでも膨大な回数に及ぶ祖先祭祀では、祭祀後に行われる家族や参祀者だけによる神人共食の「飲福(ウムボク)」（直会）ばかりでなく、翌朝には親しい者や近隣の人びとを招いて共食が行われる。また飲福に来られなかった人びとに対しても、同じものをその家まで届けるのが習わし（「頒器(パンギ)」と呼ぶ）であった。

第2章　食べる―食べ物を考える―

そのため、韓国の食生活を把握・理解するためには、日常食と非日常の儀礼食とを同じ論理体系のなかで有機的にとらえる必要性がある。そこで本研究では、韓国農村の一村落の地域社会を対象として、日常の食事記録と祖先祭祀の儀礼食の食物贈答・交換関係を調査し、食生活における日常食と儀礼食の相互補完的関係を明らかにすることを第一の目的とする。また、日常の食事記録から村落社会における日常食の基本パターンを析出し、従来の研究で定説化されている日常食の規範である「飯床規範」を検証する。

　一方、祖先祭祀の儀礼研究では多くの研究者によって、祖先祭祀の核心的機能として家族や親族組織の結束や紐帯、同族意識の維持・強化の機能（社会的地位の象徴的行為としての誇示）だけが強調されてきた。そこで第二の目的として、村落社会における祖先祭祀の儀礼食（とくに飲福過程）の食物贈答・交換関係の分析をとおして、祖先祭祀（儀礼食）における村落統合の機能をも明らかにしたい。

1　調査対象集落

　調査対象地は、ソウルから車で約2時間の距離にある中部西海岸の一農村である、忠清南道唐津郡D里（村）である（図2）。この村落は17世紀末頃、南氏の一族によって開拓された、海に面した僻地農村であった。

　当村は谷筋に数戸の家々が点在する散村形態をなしており、狭小な水田耕作と畑作の複合経営を組み合わせて展開してきた〔林在圭2000参照〕。特産品としてはコァリ唐辛子（シシトウ）・ダルレ（ノビル）・タバコなどが有名である。

　この地域一帯が大きな変貌を遂げたのは、1980年代にはじまる大規模干拓事業による。それによって干拓農地が造成され、1990年代半ば頃に、周辺農民に一戸当たり平均3000坪が分配され、水田耕作面積が倍増した。

　統計上の戸数は70戸前後であるが、実質的に居住する戸数は60戸前

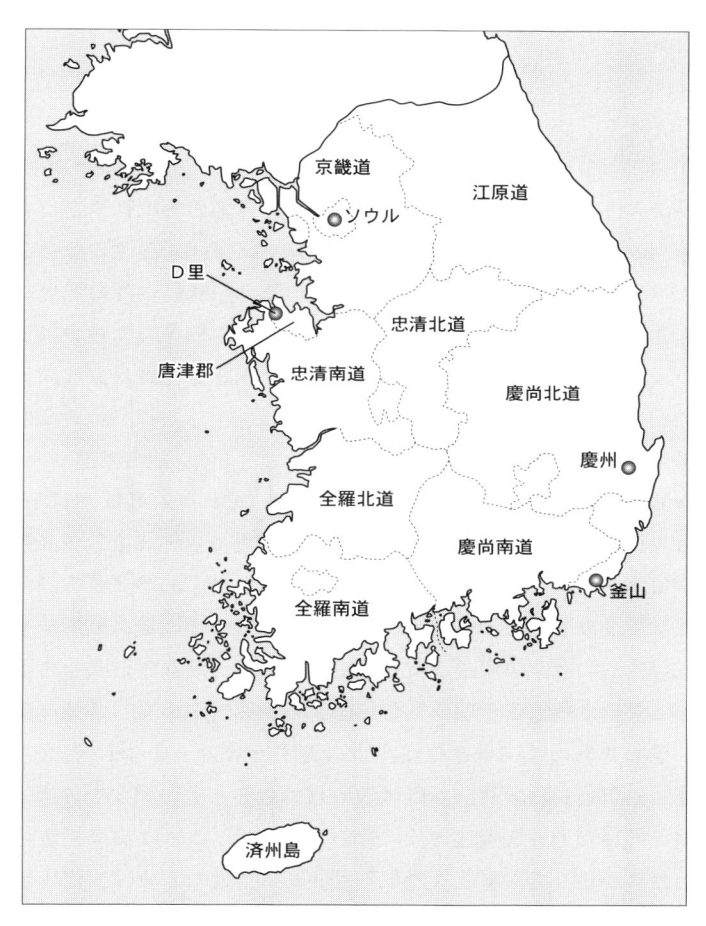

図2　D里の位置

後の中山間集落である。そのうち、半数以上が南氏で占める「宗族マウル」を形成している〔林在圭1998参照〕。2005年の調査対象戸数と人口は61戸186人であり、65歳以上の高齢者の人口が23％以上を占めている。職業構成は耕地専業農家62.3％（38戸）、畜産との兼営農家26.2％（16戸）、その他11.5％（商業2戸、牧師、公務員が各1戸、無職3戸）となっている。戸数の変化は少ないが、人口については一戸当たり平均人数が、1980年に6.3人であったのに対して、2005年には3.0人と半減

し、過疎・高齢化がかなり進行している。

2　日常食の食事記録

　D村における日常食の基本パターンを析出するために、当初は上中下の階層別に各1世帯を選定し、季節別にそれぞれ10日間の食事記録をとることにした。しかしD村では、1990年代を境に、階層別の差異がほとんどみられなくなり、階層別分類の有効性が低下し、むしろ世帯構成員の違いによる差異が高まったことを知った。そこで、家族周期を考慮した分類に修正を加え、「年配世帯」(I)・「中高生を有する世帯」(II)・「幼児を有する世帯」(III) に分類した。

　この分類に従って各1世帯ずつを選定し、それぞれ季節別に10日間の食事記録をとることにした。タイプ別世帯構成をみると、タイプIの世帯構成は、世帯主（65歳・農業）、妻（56歳・農業）、長男（37歳・農業）の3人構成である。タイプIIは、世帯主（42歳・公務員）、妻（41歳・学校給食の「学母給食トウミ」）、長男（17歳・高校生）、長女（13歳・中学生）の4人構成である。タイプIIIは、世帯主（42歳・農業）、妻（41歳・家事）、長男（9歳・小学生）、長女（7歳・小学生）の4人構成である。

　調査・分析方法は、毎日摂取する料理の種類とその頻度を分析する。日常食と儀礼食の大きな違いは、良質の動物性タンパク質の摂取にあると思われる。そこで、動物性タンパク質を考慮して、食事記録から料理を分類すると表1のとおりである。

　食事記録から、料理名によって食物群を分類すると、主食類（A）からデザート（M）まで13群になる。主食類は飯（Aa）と粥や粉食（Ab）、麺類（Ac）に細分される。ご飯には白米飯のほかに、玄米飯・黒豆飯・黒米飯・麦飯・雑穀飯なども好んで食べている。お粥にもさまざまな種類があるが、カボチャ粥と小豆粥などが定番であり、鮑粥も有名である。粉食は「ミシッカル」と呼ばれ、雑穀を炒り、粉にして牛乳や蜂蜜を入れた水に溶かした穀物ジュースである。一方、町部にはパン屋が多くみられ日常的に食されているのに対して、当村ではパン食がほ

表1 日常食の食物分類

料理名	主食(A)	スープ(B)	キムチ(C)	ナムル(D)	生菜(E)	チゲ(F)	煮付(G)	蒸物(H)	揚物(I)	焼物(J)	刺身(K)	塩辛(L)	デザート(M)
動植物別の細分	a 飯	a 肉	a 野菜	a 肉	a 野菜	a 肉	a 煮付	a 肉	a 肉	a 肉			a 牛乳
	b 粥粉	b 魚貝	b 漬物	b 魚貝	b 海草	b 魚貝	b 炒物	b 魚貝	b 魚貝	b 魚貝			b 果物
	c 麺類	c 野菜	c 魚貝	c 野菜		c 野菜		c 野菜					c 餅類

とんどみられないのが意外でもあった。麺類には「カルクッス」と呼ばれる手打ちうどんやインスタントラーメンを利用した料理のほかに、「トックック」（雑煮）や「スジエビ」（水団）などが多用される。

一方、おかずの副食類に関しては、スープ・ナムル・チゲは肉や魚貝類を入れるか否かによって細分類するが、これらの動物性タンパク質は薬味（「薬念ヤンニョム」と呼ぶ）程度のものである。デザート類には牛乳といった飲物や果物や餅類などに細分類される。

3　日常食の基本パターン

各世帯別の食事記録にもとづいて、副食（おかず）の食物群別に整理し、摂取頻度による順位付けをしたものが表2である。表2によると、日常食における副食の摂取頻度による序列は、①キムチ→②ナムル→③煮付→④チゲ→⑤生菜→⑥スープ→⑦蒸物→⑧焼物→⑨塩辛→⑩デザート→⑪刺身→⑫揚物の順である。したがって、当村においてもっとも頻繁に食されている副食はキムチであり、そのつぎが茹で野菜の和え物であるナムルであることがわかる。

そのつぎに頻繁に食されている副食は、煮付、鍋物のチゲ、生野菜の和え物である生菜である。煮付はそのほとんどが煮干の佃煮の類である。また、チゲはキムチや豆腐といった野菜ベースの鍋物であり、肉や魚は薬味程度を入れるものが多い。

つぎに、「クック」と呼ばれるスープは、一般にご飯に付きものとし

表2　日常食の摂取食物別序列化

料理名	I　年配世帯				II　中高生世帯				III　幼児世帯				計	序列
	夏	秋	冬	春	夏	秋	冬	春	夏	秋	冬	春		
飯	28	24	25	20	18	19	14	8	23	24	25	21	249	―
粥	0	0	0	0	0	1	5	10	0	0	0	0	16	―
麺	2	5	5	5	3	3	6	2	3	6	4	9	53	―
スープ	7	7	14	7	8	8	6	4	11	6	7	11	96	6
キムチ	29	57	51	17	26	30	18	17	47	73	71	50	486	1
ナムル	38	10	24	26	14	24	17	7	16	20	15	14	225	2
生菜	28	14	1	16	3	3	1	5	14	10	7	3	105	5
チゲ	12	15	5	15	8	7	7	3	8	17	14	6	117	4
煮付	11	28	17	1	2	10	4	4	16	7	16	12	128	3
蒸物	6	7	2	4	5	2	3	1	4	3	4	6	47	7
揚物	0	1	0	1	0	0	0	0	0	0	1	0	3	12
焼物	2	3	0	4	1	3	0	0	7	4	5	2	31	8
刺身	0	0	0	0	0	0	0	0	0	4	0	0	4	11
塩辛	0	0	11	0	0	0	0	0	0	3	0	2	16	9
デザート	0	0	0	0	0	0	0	7	0	0	0	0	7	10
計	163	171	155	116	88	110	81	68	149	177	169	136	1583	4.97

て食事には欠かせないものとして認識されているが、実際の調査では非常に低い順位であることがわかる。

　一方、動物性タンパク質の料理としては、蒸物・焼物・塩辛があげられる。とくに蒸物はそのほとんどが卵料理で、肉や魚の蒸物はほとんど食されていない。また焼物は、豚の三枚肉を中心とした焼物かブルゴギである。

　最後に、デザート・刺身・揚物類はほとんど食されていないことがわかる。とくに7件のデザートはミシッカルの穀物ジュースであり、伝統的に食後のデザートを食べるという習慣はなかった。

　刺身はいわゆる生魚の刺身ではなく、干潟が近いということもあって、タコや貝類（主としてアサリ）の湯通ししたものが主である。日本のような揚物の天ぷらは日常食では食されておらず、フライパンで焼くチヂミや卵焼きがせいぜいのところである。

ところで、当村では一食当たりの平均摂取食物の品数はどれくらいだろうか。これを割り出すために、延べ摂取食物の件数を食事回数で割る（外食などの82回を除外する）。すると、延べ摂取食物の件数は1583件であり、実際の食事回数は318回であるので、1583÷318＝4.97となる。したがって、当村における日常食の基本パターンは、主食1に副食4品のキムチ・ナムル・煮付炒物・チゲとなる。生菜はナムルの代わりに、スープはチゲに代わるものとして用いられている。とくにスープは毎食ではなく、一日に1回弱程度にすぎない。一方、動物性タンパク質の食物は薬味程度のものを除けば、煮付・蒸物・揚物・焼物・刺身・塩辛の229件であるが、その中身をみると、卵焼きや小魚料理が大半を占め、良質の動物性タンパク質の料理とはいいがたいものである。煮付は一日に1回、蒸物は二日に1回、焼物は四日弱に1回、塩辛は七日に1回の割合で食されている。

4　祖先祭祀の儀礼食

　韓国における儀礼は、冠婚葬祭の通過儀礼と、一年の節日（「名節(ミョンジョル)」と呼ぶ）に行われる年中行事（「歳時風俗」と呼ぶ）とに大別される。地域社会における食物贈答交換という観点からは、とりわけ初誕生祝い・婚礼・還暦祝いなどと、葬儀・祖先祭祀が重要であり、現在でも盛大に行われている。一方、年中行事は1970年代以降そのほとんどが姿を消し、旧暦1月1日のソル行事と旧暦8月15日の秋夕行事だけが残り、韓国の二大民俗行事として、帰省のための民族大移動が繰り広げられている。

　この両行事はとくに「茶礼」と呼ばれる、祖先祭祀が祀られる。儀礼にはお祝い事の「チャンチ」共食と、祖先祭祀などの「飲福」の共食過程が含まれており、家族や親族のみならず、地域社会の住民たちも呼ばれて共同飲食が行われる。そのため韓国の食生活を理解するためには、日常食だけでなく、儀礼食の考察は欠かせない。ここでは諸儀礼のなかで祖先祭祀を取り上げる。

			位牌				
飯	羹	盞	盞	匙楪	酢	飯	羹
肉	肉羹	鶏卵	炙	魚羹	豆腐	餅	清
脯	熟菜	焼	佐飯	清醤	海衣	醢	沈菜
棗	栗	梨	柿	真瓜	水瓜	油果	糖果
		香炉			酒		

図3　大宗家の忌祭の祭需陳設

　現在、D村における祖先祭祀の種類は、基本的に4代奉祀の忌日（命日）に行われる「忌祭」、上述の二大名節に行われる「茶礼」、忌祭の対象から後退した5代祖以上を対象とした旧暦10月中に墓前で行われる「時祭」の三種である（祖先祭祀の祭礼過程や供物等の詳細は、〔林・秋野2006〕を参照されたい）。

　図3は、当村に根拠地をおく南氏の大宗家（総本家）における忌祭時の供物を示したものである。祖先祭祀の供物は、縦4列・横8行の計32品が供えられるが、全品揃わないときもある。

　こうした陳設にみられる規則は、まず第一に、最前列の果物は左から「天果・地果・造果」となっている点である。すなわち、棗・栗・梨など木になる果物（天果）、つぎに西瓜や瓜のような土でとれる果物（地果）、そして饊子（サンジャ）・茶食（チャシク）など人がつくった菓子（造果）の順に供える。第二に「棗栗梨柿（ジュルイシ）」のルール、すなわち棗・栗・梨・柿の順に供える。また地域によっては「紅東白西（ホンドンベッソ）」、すなわち赤い果物は東、白いものは西に供える。第三に「左脯右醢（ゾアボウヘ）」、すなわち脯は左に醢は右に供え、「生東熟西（センドンスッソ）」すなわち生物は東に、火を通した物は西に供える。第四に「魚東肉西（オドンユッソ）」、すなわち魚は東に、肉は西に供えるルールである。こうした供物の陳設の配膳ルールの根底には、左（西）側に高い価値のある物を供えるということである。肉類は魚類より高い価値があるとされており、炙は肉（牛・豚）・鶏・魚類の順に、その格式の順位が付けられている。第五に「右飯左羹（ウバンゾアゲン）」、すなわち位牌に対して、ご飯は右側に、スープの羹は左側に供えるルールである。

　しかし、こうした陳設における規則や祭需の数は、原則的なものであ

って、実際には必ず規則通りに守られているわけではなく、状況に応じて柔軟性がある。この祖先祭祀の祭祀床は、韓国の人気テレビドラマ「チャングムの誓い」でみられるように、朝鮮王朝の国王の食事である「スラッサン」が庶民の儀礼食に流れ、範型化されたものといえよう。

5　祖先祭祀の飲福範囲

　祖先祭祀後の供物を家族や親族のみならず、近所や村中の人びとを呼んで共に食べるが、この共食過程を「飲福」と呼ぶ。表3は当村61戸の一年間の忌祭の対象別回数を示したものである。当村では飲福の範囲によって、①村付合飲福（父母の忌祭と時祭）、②近所付合飲福（祖父母〜高祖父母の忌祭）、③家族のみ飲福（茶礼）の三種に分類される（表4）。

　まず、①村付合飲福は父母の忌祭と時祭時の飲福であり、村中の全戸が対象になるが、通常各戸から最高齢者1名が飲福に呼ばれる。当村における父母の忌祭は全149回のうち64回である。これによる食物分配の対象人数＝件数×（分配対象戸数＋平均世帯員数）、すなわち64×(61＋3.0)＝4096人である。また時祭は南氏の下位の8小グループで祀られており、時祭による食物分配の対象人数は＝件数×（分配対象戸数＋平均世帯員数）、すなわち8×(61＋3.0)＝512人である。したがって村付合飲福による食物分配の対象人数は延べ4608人となる。

　つぎに、②近所付合飲福は父母以外の忌祭の飲福であり、平均して隣近所の3戸の全世帯員が呼ばれる。全149回の忌祭のうち、父母の忌祭64件を除いた85件がこれに当たる。したがって近所付合飲福による食物分配の対象人数＝件数×分配対象戸数×平均世帯員数、すなわち85×4×3.0＝1020人となる。

　さらに、③家族のみ飲福は茶礼の飲福であり、茶礼は61戸のうち39戸で祀られている。これによる食物分配の対象人数＝茶礼挙行戸数×平均世帯員数×（ソルの3日＋秋夕2日）＋年始回り戸数、すなわち39×3.0×5＋61＝646人である。ただし、これらの数値は計算上のものであることを予め断っておきたい。

表3　D里の対象別祖先祭祀

対象先祖	回　数	対象先祖	回　数
父	37	曾祖父	12
母	27	曾祖母	12
祖　父	23	高祖父	7
祖　母	23	高祖母	7
計	149	その他	1

表4　祖先祭祀と飲副範囲

飲副範囲	対象祖先祭祀	年間回数	呼ばれる対象者
①村付合飲福	父母の忌祭と時祭	64	村全戸対象 各戸最高齢者1名
②近所付合飲福	祖父母〜高祖父母の忌祭と時祭	85	隣近所（平均3戸）の全世帯員
③家族のみ飲福	茶礼	39	家族のみ

したがって、当村における一年間の祖先祭祀による儀礼食の摂取対象人数は、①②③を合計した延べ6274人となり、毎日約18人が祖先祭祀の儀礼食の飲福に預かるのである。D村の人口は186人であるから、当村における一個人は祖先祭祀の儀礼食によって約10日に1回、良質の動物性タンパク質が供給されることになる。

6　考　察

日常食の「飯床規範」

　日常食は「飯床」と呼ばれ、一定のルール「飯床規範」をもっているといわれることはすでに述べた。すなわち、飯床は主食のご飯と副食のスープおよびおかずから構成されている。ご飯・スープ・キムチ・チゲ・蒸物・醤類を基本とし、食材と調理法の重複を避けて、ナムル・生菜・焼物・煮付・刺身・塩辛・乾物などのなかから3〜12種類を選んで配合するが、このおかずの数によって3・5・7・9・12楪飯床となる〔林在圭 2004 参照〕。

　これが従来の研究で定説化されている飯床規範である。したがって、

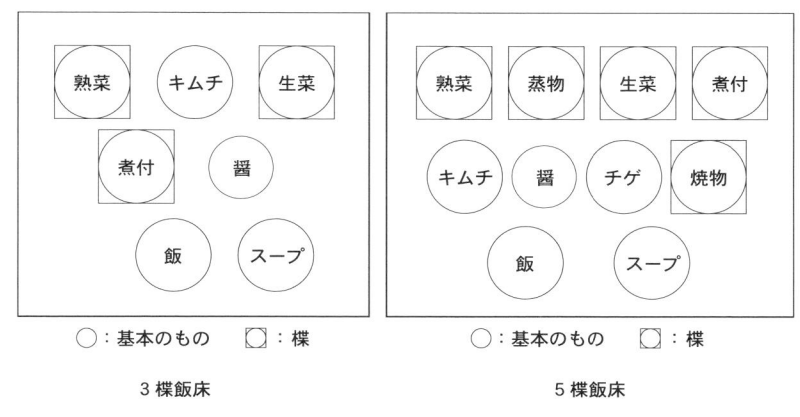

```
┌─────────────────────┐      ┌──────────────────────────┐
│  熟菜  キムチ  生菜  │      │ 熟菜  蒸物  生菜  煮付  │
│      煮付   醤       │      │ キムチ 醤  チゲ  焼物   │
│       飯   スープ    │      │       飯    スープ       │
└─────────────────────┘      └──────────────────────────┘
   ○:基本のもの  □:楪            ○:基本のもの  □:楪
        3楪飯床                         5楪飯床
```

図4　飯床規範による膳

　おかず3品のもっとも質素な3楪飯床でも、基本のもの（飯・スープ・チゲ・蒸物・醤類）を入れると少なくとも7品以上となる（図4参照）。なお飯床の配列は、ご飯を左にスープを右に、チゲや醤類を中央に、汁物や焼物を右側に、ナムルや小魚の煮付などは一番奥に配列される。すなわち匙で食べるご飯やスープを食べる人の近くに、チゲや汁物を中央か右側に、そして箸で食べるナムルなどは食べる人から遠いところに配列される。

　当村の食事記録による日常食の基本パターンからわかるように、一食当たりの平均摂取食物の品数は4.97であった。したがって、当村における日常食の基本パターンは、主食1に副食4の5品である。飯床規範によると、もっとも質素な3楪飯床より2品少ないことになる。

　さらに当村では、1980年代を境に大きく変貌し、豊かになったといわれる。その豊かさは日常の食卓にも大きな変化をもたらした。1980年代の大変貌の主たる要因のひとつは畑作における商品作物の導入であり、もうひとつは政府主導の大規模干拓事業による水田面積の倍増である。こうしたことを考慮すると、飯床規範は誰のものであるか、誰のための規範であったのかが容易に推測される。少なくとも定説の飯床規範は支配階層（両班）のルールであって、庶民のものではなかったのであ

る。庶民にとっての飯床規範は、むしろ「医食同源」の考え方にもとづく、食によって健康を守るための指針（モデル）であると考えられる。

儀礼食の飲福

つぎに祖先祭祀について考えてみよう。従来の研究では、祖先祭祀は血縁関係の紐帯強化機能だけが強調されてきた。しかし、祖先祭祀を食（儀礼食）という側面からみると、表4にみられるように、儀礼食の贈答交換（共食行為）は村落社会における人間関係の維持強化の機能を果たしていることがわかる。伝統的に魚や肉、餅をもちいた料理は高価なため、日常食ではほとんど食することはなく、儀礼食の供物として共食されてきた。儀礼時の共食は、家族や血縁関係者だけでなく、村落社会を中心とした地縁関係の人びとを中心に行われる。そのため村人による相互の共食行為の蓄積は、地縁関係の紐帯を強化したのである。

それゆえ、祖先祭祀の儀礼食は血縁関係の紐帯強化機能に加え、地縁関係の維持補強機能をも併せもつ。村落社会における儀礼食の贈答交換は、村落全体の互恵的生活互助交換の一輪として機能している。したがって儀礼食の贈答交換は、村落社会の生活原理・秩序形成における統合の誘発メカニズムとして働いているのである。

むすび

韓国の人びとはとりわけ食べ物を重視する。「飯を食べたか」という言葉が挨拶にもなっているほどである。それは食べる行為を重視する文化をもっているからである。

韓国の食生活の伝統は日常食だけでは完結せず、儀礼食を組み合わせることで、成り立っている。日常食と儀礼食の大きな違いは、日常食が野菜中心であるのに対して、儀礼食では魚や肉料理が重要な供物となっている点である。こうした食生活の伝統は、医（あるいは薬）と食は源が同じであるという医食同源の考え方にもとづき、よい食事をとれば健康になると信じられている。村落社会における医食同源の考え方は、依

然として強く受け継がれているものの、外食行動も増えつつあり、肉食化の傾向がみられる。

　また韓国人は一人で食べることを嫌い、「食事はみんなで集まってするものだ」という意識が強く、一緒につくり、わいわい皆で食べるのを好む。韓国の大学に留学した女子大生曰く、困ったことのひとつは、まわりの人たちから変な目で見られたり、声をかけられたりするので、一人で飲食店に食事に出かけられないこと、という述懐もうなずける。とくにお祝いや祖先祭祀の際には家族親族のみならず、近所や村人が共に食べる。

　しかし、1970年代の都市産業化、1973年に虚礼虚飾の浪費をなくそうと定められた家庭儀礼準則、1985年頃の高度経済成長、1990年代以降の外食産業の隆盛などの外的要因によって、村落社会における食生活も大きく変わりつつある。1980年代半ば以降、一部の儀礼（婚礼・還暦など）を除き、儀礼食による食物の贈答交換機能は喪失し、日常食の肉食化が進行しつつある。今後、祖先祭祀以外の諸儀礼食、外食行動に関する調査研究をさらに進めていきたい。

引用参考文献

全京秀，1992，「下沙美の祭祀と飲福」，『韓国漁村の低開発と適応』，集文堂

末成道男，1985，「東浦の祖先祭祀：韓国漁村調査報告」，『聖心女子大学論叢』第65集，聖心女子大学

林在圭，1998，「韓国における「門中」の構造と機能」，『村落社会研究』通巻9号，日本村落研究学会

林在圭，2000，「宗族マウルにおける生業変遷と小農経営」，『ヒューマンサイエンス』13-1，早稲田大学人間総合研究センター

林在圭，2004，「韓国の食文化」，『アフラシア』，現代アジア・アフリカセンター

林在圭・秋野晃司，2006，「韓国の祖先祭祀における食文化」，『女子栄養大学栄養科学研究所年報』14，女栄養大学栄養科学研究所

柿崎京一他編，2008，『東アジア村落社会の基礎構造』，御茶の水書房

conclusion
まとめ

　人間にとって食べることは、生命と健康を維持するためのもっとも基本的な行為であり、普遍的な営みである。そのため日々の生活のなかで、ふだん何をどのように食べているかは、あまり意識されることはない。しかし、これまでみてきたように、この一見当たり前の行為の背後には、人と自然、人と人との関わり合いが深く結びついていることがわかる。

　何を食べるのか、どのように食べるのか、また何を使って食べるのかは、文化圏によって異なり、個別文化それぞれの特有の食文化をつくり上げている。その社会に存在するタブーを調べると、民族、地域、階層、ジェンダー、時期などによって異なり、何を食べるのかがわかる。他方、どのように食べるのかは、その民族や社会の自然観とも深く関わっているといえよう。食物を得る手段としての農業とは、そもそも人間による自然の征服、自然を人工的耕作地へと転換する過程であるといえよう。

　食事の内容や作法も、家族や地域ばかりでなく、民族の歴史を色濃く反映し、民族や地域のアイデンティティーとして食のもつ意味は大きい。特定の文化のなかで食べ慣れてきた食に対する嗜好は、個人の所属意識や郷土愛、家族の絆、そのほかさまざまな集団のアイデンティティー形成に欠かせない。

　同じ食べ物を共に分かち合って食べることによって、人びとの間には他者に対する「われわれ」という自己認識が培われる。共に分かち合って食べる共食は、日常的には家族単位で行われ、それ以上の単位（たとえば親族や地域社会）では、主としてさまざまな儀礼にともない、共食が行われるのである。食べることを共にしない人びとは他人であり、信仰で結ばれることも、社会的相互関係を築くこともしない。食を介して人間関係や社会のつながりが生まれ、こうして文化のうちのかなりの部分が食に関わっており、文化の基礎を担っているのである。

しかし今日では、世界中からあらゆる食物が輸入され、食のつくり手と受け手の関係、食を取り巻く環境が大きく変わっている。食材をつくるということと、料理をつくるということと、食べるということが完全に切り離されている。食べる人は食べ物がつくられるプロセスを知らず、つくり手が見えなくなり、つくることと食べることのミスマッチによって、食への安全・安心感も揺らいでいるというのが昨今の現状ではないだろうか。

　ここでは、とくに食を通じて人類学の分類体系を学んできた。また、人びとが食を分類するように、食もまた人びとを分類する。しかし、人びとはこのように食を「分ける」（分類する）だけでなく、食を通して「つながる」ということも忘れてはならない。

post-work
ポスト・ワーク

【課題1】
　あなたがワーク②であげた食事を「共食」として捉え、どのような人たちとの、どんな意味をもつものか考え、整理してみよう。

【課題2】
　自分の家のお正月のおせち料理について調べてみましょう。まず自宅（実家）のおせち料理一覧をリストアップし、料理の名前、その料理の象徴性や意味、地域性、誰がどのようにつくったものであるのか、また誰と一緒に食べたのか、そしてそうした伝統に対してあなた自身はどのように考えているのか、について調べてみよう。

第3章

贈る
―― モノの交換から人と人のつきあいをみる

小林孝広

introduction
イントロダクション

　私たちは日頃、さまざまな相手とさまざまに「あげる・もらう」というモノのやりとりを行っている。本章では人と人の間のモノのやりとり、つまり人類学でいえばモノの「交換」を取り上げる。お中元やお歳暮、バレンタインデー、誕生日プレゼント、あるいは現金を介したモノの売買など、交換といえば、いったいどんな事柄を思い浮かべるだろうか。

　人類学は、さまざまな社会のさまざまなモノの交換について検討してきた。交換とは当事者間におけるモノの相互移転である。交換されるモノには、物や動物そして人間といった物質的なものや、好意や献身、サービスといった非物質的なものが含まれる。交換の当事者には、個人や集団、神や精霊も含まれるだろう。社会はこのような具体的な交換によって成り立っている。交換のあり方を観察することは、その社会の成り立ちのありさまをさぐることに直結している。

　これらモノの交換をとおして人類学が得た知見は、モノの交換には、「少ない元手で最大の見返り」を得ようとする手段としての交換（ここではこれを「経済交換」と呼ぼう）とは異なる、別種の交換が存在するという事実である。人類学が見出したこの別種の交換、この類別された概念を手にすることで、私たちの普段のつきあいや、またそれをとおして形づくられる社会はどのように見えてくるのだろうか。

work
ワーク

　ここでは、まず各自の具体的なモノのやりとり（あげる・もらう）を振り返ってみよう。

①昨日の夕方から今に至るまでに、あなたは誰とどんな物のやりとり（売買も含む）をしただろうか。具体的なものを思い出して書き出してみよう。

時　刻	やりとりされた場所	誰から	何をもらって	誰　に	何をあげたか	備　考

②これまでにあなたは、いろんな贈り物（奢りなどの行為も含む）をしたり、されたりした経験があるだろう。それらの贈り物のやりとりの

うちで、失敗したことやとまどったことなどないだろうか。ここでは「贈り物の内容が気に入ってもらえなかった」といった個人的嗜好の不一致以外で、経験した失敗やとまどいを振り返り、その事態について詳細に書き出してみよう。

①何を	
②どのような場面で	
③誰と（その人とはどのような関係か）	
④どんな事態が生じたのか（具体的に）	
⑤それについて、あなたはどういう感想を抱いたか	

keyword
キーワード

1　ビール返杯の応酬とニューギニアのクラ交換

　交換とは通常、「誰かに何かを与えて、誰かから何かを受け取ること」を意味するが、それは、いかにして自分が必要とするモノを手に入れるかの手段であり、またできることならばなるべく損をしないで得をしたい、そんな交換を思い浮かべるかもしれない。それをここで「経済交換」と呼ぶとすれば、はたして交換とはそういった交換に限られるものなのか。

　人類学の交換研究は、このような個人の効用の最大化を目指す経済学的な交換を相対化することを目的として始まったといっていい。また交換という現象は、人と人との関わりをモノのやりとりとして具現化し、人間社会の分析にあたって、もってこいの題材となる。交換についてはこれまで多くの人類学的な研究がなされてきた。

　ここでは少し身近な交換の例を思い浮かべてもらおう。たとえば、コンパの席でくり広げられるビールの返杯の応酬である。そこでもし自分で自分のコップにビールを注ごうものなら、「まぁまぁどうぞ」といってビールをひったくってでも注いでくれるだろうし、おそらく自分も注ぎ返すことになるだろう。自分で飲むビール一杯の量に変わりはないのに。またバレンタインデーのチョコレートは、ホワイトデーに、自分が贈ったものよりもなにか得をするものを貰うために贈るのだろうか。確かにここで行われていることは、「誰かに何かを与えて、何かを受け取る」という意味では、交換に違いないが、それはきっと個人の効用の最大化を目指す経済交換とは異質なものだろう。なぜ私たちは、こんなことをしかし気を遣いながらも必死で行うのだろうか。

　場面を変えて、人類学でしばしば引き合いに出されるニューギニアの「クラ交換」の事例をみていこう。現代人類学確立者の一人であるB. K. マリノフスキー（1884-1942）は、「未開人」が、「素朴な欲求を満足

させることのみを欲し、最小限の努力によってそれを実行しようとする合理主義的な人間」ではないことを示すために、ニューギニア西部、トロブリアンド諸島で長期の現地調査を実施し、クラ交換に着目した。

ヴァイグア（あるいヴァギ）と総称される、赤い二枚貝のウミギクのネックレス「ソウラヴァ」と白い貝の腕輪「ムワリ」は、貴重財とされており、それが島から島へと渡されることによって、島々が円環状に連なる慣行のことを「クラ」という。ヴァイグアが交換されるルートを上空から俯瞰的に眺めてみれば、ソウラヴァは時計まわりに、ムワリは反時計まわりに、隣の島の特定のパートナーの手を渡っていく。隣の島にクラが到着する気配を察すると、受け取り手は、折に触れてさまざまな呪術を施しながら、カヌーを建造し、船団を仕立て、困難な航海を乗り越え、そのパートナーの島に出かける。そして与え手はかれらを盛大にもてなす。

ヴァイグアのやりとりにおいては、決まった相手以外の人に渡してはならない。「（貰い手は）受け取った物を軽蔑し、あるいは警戒し、あるいは足元に投げつけた後で取り上げる。物を贈った方も極度に謙遜な態

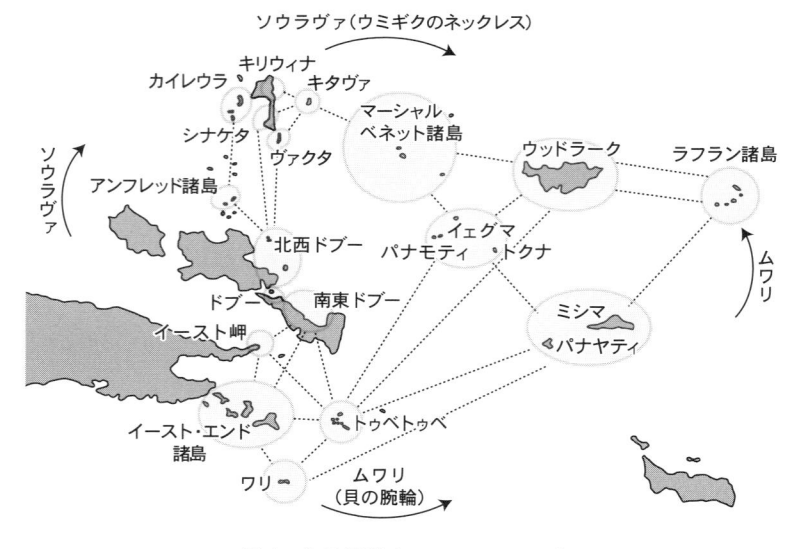

図1　クラの環〔マリノフスキー 1967〕

度を装う。贈り物がおごそかに運ばれてホラ貝が鳴ると、贈った方は残り物に過ぎないものを差し上げると詫び、贈り物を相手の足元に投げつける。しかしながらホラ貝が鳴り響き、語り手が引き渡しの儀式を宣言すると、彼らは鷹揚さとともに、気前の良さ、自律性を示そうとする」〔マルセル・モース 2009〕という。逆に今度は与え手がクラのために自分たちのところにやってきたときは、それ以上の歓待をし、ヴァイグアの交渉に臨む。ヴァイグアは装飾品の形をとり、実用的な価値はほとんどもたないという。それを所有していることが何よりの喜びであるが、また永久に所持することはできないものであり、長くそれを自分の手もとに留め置くことは「ケチ」との誹りをうけるという。

　しかし、この一方で、このクラの機会に付随してさまざまな形式の交換が行われる。なかでも、「ギムワリ」というクラと対照的な経済的な交換がある。このギムワリで交換される物は日常的な生活物資であり、クラのパートナー以外の相手の誰とでも取引でき、交渉にあたっては、値切りやふっかけといった利潤の追求があからさまである。また決済はその場ですぐに行われる。これは鷹揚で気前の良い振る舞いを期待されるクラとは対照的なものである。そして「クラをギムワリのようにすること」は、クラのパートナーに対して最大の侮辱となる。クラとギムワリは厳格に異なるルールにもとづいているのである。

　ここで重要なことは、クラは経済的にはほとんど無意味な交換だが、社会関係の観点からはきわめて重要な交換だということである。つまり、ヴァイグアの交換を通じて、言葉や慣習を異にする島々に人的ネットワークがそのつど確認されて永続化することである。このように、交換には、たんに物質的な利益を目的としたものだけでなく、物質的な利益を眼中におかず、人と人とのつながりをつくり出したり、維持したりする、つまり社会的な関係を生み出すためのものが存在するのである。冒頭にあげたビール返杯の応酬もこの観点から理解できる。そしてクラは形を変えつつ今日でもなお行われているという。

2　お返しのメカニズム

マルセル・モースの『贈与論』

　マリノフスキーは、クラを「ある時間的間隔をおいたお返しある贈り物」といい、それを「贈与交換」と呼んだ〔マリノフスキー1980〕。このように贈り物という言葉を使っているが、そこからはつぎのような疑問が生まれる。そもそも本来、贈り物とは見返りを期待せずにただ与える行為ではないのかと。また、それがいったいなぜ交換というやりとりとして成立するのか、と。

　ただし、このことは、自分たちの生活を振り返ってみると、贈り物にはお返しがつきものであることは実感としてわかるだろう。「贈答」という言葉が示すように、贈り物はもらいっぱなしではいけない。また、お返しの内容とタイミングはしばしば頭を悩ませることである。その場でお返しすることや同じモノを返すことは関係を損なうこともあり、お返しには時間的な差異（ありがたみを感じる時間か）と内容的な差異（異なるモノ）が必要になる。今朝もらった贈答品に対して午後に別の贈答品を贈り返すことや、ネクタイをもらって同じ色と柄のネクタイを贈り返すことは、贈り物をくれた人との関係を拒絶する意味に受け取られかねない対応であろう。

　いずれにしても、本来見返りを期待することなくただ与えられるはずの贈り物が、なぜお返しを呼び起こすのだろうか。この問題に取り組んだ人物としてフランスの人類学者マルセル・モース（1872-1950）がいる。モースは、贈与交換こそが多様な外面的特徴をもつ社会活動の共通の基底であり、一見任意的な贈与が厳格な義務となって諸制度を統合し、法、道徳、宗教、経済、身体的・生理的現象、象徴表現の諸領域に還元不可能な「全体的社会現象」と見なした。

お返しをする義務

　モースは、ポリネシア、メラネシア、アメリカ北西部など特定の地域とインドや古典古代の資料を豊富に用いて贈与慣行を検討し、「未開あ

るいはアルカイックといわれる社会において、受け取った贈り物に対して、その返礼を義務づける法的・経済的規則は何であるか。贈られた物に潜むどんな力が、受け取った人にその返礼をさせるのか」という問題を考察した。

　そこで彼の見出した結論は、贈り物（gift）の制度そのものに「義務のメカニズム」、つまり「贈る義務」「受け取る義務」「返礼の義務」が含まれているということであった。しかし、なぜ贈り物には返礼がつきものなのかという問いに対して、それは義務だからというのでは納得しがたいだろう。

　そこで、この三つの義務が遂行されるのは、贈り主の超自然的な力と関係していることを、ニュージーランドのマオリ社会の贈与慣行から説明した。以下、物の霊、とくに森の霊や森の獲物である「ハウ（hau）」についての、マオリ族のインフォーマントの言葉を記しておきたい。

　　私はハウについてお話しします。ハウは吹いている風ではありません。全くそのようなものではないのです。仮にあなたがある品物（タオンガ）を所有していて、それを私にくれたとしましょう。あなたはそれを代価なしにくれたとします。私たちはそれを売買したのではありません。そこで私がしばらく後にその品を第三者に譲ったとします。そしてその人はそのお返し（ウトゥ〔utu〕）として、何かの品（タオンガ）を私にくれます。ところで、彼が私にくれたタオンガは、私が始めにあなたから貰い、次いで彼に与えたタオンガの霊（ハウ）なのです。（あなたのところから来た）タオンガによって私が（彼から）受け取ったタオンガを、私はあなたにお返ししなければなりません。私としましては、これらのタオンガが望ましいもの（rawe）であっても、望ましくないもの（kino）であっても、それをしまっておくのは正しい（tika）とは言えません。私はそれをあなたにお返ししなければならないのです。それはあなたが私にくれたタオンガのハウだからです。この二つ目のタオンガを持ち続けると、私には何か悪いことがおこり、死ぬことになるでしょう。このようなものがハウ、個人のハ

ウ、タオンガのハウ、森のハウなのです。〔マルセル・モース 2009〕

　贈り物には贈り手の霊的本質（ハウ）が埋め込まれており、その霊がたえず「元の古巣」へ帰りたがっているというものであった。したがって、貰い手はお返しの品にその霊をのせて贈り返すのである。もし返礼をしないと、貰い手は贈り主の霊によって病や死といった災いがもたらされると恐れていたのである。この説明には唐突な印象を抱くかもしれないが、私たちが、贈り物に「心を込める」といい、心を込めた物は物以上の存在になることは、私たちの日常でも実感できることだろう。

　また、モースは贈り物をもらった者の負債についても触れている。返礼なき贈与はそれを受け取った者を貶める。お返しをするつもりがないのに受け取った場合はなおのことである。これまで贈り物をとおして生み出され、永続化される対等な社会的関係の生成を例にみてきたが、つぎに贈り物をもらうことのやっかいな側面をみてみたい。

闘いとしてのポトラッチ

　北アメリカ北西海岸インディアンの競覇的な全体的社会現象としての「ポトラッチ」をみてみよう。ポトラッチの慣行は19世紀の後半には、白人社会とその経済システムの侵攻によってすでに崩れてしまっていたが、かつて盛大にポトラッチを行っていた記憶をもつ老人たちから聞き取ったのは人類学者フランツ・ボアズ（1858-1942）である。

　ポトラッチという言葉は、チヌーク語からきたもので「食物を供給する」とか「共食の場所」「贈与」を表すという。北西海岸沿いに住むクワキウトルでは、生産活動の途絶えた冬の時期にさまざまな儀礼やポトラッチが盛大に執り行われた。ポトラッチは、しばしば重要な人物の婚姻、新しく首長に選ばれた人物のお披露目などの機会に執り行われるという「贈与の祭り」である。クワキウトルやトリンギット、ハイダ、ベラベラ、ツィムシアンなどの先住民の村々でにぎやかに催された。

　そこでは、村の首長が別の村の首長とそこの主要な住人を大宴会に招待して、お客に呼んだ人たちにたくさんの贈り物をする。また、これ見

よがしに大量の毛布や名誉ある銅板を破壊しうち捨てるという。贈り物は、動物の毛皮（19世紀には白人経営のハドソン商会が大量に持ち込んだ機械織りの毛布が主役）であり、海岸べりの祭場にうずたかく積み上げて、贈り物の豪華さを誇示してみせる。

　このポトラッチは、贈り物を与え、またそれを受け取る義務と返す義務をともなっており、招待された側はつぎの機会に相手側を招待し、前回と同じまたはそれ以上の贈り物を返さなければならない。贈り物をもらっても返せないことは面子を失うことであり、威信の失墜を意味する。このようにポトラッチは競覇的な様相を呈することになる。負債（「借り」や「恩義」といった精神的な負債も含めて）を負ったまま、つまりお返しをしないことは、相手の下位に甘んじなければならないことになるのである。

　インドネシア・トラジャで死者祭宴を調査した山下〔1988〕は、死者祭宴の序列について記している。現地では王族、貴族、平民、「奴隷」という基本的な四つの社会階層が存在しており、死者祭宴の序列もその階層によってランクづけられているという。祭宴のランクは、参列者に振る舞うことができる供犠獣の種類（水牛、豚、鶏、鶏卵）と数（水牛24頭から鶏卵数個まで）による。人は経済状態を考慮しつつ、その身分・階層において定められたいずれかのランクの祭宴を選ぶことになる。ここには、先にポトラッチでみた負債生産のシーソー・ゲームの理屈でいえば、贈り物（振る舞われたモノ）と返礼（自分たちの葬儀で振る舞うモノ）の量を慣習的に定め、階層を再生産している様相を見て取ることができる。

　これまでみたように、贈与交換は交換当事者間に友好的な関係を生成し、その関係を確認し、また対立する者同士を仲直りさせる方法にもなる。クラ交換はその好例であろう。見知らぬ世界に自分の味方をつくり、それを維持している。またその半面、ポトラッチにみたように、負債の操作は権力を生じさせ、相手をその支配下におく手段にもなるわけである。

3　交換の形式と社会的な距離

　モノをやりとりをする当事者間の関係によって交換の形式が変わること（「友だちだから贈り物をする」）、また交換の形式が当事者間の関係を生み出すこと（「贈り物をするから友だちになる」）を定式化したのはアメリカの人類学者マーシャル・サーリンズ（1930-）である。自分が受けた贈り物、サービス、または損害に対して何らかの形でお返しする行為に、人類学では「互酬性」という用語を当てている。モース以降、互酬性の研究においては、財、物、女性といった有形のモノから、労働、情報、愛情などの無形のモノまでを対象に、社会関係のあり方が追求されてきた〔山下・船曳 2008〕。ところでサーリンズは、互酬性を、(1) 一般的互酬性、(2) 均衡的互酬性、(3) 否定的互酬性の三つに分類する。

　(1) 一般的互酬性は、「気前の良さこそ最高の美徳」とし、もらい手もお返しを義務と考えておらず、いつかできるときに返礼すればよいと感じる性質のものである。たとえば、親の、子に対する見返りを求めない犠牲的な行為であり、マリノフスキーはこれを「純粋贈与」と呼んだ。

　(2) 均衡的互酬性は、受け取ったものと同等・同量の価値物をある期間内にお返しすることが前提となる交換である。まさに、「汝与えるが故に我与う」の言いにふさわしいものである。これは、クラ交換の例に典型的にみられる贈与交換に相当するだろう。

　(3) 否定的互酬性は、一般的互酬性と対極をなす行為で、他者との間での功利主義的に利益を得る目的で行う交換である。値切り、ごまかしなどが公然と認められる、クラに付随して行われるギムワリといった経済交換であり、貨幣を介在させた市場原理にもとづく売買行為がその典型になるといえるだろう。

　サーリンズの議論の面白さは、たんに互酬性の類型を設定しただけでなく、それを交換当事者間の社会的距離のひらきに対応させたことである。図2で示したように、近い親族関係では一般化された互酬性の極に傾きがちだが、その距離がひらくにつれて、否定的な互酬性の極のほうに移っていくというのである。また逆に、互酬性の違いをみればそこに

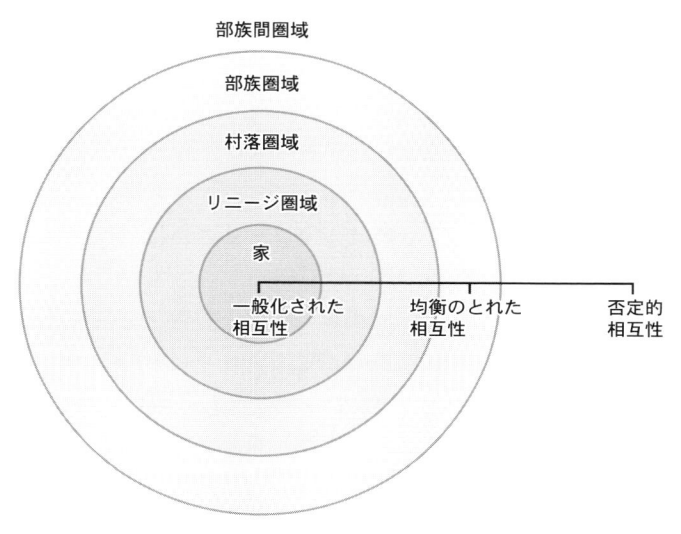

```
          部族間圏域
        部族圏域
      村落圏域
    リニージ圏域
      家
  一般化された      均衡のとれた      否定的
   相互性         相互性         相互性
```

図2　互酬性と親族居住圏〔サーリンズ 1984〕

交換当事者間の社会的距離を読みとることができる。ここで注意したいのは、その距離は社会的な距離であり、たんに物理的距離に対応はしないことである。それは、遠い島々の間で執り行われるクラにいえることだが、これは贈与交換が遠くの島々に住む彼らの社会的な距離を縮めた結果だといえるだろう。

4　社会に埋め込まれた経済

　これまで贈与交換の特徴を中心に贈与交換と経済交換のあり方を検討してきたが、ビール返杯の応酬とニューギニアのクラにその類似性をみたように、贈与交換＝伝統社会、経済交換＝近代社会のように、それはたんに伝統／近代の二分法に還元できる性質のものではない。経済史家であり、後の経済人類学に多大な影響を与えたカール・ポランニー（1886-1964）はその著書『大転換』のなかで、「互酬」「再分配」「交換」という三つの経済原理が人間社会の骨格をなすと見なした。

　「互酬」とは、血縁的組織や隣人・友人関係でモノを贈り合うことで、

すでにふれた贈与交換がその典型になる。地域社会においては、互助にもとづく農作業やその他の労働、冠婚葬祭の儀式などが例としてあげられるだろう。また、「再分配」とは社会組織全体に何らかの中心が存在していて、モノが中心に向かって渡されていく、中心では多くのモノの集積が行われるが、いったん集積された後、今度は末端に向かってモノが流れていくことをいう。共同体の成員による生産物がいったん首長、すなわち中心にいる人物に集められて貯蔵され、さまざまな機会に再び成員に分配される。たとえば、公共的な施設・設備などの建造・維持・修理や共同体の安全のための食料の調達や備蓄などである。

　これら「互酬」「再分配」のいずれも利益という観念が排除されている〔ポランニー 2009〕。一方、「交換」とは、私的な物質的利益を自由な交換によって獲得しようとするものである。その意味で本章の経済交換に相当するだろう。モノのやりとり以前には何ら関係のなかった者同士でも交換を行うことが可能であり、交換を終えた後にそれは無関係の間柄に帰すことになる。ここでは交換当事者間で社会的な関係の創出は意図されていない。

　ポランニーは、19世紀のイギリスにおける市場社会の勃興、すなわち、社会に埋め込まれていた経済活動が、独立した個人を単位として、政治的・社会的諸活動から切り離され、それらの干渉や介入を受けない自立的な自己調整的市場組織において営まれるようになったプロセスを大転換と呼んだのである〔ポランニー 2009〕。今日、私たちが暮らす市場社会は、新自由主義社会と称され、社会からことさら経済活動が離床した社会といわれる。教育や福祉を提供することが「サービスを売ること」に他ならないような、市場社会の基本原理である利益中心の思考が、生活のさまざまな領域に入り込んでいるといえる。このような時代の趨勢にあって、地域通貨の普及やボランティア活動の興隆は、市場原理主義に対する対抗運動（すなわち、離床した経済を再び社会に埋めもどす試みか）としても捉えることができる。利益追求の経済交換から、人と人の関係創出を希求する贈与交換への社会の編み直しの実験はさまざまな場で行われている。

しかしポランニーの指摘を待つまでもなく、私たちの暮らしは、「互酬」「再分配」「交換」の組み合わせのなかにある。つぎに紹介するエスノグラフィーでは、贈与交換、経済交換が日常のなかでどのように運用されているのかを検討してみたい。さまざまな社会実験とは異なり、私たちの日常の周辺に目をこらしてみれば、さまざまな暮らしのなかの智恵がみえてくる。

　このエスノグラフィーは、山梨県の中山間地におけるトラック移動販売のエスノグラフィーの一部である。一見、物の売買という意味では経済交換の論理一辺倒で暮らしを立てているイメージのある行商人が、その商いにどのように贈与交換を組み込み、またそれとどのように向き合っているのか。とくに村における商人と顧客のやりとりを中心にして、贈与交換と経済交換の運用、その使い分けとジレンマのなかに市場社会に生きる経済活動の智恵の実際を見出してみたい。

引用参考文献

石川栄吉他編，1987，『文化人類学事典』，弘文堂
泉靖一責任編集，1980，『マリノフスキー　レヴィ＝ストロース』（世界の名著 71），中央公論社
伊藤幹治，1995，『贈与交換の人類学』，筑摩書房
今村仁司，2000，『交易する人間―贈与と交換の人間学―』講談社選書メチエ
カール・ポランニー，2003，『経済の文明史』（玉野井芳郎・平野健一郎編訳），ちくま学芸文庫
―――，2009，『新訳　大転換―市場社会の形成と崩壊―』（野口建彦・栖原学訳），東洋経済新報社
蒲生正男・山田隆治・村武精一編，1979，『文化人類学を学ぶ』，有斐閣選書
小松和彦他編，2004，『文化人類学文献辞典』，弘文堂
竹沢尚一郎，1997，『共生の技法―宗教・ボランティア・共同体―』（鳥海ブックス 19），鳥海社
―――，2007，『人類学的思考の歴史』，世界思想社
トーマス・ヒランド・エリクセン，2008，『人類学とは何か』（鈴木清史訳），世界思想社

中川敏，1992，『交換の民族誌―あるいは犬好きのための人類学入門―』，世界思想社

中沢新一，2003，『愛と経済のロゴス―カイエ・ソバージュⅢ』，講談社選書メチエ

ナタリー・Z・デービィス，2007，『贈与の文化史―16世紀フランスにおける―』（宮下史朗訳），みすず書房

浜本　満・浜本まり子共編，1994，『人類学のコモンセンス―文化人類学入門―』，学術図書出版社

マーシャル・サーリンズ，1984，『石器時代の経済学』（山内昶訳），法政大学出版局

マルセル・モース，2009，『贈与論』（吉田禎吾・江川純一訳），ちくま学芸文庫

山下晋司，1988，『儀礼の政治学―インドネシア・トラジャの動態的民族誌―』，弘文堂

山下晋司編，2005，『文化人類学入門―古典と現代をつなぐ20のモデル―』，弘文堂

山下晋司・船曳建夫，2008，『改訂版　文化人類学キーワード』，有斐閣双書

吉見俊哉，2009，『ポスト戦後社会』（シリーズ日本近現代史⑨），岩波新書

Robert C. Hunt 2002 "Economic Transfers and Exchanges : Concept for Describing Allocations" In Theory in Economic Anthropology, Jean Ensminger ed. AltaMira Press.

ethnography
エスノグラフィー

過疎・高齢化山村における現代の行商

はじめに

　本論の目的は現代版の行商であるトラック移動販売を取り上げ、その生計戦略を得意（顧客）との人間関係の観点から分析することにある。固定店舗をもたない移動販売はいかなる戦略を用い日々の生計を維持しているのか。またマチバ（町場）での稼ぎ、山間村落への自動車の導入によってそれはどんな影響を被るのか。さらに現代山間村落において移動販売はいかなる意味をもつのかについても考えてみたい。

　かつて、行商は主に民俗学と地理学の分野で研究された。民俗学では、村に来訪するマレビトとして研究されていた。柳田国男〔1962〕は「農村と行商」のなかで、「タビ」という言葉を出発点に行商の発生との関連について述べている。副田為次の「行商人についての覚え書き」は自らの出身地で見聞きした行商人についての記述である。北見俊夫〔1970〕は『市と行商の民俗』のなかで、行商人の経済的機能・社会的機能について触れている。なかでも文化の伝播者として行商人の役割に注目している。しかしそれらはいずれも村からの視点であり、あくまで彼らは他所から来訪する存在としてのマレビト的な視点から脱しえていない。

　一方、人間の空間行動様式の究明を重要な課題とする地理学においては、商業行為者自身の空間行動として現れる行商活動は優れた研究テーマとなりうる。中村周作〔1985〕の「水産物行商人の空間行動」は行商を、在来型／在来自動車型、産地型／消費地型の四つの次元に分類し、

彼らの空間行動の特徴について触れている。しかしこれはあくまでマクロなアプローチである。

そのなかにあって優れたモノグラフもいくつか存在する。大牟羅良〔1958〕の『ものいわぬ農民』は、終戦直後、4年にわたる自らの反物行商の軌跡を追ったものである。瀬川清子〔1938〕の『販女』では、行商人とお得意との関係を扱っている。神崎宣武〔1985〕の『峠を越えた魚』は山陰地方の行商のモノグラフであり、一女性に同行した際の詳細な記録となっている。

しかし、こうした若干の事例を除けば、行商人は特定の村を時たま訪れ、通過していく存在、あるいは地図上にその移動経路をプロットされる存在にすぎない。行商人がいったい何を考え、自らの生計をどのように立てるのかといった、彼ら側からの研究の蓄積は非常に限られているのが現状である。ここでは行商者の主体側からの働きかけを重視し、とくにお得意関係を軸として彼らの日々の戦略の一端を考察することにしたい。

ことの発端は、私たちが1994年の夏、山梨県E村K地区における村落調査合宿の際に常宿にしていた民宿の庭に、低いエンジン音を響かせて登ってきた一台のトラックを目撃したことに始まる。当初、モノを媒介とした人びととの結びつきに興味をもっていた私は、かつて村における冬の重要な産品であった炭の行商について聞きまわっていた。話を聞くたびに現場に立ち会えない歯がゆさを感じた。そんなとき出会ったのがS氏の移動販売車であった。

村から外へか、外から村へか、品物の移動のベクトルこそ違え、今まさにそのやりとりの現場を直接観察できる。そのことに私は興奮した。いったいどこから来たのだろう。これからどこに行くのだろう。いったいどんなことをしているのだろう。至極明快な問いかけからすべては始まった。トラック目指して宿の二階から駆け下り、まず荷物の満載された荷台のまわりをぐるぐるまわった。はじめは遠巻きに見ていたが、私は意を決してSさんに近づき、あれこれ質問を始めた。あれこれうるさく質問をする私をどんなふうに思ったであろう。とにかくこれを逃し

てはいけない。「乗っけてもらって一緒に村々をまわれたらいいな」とたいへん都合のいいことを私は考えていた。別れ際に連絡先を教えてもらい、遠まわしに同乗を申し出た。まったく自分ながらよくもそんなことを言い出せたものだと思う。とにかくこれだとの思いで必死だった。「（助手席に荷物が積まれており）座らせる場所がない」と、私の申し出は断られた。「それでは走ってついていってもいいですか」との問いに、彼は困ったように追跡取材を受け入れてくれた。その場での販売が終わり、つぎの場所へトラックが動き出すと私も走って追いかけた。そんなことが、3～4回続いたろうか。助手席の荷物をトラックの屋根にのせ、Sさんは「乗りな」と言った。これが私とSさんの移動販売同行記のはじまりであった。

　調査は1994年から1997年にかけて行った。彼に対する聞き取りは合計11回の同乗の際に、つぎの売場へ移動する合間に行われた。売場では、もっぱら私は傍らで観察し、時には簡単な配達を手伝った。彼の粋な計らいでK地区以外の売り場では私は見習いという扱いであった。当初、私は「丁稚」あるいは「お番頭」と本気で誤解された。売り場によっては、「Sさん」と呼びかけていて、「Sさんではないだろう親方と呼べ」と本気でたしなめられることもあった。

1　あるトラック移動販売者のライフヒストリー

　本論の主人公であるS氏は現在、B町に在住している。彼は1943年、N市で生まれた。男5人、女4人の9人兄弟の7番目である。父が早くに亡くなった（当時、S氏7歳）ため、母は田畑を切り売りするような生活であったという。後に、N中学校卒業と同時に静岡県F市のY商店に就職することになるが、「悪者になるなら徹底的に悪者になれ」と言った母のはなむけの言葉が、今でも忘れられないという。

　Y商店には当時5台の移動販売車があり、家族合わせて16人（内店3人、行商13人）が働いていた。魚屋での修業はまず包丁研ぎ、かたづけ、車の荷下ろしから始まった。遠縁が経営する店であり、父のイトコ

（S商店）の引きで勤めた職場であったが、下っ端の者は「げんこつもらってありがとうございました」という上下関係の厳しい世界であった。自転車での配達などを任されるが、包丁は握らせてもらえなかった。これが約3年間ほど続く。4年目の1962年、先輩にはじめて市場へ連れていってもらうようになる。しかし先輩は何も口では教えてくれず、仕事ぶりを見てはそれを盗んだという。ようやくマグロを一本おろせるようになり、店番を任された。そのころ自動車の運転免許も取得した。1965年になってやっと先輩について、助手として行商に出るようになった。翌66年、2～3カ月の間一人で販売を経験した。また自称ではあるが「開発部長」として新店舗を出すのを手伝い、3年間で新規に4店舗（現在7店舗）出店した。それは移動販売を廃止しての出店であった。

　甲府のOスーパーに勤めたのは1967年である。広告を見て応募したが、腕を見込まれての転職でもあった。鮮魚売場を担当することになる。勤務時間は午前8時30分から午後7時までであった。1970年、他の売場の売り子として働いていた現夫人と結婚する。職場は水まわりであり、たくさんの冷蔵庫がならぶ地下室であったため、腰痛をもつ身には過酷な現場であった。医者のすすめもあり退社することにした。当時を振り返って「使われているって感じがあって身が入らない」「店員同士で話しもできない」「人情味がなかった」との思いを語る。まだ「Y商店の方が自分のやりたいようにやれた」といった。

　スーパーをやめる前の半年間、水曜の定休日を利用して市場で仕入れた単品の魚をN市の実家や知り合いの家へ持っていって売るという内職を始めた。かなり評判はよかったという。その感触もあり1971年春に、夫婦2人でようやくためた貯金をはたいて軽4輪で移動販売を始める。当時は借家住いであり、店舗を出すためには少なくとも総額500～700万円かかる。そのため、「失敗してもトラック1台だ」とこの移動販売に取りかかった。とはいうものの、「考えた末の決断」またそれは「大きな賭けであった」という。将来の商売はまだまだ未知数ではあったが、自分の裁量で商売ができる（「一国一城の主」）という期待と、魚をさばけるという自ら習得した技術への自信（「昔とった杵柄」）がこの

世界に入る際に、踏ん切りをつける大きなきっかけになったという。

2　トラック移動販売の実際

　彼の商売圏は山間のE村で、私たちが村落調査を行っていたK地区に限定されるものではなく、ひじょうに広範囲に及ぶ。そこでまず移動販売の時空間を素描したうえで、次節の地域的に限定されたムラにおける移動販売の戦略についての考察につなげたい。まずは、その前に店舗と商品の仕入れについてみてみよう。

動くお店
　移動店舗は食品衛生上、保健所の管轄に入る。行政上は「食品営業自動車」[1]と呼ばれ、自動車に施設を設け出店予定地を移動して、食品を調理・加工および販売する店舗形態のものと定義される。「食品の危害発生の防止」の観点から、車体には18l以上の給水、12l以上の排水タンクが必要となり、流水式洗浄設備、手洗い設備、消毒液、温度計の設置が義務づけられている特殊車両である。また自宅には食品保存のための冷蔵施設が必要となる。

　トラックの荷台部分は一見、冷凍車風であるが、両側面にはスライドする引き戸があり、移動中や直射日光が当たる夏場を除いて売場に到着する度に開かれる。またその引き戸は売場によっては外して立てかけておくことができるようになっている。後方から見て、左側面にはガラス戸式の冷蔵庫があり、魚、肉、加工食品が収まる。右側面はステンレス製の三段の棚がある。下段に野菜や果物、中段に乾物類、上段に菓子類が収納されている。向かって手前には60×40センチの大きな板が置かれ、奥に蛇口、左手に秤、棚の上には切り身魚用の発泡スチロールの皿、ビニール袋が収まる。マフラーは車体中央部で地面に向いており、車体後方での作業に支障のないようになっている。

　現在の車体はじつに5台目であり、その都度手を加え改良してきた。はじめはダイハツの軽4トラックで、冷氷庫を設置したが積み荷の量は

移動販売トラック

少なかった。3台目はダットサンではじめて冷蔵庫を積み込んだ。この頃、甲府中央市場ができ、それまで、野菜はキャベツ、レタス、キュウリに限定されていたが、積み込む商品が多様化した。1992年にイスズのトラックに替えたが、それまで荷台に積んであった発電器を車体下部に取り付けることで積み荷の量を増やすことに成功した。「既成品の移動販売車では荷物が積めない」という。

荷台はS氏自らが設計したものだ。また、これまで、塩漬けの魚をたくさん積むためにその塩分で車体の腐食がひどかったので、現在の車体はステンレスで覆ってみた。さらに、限られたスペースのなかでは棚は必然的に上に延びる。陳列の棚を斜めにしつらえ客に商品を見やすくし、また取り出しやすくしたこと、そして仕切をたくさん設けて急停車の際の荷崩れを防止したのも彼の工夫である。

しかしここで重要なのは、積み荷のスペースに厳しい制限があるということである。移動販売の場合、通常の店舗のように陳列棚からあふれた商品を通路に置くわけにはいかない。後に検討するが、このことが移動販売の本質に関わる重要なポイントとなる。

棚に並ぶ商品

積み込まれる食品の数は116品目を数える（1996年12月現在）。魚、肉、麺類、加工品、乳製品、野菜、果物、菓子、調味料など多岐にわた

る。年間をとおして販売するものは、塩マス、塩サバ、そして鮭。「日持ち」すること、そして、「山の人は働くから塩漬けのものが好まれる」といった理由で塩干ものが目立つのが特徴的である。牛乳、豆腐、うどん、それに山梨らしいところでホウトウなども常備される。夏はトコロテン、プリン、冷やしラーメン。秋、漬け物のシーズンにはその調味料となる唐辛子、冬はピーナッツなどの季節もの、それに季節の野菜や果物が加わる。

　彼が主に販売する地域では野菜を自家で栽培している家が多い。たとえばＫ地区のＡ宅ではピーマン、トマト、ジャガイモは余分に作り、子どもたちに分けているという。そのため、もっぱら購入される野菜類は主に長ネギや南京豆、タマネギ、サトイモであった（1995年3月現在）。また果物の場合も桃、葡萄などはしばしば贈り物でもらうため、購入が差し控えられる。このように積み荷の野菜・果物は販売する地域との重複がたくみに避けられている。

　限られたスペースのためにどんな商品を積み込むかはとても重要な判断の一つである。「カンだ」とＳ氏は言うが、ある時、妻に菓子の仕入れを任せたことがあったが、売れ残りがたくさん出ることになった。このように、仕入れは一朝一夕には上手くいかない。経験に裏づけられたお客の嗜好の確かな把握がものをいういい例である。

　しかし、ある若い女性客は「移動販売では料理ができない」と品数の問題を指摘した。移動販売は料理に手間をかけられないときや町に買い出しに行けないときに利用し、ふだんはＢ町のＩスーパーで買い物をすますという。

　新商品の導入すなわち品数を増やす試みは、顧客側からの要望によることが多い。近年、定番となった商品のなかにミニサイズのカップラーメンがある。これは冬場に、「コノハキ」（堆肥作りのための落葉ひろい）で山に出たとき、昼食のいい味噌汁代わりになるという。彼が売れると思って持ち込んでも実際売れるかどうかはわからない。品数を増やす試みにはつねにリスクがともなうため、平素は「一番無難なもの持ってくる」ことになるという。

販売活動までのプロセス

　S氏の一日は基本的に、（1）市場での仕入れ、（2）販売のための下準備、（3）移動販売の三つのプロセスをたどる。以下は1995年4月3日の観察にもとづく。

（1）市場へ買い出し

　今日はN市方面の販売のためいつもより出発が遅い。6：30、自家用のワゴンを利用し、自宅から10分の甲府中央市場に向かう。市場での仕入れの鉄則は「いかに効率よく、安く仕入れるか」である。その時、「商品を見る目」が大切になる。市場はその目を鍛えてくれる場でもある。

　市場は大きく場外と場内の二つに分けられる。場外はダンチ[2]と呼ばれる。そこにはそれぞれナジミの商店がある。まず、ダンチに車を運び、商品の品定めをする。それぞれの商店にはナジミの店員[3]がおり、S氏がその商店に顔を見せるとすぐに寄ってきて、彼の求める商品を伝票に書き込み、荷をつくる。品物は店員が車に積み込むことになっている。

　場内に入ると、そこはすでにS氏のような買出人[4]がやってきてごった返していた。ナジミの商店（仲卸）に向かう途中、知り合いの買出人と二言三言挨拶を交わすが、その際にも決して商品からは目を離さない。そして彼らはだみ声で声がでかいため、異様な印象を受ける。I青果の商品がつまれた軒先で、同じ買い出しの女性がやはり顔を見ること

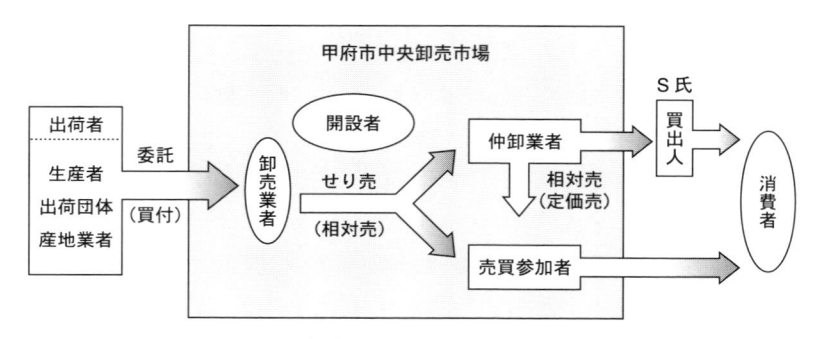

図3　商品流通経路〔甲府中央卸売場『甲府中央卸売市場』〕

なく商品を吟味しながら彼にこぶつきのオレンジの箱を指さし、「これなかなかおいしいよ」と言ってすれちがう。後で聞くと、同じ市場無尽のメンバーであるという。

　彼は現在、4本の無尽に参加している。無尽とは、共済・金融機能をもつ講であり、少額の掛け金を積み立てておき講員が順次掛け金を受けるもので、貯蓄、融資あるいは保険的意味をもつものである。彼が参加している無尽のうち、二つは親睦を旨とした小、中学校時代の「同級生の無尽」であるが、市場無尽は「（最近参加しはじめた講でもあり）気疲れする」という。これは仲買3人、店舗主7人からなる魚屋仲間の無尽組織で、商売のこと、売れ筋などが話題となる。「まだ入ったばかりだが卸の人も2、3人いるし、何度も顔を合わせていれば安くしてくれることもあるだろう」との商売上のもくろみもあり、参加しているという。

　「仕入れ」で気を遣うことは、品物の鮮度と値段であるが、また一方で仲卸の店員との人間関係が重要になることもある。I青果で彼がトマトを品定めしていると、「それはまずい」とナジミの店員が言った。「Sさんには勧められない」ともいう。自分の店の商品を買うなというのである。時に彼らは、商品が余るとき、彼に買ってくれと頼むこともある。そういったときは、「無理してでも買ってやるの」。「一度こっちの義理を果たしてやると、こっちの無理も利くし融通もきく」というのである。「俺みたいに同じ問屋（仲卸）さんに行ってるととくにね」「長くやってればやってるほど」、いい仲買を「飼う」ことは、大切なことだという。だからこそまた「うちも（その商品を）信用して売ることができる」。そのために彼は、仲卸の店員たちをしばしば妻の実家のあるE村にキノコ狩りに連れてきてやったり、自宅で酒を飲んだりといろいろな便宜を図っているという。

　市場では「今日一日分の息抜きを先にしておくようなもんだね」という。売りに出たら、今度は彼が売り手になるのだからその立場は逆転することになる。

　（2）自宅における下準備

　9：00に市場から帰宅。自宅に持ち帰られた荷は、それぞれ、販売に

則した形で下準備がなされる。魚類は包丁でさばきパック詰めに、野菜は袋詰めされる。

　魚をさばくのはS氏の仕事であり、荷下ろし、ラッピング、袋詰めは妻の役割である。調査当日は、近所の姪（高校1年生）がアルバイトで手伝いにきていた。Sさんは、調理場で魚肉の固まりを手際よくおろす。一方、妻は箱で購入した煮干しを計り、ビニール袋に詰めていた。私も袋詰めの手伝いをしたが、後で計り直しになり、二度手間になって逆に迷惑をかけた。また、タマネギの袋詰めも手伝った。これは基本的に個数で袋詰めするが、袋ごとに大きさの違いがでてはいけない。同サイズのタマネギにも若干の大小があり、それをバランスよく袋に振り分けなければならない。袋によっては売れ残りがでてしまうからである。

　切り身の魚でも事情は同じである。たとえば、一本の塩マスをおろして5切れのパック（1本の1/4に当たる）を作る場合、おろした半身（一本の1/2）を10に切り分け、切り身の頭の部分としっぽの部分を互い違いにパックに詰めていく。つまり1パックに平均してマス全体の部分が割り振られるわけだ。単純に振り分けてはしっぽの部分に売れ残りがでてしまう。ここでは売れ残りのロスが最小限になるようにさまざまな気配り・工夫が見て取れた。

　値札はその日の市況を反映しに毎回張り替えられる。これも妻の仕事である。これらの作業は約2時間続く。

販売の下準備

巡回販売の時間と空間

　販売方法は大きく分けて二つある。ひとつは一軒一軒玄関先まで足を運び、来訪を告げる方法であり、もうひとつはいわゆる音楽による集客

である。この場合、いつも決まった音楽（演歌）を流す。現在、E村には3台の移動販売がやってきているが、この、毎度お決まりの曲が、S氏が来たことを告げる。新しい曲を使用する場合は、従来のテープとしばらく並行して流すことからも、認識標としての音楽の重要性がわかる。テープを流すのは家が密集している場所だという。しかしE村方面を例にとれば、K地区は1、2、3組とN原、U宿で音楽による集客を行う。しかしとくに妻の実家のある4、5、6組や、N原（1軒）、U宿（5軒）のごく親しい客の場合は訪問売りの形態がとられる。

　販売域は大きく二つの方面に分かれる。一つはE村方面、もう一つはN市方面であり、それはまた二つのルートに分けられる。いずれも市街地からある程度山間部に入った交通の不便な地区であり、かつ農業地域である。

　販売時間は月・木がN市方面で、15：00～18：20。また火・金がN市方面の別地域で11：40～18：50。水・土・日が12：00～18：50（日曜は10：30～12：30）調査対象としたE村で販売する。休日は市場の休日と積み荷の残量を考えて、主に月曜か木曜日に月2回ほどとる。日曜日は12：30までの半日働く。かつてホウレンソウ栽培が盛んだった時期、午後はE村の妻の実家の畑仕事や庭木の手入れなどを手伝ったというが、現在は販売後そのまま帰宅することが多い。

　この販売ルートには、店舗や他の同業者が存在する。「地元のおみせやさんに嫌われたら自分が損」また「気持ちよく売らせてもらうことが重要」だという。そのため、その地で商売を始める際には、まず、その地元の商店に挨拶に行くという。E村では「村のおみせやさん」に手ぬぐい1本持って、挨拶に行った。商店の前で、商売することは仁義にもとり、ある程度離れた場所で車を停めることにしている。またその商店ではタバコなどをカートン単位で購入するようにしている。「むこうも嫌な顔はしない」。事実、E村では、二つの商店（現在1店舗）からタバコを購入している。また、ある商店の店主には、市場でナジミの仲卸がつぶれた時、自分のナジミの卸を紹介したこともあるという。

　また、同業者のうちの一人は、妻のイトコである。「親類同士だもの、

喧嘩してもしょうがない」という。彼らは互いに販売する時間帯がずれている。イトコは水・土の夜、主に勤め帰りの客を対象に販売している。S氏は日中売り歩く。それは客層を分けて棲み分けているともいえる。また、S氏は日曜日のみ集落の西（1、2、3組）で販売をしているが、平日は専ら東（4、5、6組）中心に販売する。また野菜はイトコ、魚はS氏といったように主力商品でも棲み分けている。このように彼らは親類同士で場所・時間・主力商品においても棲み分けているのがみられる。そこには相互不可侵のいわば「なわばり」的なものが存在する。

　一方、その他の同業者との関係はどうであろうか。「自分と同じ地域に入っている人とは（市場で毎日顔を合わせていても）割と親しくならない」といい「商売敵（がたき）的な気持ちがどっかにある」とS氏は言う。新規参入者は仕入れの際、同じ地域で販売している同業者に市場で睨まれることがあるという。「同じムラに幾人も入ってもしょうがない」というが、そこで生き残るためには客の信用をいかに得るかにかかっている。

　E村のK地区について「今は（K地区に）他の人が（売りに）入ってきてもどうとも思わない」という。26年間そこで培ってきた信用、それに対する絶大な自信だろうと思われる。

3　ムラにおける移動販売

　彼の商売の実際をみていこう。対象となるのは主にE村ルート上、S村→E村のK地区→N原→U宿の4集落である。記述の中心はK地区になるが、適宜、他地区についてもふれることにする。

移動販売の利用者

　K地区内で停車する場所はあらかじめ決まっており、時間も経験的に決まっている。それを示したのが図2である。停車場所は「カン」だというが、車の通り抜けができる場所、坂道でかつ高齢者の多い土地なのでなるべくこまめに停車するようにしているという。妻の実家ではお茶を飲み一服するが、その際、実家で受けた村人の注文を確認する。そこ

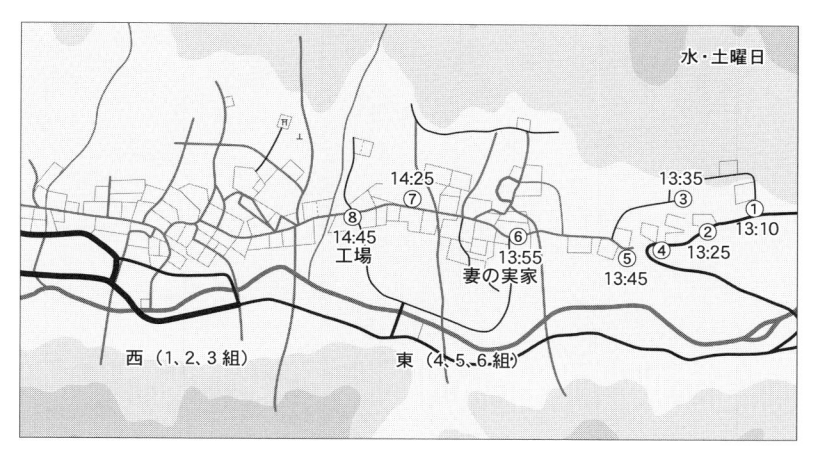

図4　K地区のトラック停車位置（水曜と土曜日の様子）

はまた、15：00に休憩のはいる工場前の売り場に到着するために時間を調整する場所でもある。

　つぎに移動販売の利用世帯を調査票にもとづき分析してみると、約75％（55世帯中41世帯）の人びとが何らかの形で移動販売を利用していることがわかった。また自動車のない世帯では、じつに91％（13世帯中12世帯）が日常的に利用していることがわかった。また逆に利用しない世帯をみると、家族のうちの誰かが日常的にマチバに出かけていること、また小中学校の子どものいることなどが特徴としてあげられる。しかしなかでもとくに注目に値するのは高齢者の一人暮らしで、高い利用率を示していることである。

ある売場での場面

　実際、私はSさんについて売場々々をまわったわけであるが、その際、商売の邪魔にならないようになるべくうろうろするのはやめ、もっぱら売場傍らの大きな石や塀に腰を下ろして、彼らのやりとりを観察していた。その時に交わされた会話の断片をいくつか拾いあげてみたい。

　客は荷台の窓枠をはずしたトラックの周りをぐるぐるまわり、商品を吟味する。決めた品物は手に抱えるか、多くはトラック後方の台の上に

一品ずつのせては、また商品を吟味する。一つの売場には平均2～3人が集まる。Sさんは、上下のジャージに厚手の前掛け、野球帽という出で立ちで、車後方に立ち、客の注文に合わせ、塩干ものの魚を切り分けている。魚、バナナは量り売りである。そして客は、彼が商品名と値段を声に出し一つひとつ確認しては電卓をたたくのを傍らで待つ。

作業するS氏

- 饅頭を選んでいる30代の女性を相手に「うまいぞ、俺みたいに」と冗談を言う。
- 商品を探している客に声を掛ける。「何に」「アンパン？」「人間の食いもんじゃねーに」
- 坂の上からやってきた客に品物を指さして「大特価500円！」定価は700円であった。
- 客に「こまかいのくれ」と言って、500円玉2枚で支払うように要求した。客もごく当たり前にそれに応える。
- 茶うけを探している客に「ショウガセン（生姜煎餅のこと）にしな。はいこれ、この間言われたから」前回、生姜煎餅がおいしいと言われ今回も仕入れてきた。
- 客が「下のばあ（おばあさん）が寄れと」とS氏に言う。その女性は、近隣の女性に自宅に寄ってくれるようにと言付かってきた。
- 耳の遠い老女性客が、商品を選び、一言も声を出さずに彼に財布を渡し、代金をそこからとってくれるよう頼んだ。
- ある女性客Aさんが傍らで観察している私に向かって「尊い一日をSと付き合っていたらもったいないよう～」と言う。それに答えて彼は「ば～か、俺じゃなくちゃわからねえことがあるんだよ、

先生なんだから！」私に向かって「漫才のようだろう（笑）」と言う。彼女は26年来の客であり、また親類でもある。

　彼らがこのようなちょっとしたやりとりを楽しんでいる様子がここからうかがえる。「おとなしいだけじゃ（この商売は）できない。時にははったりや冗談も必要」となる。人の心をつかむことが重要である。

　ある時、客とＳ氏が「おめでとうございます」といって頭を下げた。互いに笑っている。彼の説明によれば、最近、その客の息子さんが結婚したという。その意味を込めて彼は「おめでとう」と言ったのだ。一方、そのお客は今日、今年初めてＳ氏と顔を合わせた。その意味で「おめでとう」と言ったのだ。自分たちの言う「おめでとう」の意味が良くわかっている。それで互いに笑ったのだという。続けて彼は「こうなんないと（この商売をやるには）ダメっちこと」つまり客のことをつねに把握していることが重要だという。しかし、ここまでの関係になるためには「たいへんな時間がかかった」という。客の気持ちは十人十色、また日によっても違う。だから「毎日が勉強だ」と彼はくり返し言う。「勉強」を怠れば、客の気持ちがわからなくなるからだという。

　彼の冗談の一言が客をたいへん怒らせたことがある。前回は冗談だとして互いに笑ってすんだことだった。しかし、その時は怒ってしばらく買いに出てきてくれなかった。その場その時のお客の気持ちを推し量れなかった失敗である。彼は第三者を立ててその客に謝ったという。

　また客とのやりとりのなかで彼にちょっとした相談が持ち込まれることがある。

- ある客が祝いの席のカゴビキ（引出物）について尋ねる。「値段で注文するだよ」「子どもじみたのは嫌だ。2000円のは？」「そらいいやつさよ」
- 柿が欲しいという客に「霜が一回降りたほうが甘くなるから、まだ少し待ったほうがいい」
- 初めて仕入れたこぶつきオレンジの味をお客に聞かれて、答えられ

ずにいたところ、客は「新製品売るなら知ってなくちゃダメじゃん」と言った。

このように商品やそのあつかいについてはまた当然のこととして期待されてもいる。そのためにも「いろんなことを広く浅く知っていることが大切さ」「勉強だよ」という。

この売場は客同士の会話の場にもなっている。そのためにさまざまなうわさ話が集まってくる。しかし「いいことはいくらほめてもいいが、悪いことは言ってはダメ」「日光の三猿だよ」「聞いて聞かんふりするの。俺はそういうの好きじゃないから」。そして、また噂はすぐに広まるという。

ある客は縁側から腰を上げて、トラックに近づき、「目の保養でもするか」とつぶやいた。移動販売とはまたそんな場でもあるのだ。

トクイを取る意味

S氏はE村で約90から100人くらいの「トクイ」をもつという。「自分から買い物をしてくれる人は皆大切なお客さん」だが、そのなかでもとくにトクイの存在は重要である。「トクイ」とは何か。彼いわく、「自分からよく買ってくれるお客さんのこと」。すなわち、ほかでもない「自分から」「継続的」に購入してくれる客のことである。自分から買ったり、買わなかったり、あるいは時たま購入する客は厳密にいえばこの範疇に入らない。

参入当初の1973年、彼は、現在の約3倍の地域をまわっていた。今の地域に納まったのは15年くらい前からだという。この販売域は、売れ行き・自動車の導入・他の移動販売との競合状況などによって変化してきた。参入当時、しばしば仕入れすぎては無駄を出してしまったという。つまり、需要が的確につかめなかったわけである。現在は「その家の好みから家族構成までみんなここ（自分の頭を指さしながら）へえってる」という。事実、留守宅に「あそこは牛乳を買う頃だ」と言って牛乳パックを黙って置いてくることもしばしばであり、集金は次回訪問した

ときだという。冷蔵庫の中身まで察しがつくのだ。また、平日ある家を通過して「土曜は、あそこは買わないから」と言う。車の後ろを通りかかった女性に気づき、販売の手伝いをしていた私はトラック荷台の戸を開けたが、「あそこは前回、買ったから（つぎの売り場に移動するぞ）」と言った。また客が要求する前に品物を棚から取り出し、後からその品を告げられることもしばしばある。「経験てのは、怖いもんだね」と彼は言う。自然に客の好みがわかるというのだ。

とくに生鮮食料品の場合、無駄を省き、効率よく仕入れの予想がつくトクイの存在は重要である。

「トクイ」関係を築く

それではいったい、どのようにこの関係を築いたか。商売を始めた当初、販売域は現在の３倍近くあったことはすでにふれた。それぞれの地区でどのように商売を始めたのだろうか。その経緯は大きく分けて二つのパターンがある。一つはその地区の個人的な人間関係をつてに頼って入るという方法であり、もう一つはまったく独力で切り開くという方法である。最初にそこに入るには「よっぽど『てづる』があるかじゃないの？」「実家がある、自分が生まれた土地がある、というのはそりゃメリットさ」という。また「今、ほかの地域に売りに行けといっても、行きはしない。絶対にな」と関係構築の苦労を吐露する。しかしその場合、その商人の個人的技能に負う面もある。「俺の強みってのは、魚をおろせることかな」。

E村で商売を始めるにあたっては、当地の人間関係（てづる）を利用した。とくに、E村のK地区には妻の実家があり、またその隣村には妻の父のイトコがいる。E村では義父が２〜３回、彼についてまわり、挨拶をしてくれたという。隣村では顔役のおじさん（義父の従兄弟）と１回車でまわり、「ここで売れ」など、アドバイスを受けたという。

村内の商店には手ぬぐいを１本持って挨拶に行った。このことについて彼の妻は「だめとは言えないし、いいさよと言っても内心どう思っていたかはわからないし」と推察する。

しかしU宿・N原は親とともに挨拶に出向いた場所であるが、「K地区にくらべると客がつくのは遅かった」という。
　「お得意がつくには5年かかる」それはE村のK地区でも例外ではない。その間の収入は安定していなかったという。ではこの時期、村人側の対応はどうであったのだろうか。「(移動販売から買い物したら)村のお店やさんに悪い」とある客が語った。また「(村の店は)村で支えてやらなければ」ともいう。K地区の場合、葬式・祝いの席では一方の村の商店から砂糖を、そして他方からは酒を、といった具合に村のお店を利用したという。そのため「当初は隠れるようにしてこっそり(移動販売に)買いに行った」ものだと同じ客が当時を振り返って話してくれた。また、「結局、村の店をつぶしたのは移動販売だろうね」とも言う。このように、新参者である商人が当地に入ってきた際、氏素性のわからない者から食品を購入することに対する抵抗感とともに、「村のお店やさんに悪い」といった顧客の行動にストップをかける要因が働いていたことが推察される。
　この節では移動販売が、親類という「てづる」を利用し、ムラに接近し、「トクイ」という社会関係によって結ばれている様子を考察した。

4　移動販売とその戦略

トクイ関係を維持する

　彼らの商売上の戦略はいかに固定客をつかみ、そしてそれをいかに維持するかにかかってくる。トクイという存在の移動販売における重要性はすでにみたとおりである。
　このトクイ関係の基盤になるのが「信用」である。前項で検討した二つの参入の形式の前者の場合、紹介者が身元引き受け的な存在となり、最低限の信用を保証するものとなる。
　参入時に心がけたことは、まず始めに「まじめであること」、つぎに「顔を覚えること」をあげた。顔を覚えることに関しては「長く来ていれば顔は自然に覚えられる。何よりも大切なことはまじめであること

だ」という。信用は「まじめであること」すなわち「正直な商売をすること」によって勝ち得るという。正直な商売の要素として彼は二つのことをあげる。一つは「親切な商売をすること」、もう一つは「悪い物は売らないこと」だという。

　彼とお客とのやりとりの観察と聞き書きからそれらの例をいくつか列挙してみたい。
　(1)「親切な商売」の例

・買った品物で運ぶのがたいへんな時は玄関のなかまで品物を運ぶ。「ちょとした運動さね」
・トラックに積んでいない品物を購入して用立てることがある。たとえば、市場で仕入れることのできない演歌歌手のカセットテープなど細々としたものを購入し用立ててあげる。それらは、妻の実家あるいは自宅で注文を受ける。K地区の場合、市場外での買い物は主に妻が引き受け自家用車で運んでいる。
・子どもが豆腐をお使いに来た時、ご褒美に菓子パンをあげた。
・発泡スチロールを客の庭に投げ入れた。それはジャガイモ、サツマイモ、ナガイモの凍結防止のいい貯蔵箱になるという。
・懸賞応募シールをあらかじめ取っておき、それを集めている人のパッケージに数枚張りつけてあげる。
・A宅の場合は、玄関はおろか勝手口の扉を開け、冷蔵庫に品物を入れる。
・「それいい。100円ひいてやるよ」、「それ200円でいいや」と値引きを行う。
・畑から直接やってきた持ち合わせのない客に豆腐を貸した。すなわち掛け売りである。支払いは次回でかまわない。

　ここで重要になるのは、1対1の対面的状況のなかでこれらの行為が行われるということだ。たとえば、値引きに関しても「さー安いよ。安いよ。1個100円」といったことをトラックのまわりの客に対して行う

ことはない。また割引前の値段を消して新たに割安の値段を書き込むということもない。値引きはあくまでその個人との対面的状況のなかで行われる。E. R. リーチはかつて「お得意というラベルは、負債を持つ可能性のある客を意味している。そして、すべての長続きする関係はこの性質を持っている」〔リーチ 1985〕といった。この言葉はたんに掛け売りの事例に関してあてはまるものではない。ここにおけるS氏の行為は、客に対して心理的な負債感を効果的に生じさせているといえる行為である。その客の抱える負債感が後の購買につながるのだ。ゆえにそれが「親切だから買うんだよな」という客の感想を生み、また少量の買い物の後「ちっとばかりで悪りーな」という一声を生むと考えられる。

　これはスーパーでの買い物と比較すればよりいっそう明らかになる。たとえば、スーパーの値引きの場合、あくまですべての客が対象となる。客は誰もスーパーのレジに行って、「安く売ってくれてありがとう」とは言わない。また少量の買い物であっても「少しで悪いな」ということはない。この負債の再生産はあくまで「私」から買い物する特定の「あなた」という一定の社会関係上で機能するのが特徴である。

　いわばシーソーを下げ、再びシーソーがあがるのを待つという戦略をそこに見て取ることも可能ではないだろうか。負債の再生産、それをここでは「人間関係戦略」と呼びたい。

　(2)「悪いものは売らない」の例

　「悪い物を売らない」とは客に対して、偽りなく良い品物を供給することを意味する。

- あまり気の合わないお客であっても「品物がよければ買ってくれる」という。
- S氏はイチゴのパックを手にした客に「それは良くない」と言った。買うなという意味である。痛んでいるとはいってもあまり味には変化はない。事実、彼は今夜、自宅に持ち帰って家族で食べるという。しかしイチゴをトラックの荷台に積んでいることは、イチゴも扱っているというアピールでもあり、また一方でそれを売らない

というのもまたひとつのアピールになるという。彼に荷物を運ぶように言われた道すがら、それを買った客が言うには「痛んだもんだって、痛んでいると言わなければわからないのにね。正直が１番だよ」と私に語った。

　このためには良質な商品を仕入れることと商品の鮮度を保つことが重要になる。良い品を供給するためには先に検討した市場での仲買との信頼関係が重要な意味をもつ。また需要を的確につかめればそれに見合った仕入れが行われ、回転率が高くなるという意味で、トクイの存在がまた重要な意味をもってくるだろう。スペースの限られた移動販売で何を、どれだけ仕入れるかという見極めが必要不可欠である。そのため、このことは先に示した人間関係戦略と密接な関連があるといえる。しかし、商品の品質に重点をおくという意味で、これは「商品戦略」と呼べるだろう。ただし、これは基本的にスーパーと同じ戦略であるといえよう。

　移動販売はこの二つの戦略を効果的に利用することによって、トクイとの関係を維持しているといえる。ただし、「信用を落とすには一日で十分」だという。うわさ話が原因である失敗とか信用に関わる問題は多様な様相を呈するが、もっとも大きなダメージを受けるのは食中毒である。

商売上のジレンマ
　しばらく移動販売に同行していて、売場によって彼の売り方に若干の違いがみられることに気づいた。また、「長くやっていればやっているほど商売が難しくなる場合がある」という言葉を何度か耳にした。
　トラックに積んでいない物を用立てることが頻繁にあることはすでにみたが、場所によっては断ることもあり、あまり気を遣わずに商売ができるという。「お客さんが自分のところから買ってくれるから（トラックに積んでいない商品も）間に合わせてあげるってことさ」。これはどこの場所でも変わらないというが、まるっきり奉仕しているわけにもいか

ない。運賃をくれる人もあるがさまざまだという。お客のためにはそのような便宜を図ることも当然であるが、一方で「まるきり損してたら食えんし……」とその心情を吐露する。

　この商売をするにはお客との緊密な人間関係が必要となるが、また一方でその関係が商売を難しくするというジレンマ状態がそこにはみられる。それは商売とそうでないものの線引きが曖昧になる状態ともいいかえることができるだろう。

- トラックの助手席に卵の空パックが投げ入れられた。パックは以前、彼が卵を販売するときそれを用いたという。その客は今でも彼のためにそれを捨てずに取っておいてくれる。
- 魚の切り身１パックを男性にただであげた。前回、わさびを貰ったからだという。このように商売という経済交換が贈与交換に変化する局面も観察された。
- 販売を終えてつぎの売場へと移るとき、客が当たり前のように荷台の引き戸を閉め、鍵をかけるのを手伝った。

　このようななかでは、商売とそうでないものの間の線引きが難しくなるだろう。この場では、負債の再生産という人間関係戦略が効果的に機能しないといえる。しかし、この線引きの曖昧な部分にこそこの商売の本質があるとはいえないだろうか。

5　移動販売を取り巻く状況の変化

　「もし可能だったらバスで売り歩いてみたい」と、Ｓさんは言う。これは現状の販売に限界を感じているがゆえの言葉である。現在の車両では積載の制限があり、これ以上商品の種類を増やすことは物理的に無理である。「若い人の料理には材料が足りない」というように品数の不足を指摘する者もいる。しかし山間部という道路の物理的条件がそれを許さない。

参入した1973年当時、自動車が少なかったこと（「足がない」）と農業従事者が多かったために雨の日はとくによく売れたという。しかし現在では村外に勤めに出る人も多い。「勤め人の場合は休日が貴重になる。週休2日になって1日が余暇に、もう1日は買い物をしにいく者が増えた」。また「冬の土木作業の稼ぎでマチバに行く者が増えたため売り上げが落ちた」とSさん自ら分析している。

　商品の回転率を武器に、村のお店を凌駕していた移動販売も、参入当時よりも台数が減った。食の多様化、過疎化と、自動車の導入のために移動販売車システムの存続が難しくなってきている。25年前の参入当時は平均して一戸当たりマスが丸ごと1本くらい売れたが、現在は切り身で販売している。将来は「（少量の）切り身パックになっちゃうかもね」と、手元の塩マスをさばきながら過疎の現状を語った。ここ3年売り上げが落ちているという。「10年後はどうなるかわからない」という。

　しかし一方で、高齢化の進展にともない、高齢者の一人暮らしの世帯の増加のなかにあっては生活の「足」として、移動販売の重要性はなおいっそう増すのではないだろうか。たとえば足を悪くした客の要望で、図2の停車位置④はごく最近停車位置となったのはそれを示すいい例となるだろう。移動販売は彼らの日々の暮しの小さな変化に密着しながらこまめに対応しているのだ。

まとめ

　S氏はムラにあってオタニンではあってもタビニンではないと言う。オタニンとは親類以外の人間を指す範疇であり、タビニンは村外在住者を指し、よそ者の範疇の人間を指す。このように行商の現代版である移動販売は当該社会においてまったく距離をおいては商売にならず、逆に深く入り込んでもその商売は困難になる。そこで彼らはトクイという形で村と社会関係をもち、また商品で勝負というロジックでその関係に微妙に距離をおこうと試みる。しかし、この関係も買い手がマチバに流れることによって変化を被る。ひとつには自動車の導入であり、また冬場

の出稼ぎの増加、さらに購買者の食の多様化である。しかし一方で、車を所有しない高齢者世帯にとって移動販売は依然重要な役割を果たしつづけるだろう。

　図柄は図と地の対比によってその輪郭を現す。今回は主に図（移動販売車）を中心に記述してきた。それでさえまだまだ満足のいくものではないが、地（村落）の視点が欠落していては、図柄はうまく浮き上がってはこない。今後はその反省をも含めてより広い社会的文脈の中で行商人の生計戦略と地域社会の中での役割について理解を進めていきたいと思う。

註

1) 食品営業自動車の営業許可等の取り扱い要網（昭和47年11月18日付 公第10-50号各保健所長あて厚生部長通知 S 38 4・12改）
2) 正式名称は中央卸売市場関連食品卸売団地。乾物、菓子、乳製品、肉、包装資材の問屋が軒を連ねる。
3) それぞれニックネームで呼ぶ。
4) 仲卸業者から品物を買い受ける食料品の小規模小売業者・加工業者・飲食店等で開設者の登録を受けたもの。

引用参考文献

植村元覚，1959，『行商圏と領域経済―富山売薬業史の研究―』，ミネルヴァ書房
大牟羅良，1958，『ものいわぬ農民』，岩波新書
小寺廉吉，1959，「商業―交易・行商・市・商慣習―」，『日本民俗学体系13』，平凡社
神崎宣武，1985，『峠を越えた魚』，福音館日曜日文庫
北見敏夫，1970，『市と行商の民俗』，岩崎美術社
桜田勝徳，1952，「背後農村との交渉」，柳田国男編，『海村生活の研究』，国書刊行会
鈴木栄三，1935，「村に入る物資」，『山村生活の研究』，国書刊行会
鈴木栄三，1935，「村に入り来る者」，『山村生活の研究』，国書刊行会
瀬川清子，1938，『販女』，三国書房

鶴理恵子,1994,「魚行商人の人づきあい」,『試みとしての環境民俗学』,雄山閣出版
田中啓爾,1952,『塩および魚の移入路—鉄道開通前の内陸交通—』,古今書院
中村周作,1985,「水産物行商人の空間行動様式」,『人文地理』37-4
副田爲次,1926,「行商人に就ての観察」,『民族』1-4
柳田国男,1962,「行商と農村」,『定本　柳田国男集第16巻』,筑摩書房
リーチ、E.,1985,『社会人類学案内』（長島信宏訳）,岩波書店

conclusion
まとめ

　本章では、日々私たちが行っているモノのやりとりを、経済交換と贈与交換という二つの交換の類型から捉え返すことを目的とした。はじめのワークの目的は、日常なにげなく行っている物のやりとりを、書き込みワークを通して振り返ることにあった。

　この章を読み、課題に取り組んできた君は、自ら記したモノのやりとりを人類学の交換の視点から振り返ることができるはずだ。また、贈り物のとまどいや失敗は、私たちのモノのやりとりという交換行為が、一群の社会規範によって成立していることに気づいてもらうための仕掛けであった。私たちが、従いつつ生み出している社会規範は、行為の破綻や齟齬のなかではじめて顕在化してくる。

　エスノグラフィーの事例では、一見、経済交換一辺倒にみえる行商が、どのように贈与交換と絡みあい成立しているかを記したものだ。移動販売のSさんは、この二つの交換を巧みに使い分けることによって、客の信用を勝ち得、生活のための糧を手にしていた。

　後日談となるが、Sさんはその後、重い病気にかかり、商売をやめることになった。Sさんによれば、それまで「たんなる客」（つまり経済交換の相手）と考えていた人びとから驚くほど多くのお見舞いが届いたという。Sさん自身驚きをもって語ってくれたが、これは彼が行っていた経済的行為（経済交換）が、じつは村人たちに、村づきあいの一環（贈与交換）として捉えられていた（読み替えられていた）ということにほかならない。このことは、行商という営みがどのような位相にあるのか端的に物語っている。村人によれば、「（行政の福祉サービスとは異なり）客だという強みもあってSさんには対等に自分の要求を口にできた面もある」という。Sさんの商いは、村での日々の暮らしに密着した福祉としての役割をもちつつ、村人たちに遇されてきたといえるだろう。ここには、地域の社会に生かされ、また地域の社会を生かす経済活動の智恵を見出すことができるのだ。

近年の市場原理主義は、あらゆる交換を経済交換に還元することを基本的立場としている。別様の交換、つまり贈与交換に照らし、自らが日常的に行っているやりとりをつぶさに観察し、腑わけしていく作業は、市場原理の席巻する日常の暮らしに適度な距離をおきつつ、創出される社会関係の新たな芽を見出していく手がかりを得ることになるはずだ。ゆっくりとでいい、自分の身のまわりを静かに見つめ直してみよう。

post-work
ポスト・ワーク

【課題1】
　①冒頭のワークに記したやりとりを、経済交換と贈与交換に分類してみよう（備考欄に記入のこと）。
　②ワークに記入した贈り物の失敗やとまどいの事例を、解説のなかの基本概念を使って自分なりに分析してみよう。

【課題2】
　地域で行われているフリーマーケットに出かけて売り買いの観察と、主催者や参加者にインタビューを行ってみよう。また、実際に自分で店開きしてみることは、その世界の理解をより深めてくれるよい参与観察の機会になるはずだ。

第4章

集う
──人間関係のなかで生きる

竹中宏子

introduction
イントロダクション

　2010年1月末、年間3万2000人が一人で死んでいく「無縁死」を迎えるという衝撃的事実が、NHKスペシャル「無縁社会」で明らかにされ、大きな話題を呼んだ。かつての日本社会では、血縁、地縁、社縁などの相互扶助システムが機能していたが、現在ではそれらのつながりを失い、無縁状態で孤独死する人びとが急増しているというのである。このような事態は私たちに、それまで誰でも自然にもちえた「縁」でつながる関係を疑問視し、現代社会における人と人とのつながりのあり方に問い直しを迫っている。

　しかし、無縁状態になる人びとも、生れ落ちたときは家族があり、成長の過程で学友や仕事仲間はいたはずである。つまり、人はつねに他者と関わりながら生きていて、自らが意識するか否かにかかわらず、他の人との関係の網の目のなかに身をおいているのである。

　自分の一日の行動を思い返してみよう。朝起きてから寝るまでの間、どれだけの人と接し、言葉を交わし、行動を共にしたことだろう。時間をより広げて、生まれてから現在までを考えると、もっと多くの人びとと関係をもってきたことに気づくだろう。このように自分を取り巻く人びとは多様であり、家族、親族、友人、同僚、サークルの仲間、などの集い（＝集団、グループ）に分けることができる。

　集団の分類方法は非常に多様で、社会の変化にともない、その定義も変わる。ここでは集いの形成過程に着目し、運命的に決定された関係を基礎におくものと、自分で選びとった関係を基に成り立つものに分けてみていく。そして、私たち自身がどのような社会集団およびネットワークに属しているのかを明らかにし、より広範な社会とどのようにつながっているのかを考察してみよう。

work
ワーク

　ここでは、まず自分が他者とどのように関わっているのか考えてみよう。

① あなたと関係をもつ人びとに関して、下の表に従って分類してみよう。A〜F以外の関係が思いつく場合は、G・Hに任意に記入（氏名を書かなくとも、ニックネームやイニシャルなど自分がわかる書き方でよい）。

A. 家族	
B. 親戚	
C. 近隣または地域の人	
D. 友人	
E. 学校関係者	
F. 職場（アルバイト）の同僚	
G.	
H.	

第4章　集う―人間関係のなかで生きる―

②ワーク①で分類したグループと自分が何によって結ばれているか（「血縁」「地縁」などでも、自分独自の表現でも）を、☐内に入れてみよう。そして関係が濃いまたは深ければ二重線（＝）で結んでみよう。

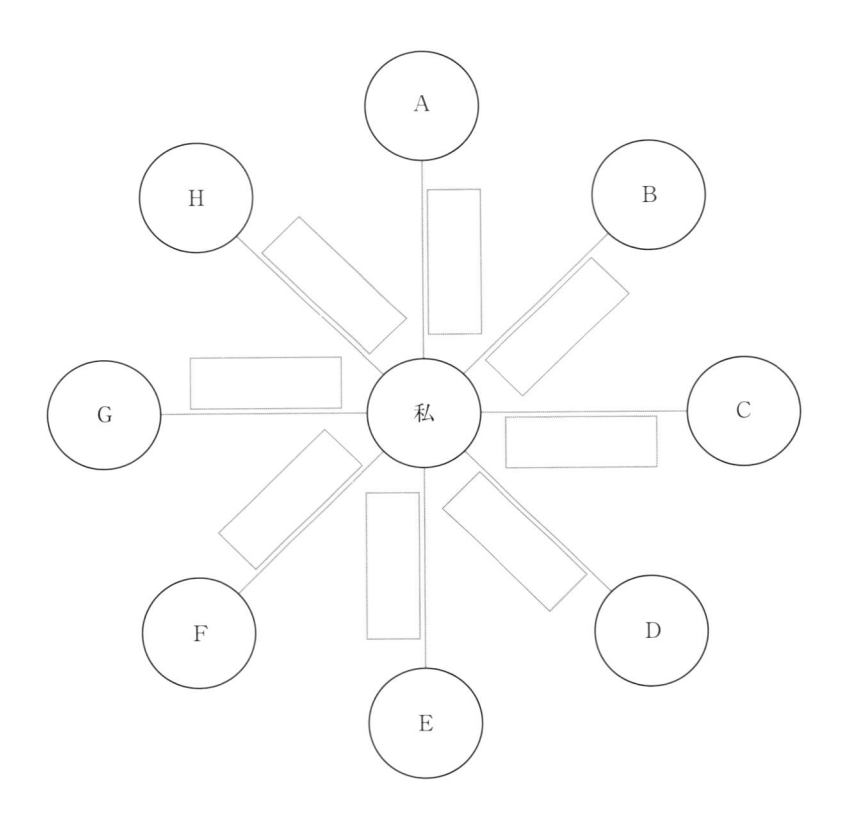

keyword
キーワード

　私たちは他者と関わりながら日々暮らしていても、彼らとどのように関係しているのか意識することは少ないだろう。そんななかで、ワークで行った作業を通じて、私たち一人ひとりは、ふだんはあまり意識しなくとも多くの人びとと関わっていること、そしてそれらの人びとと自分との関係やつながり方の契機に気づいた（あるいは再認識できた）のではないだろうか。

　また、同じグループに入る人びとであっても、全員と同じような関係の濃淡でつながっているのではないため、与えられた図では表しきれない戸惑いや苛立ちを覚えたかもしれない。このような戸惑いや苛立ちから気づく可能性は、身近にいても距離感を感じる関係にある人、その逆に遠くにいても近しい関係に分類できる人の存在であろう。さらに、時間の経過で関係のあり方に変化があり、複数のグループに入れられる人や、どこに配置したらよいかわからない人を発見したかもしれない。

　このように一人の人間はさまざまな人びとと多様な関係を結びながら日々生活している。二者間以上によって何らかの関係が結ばれると、他と区別される「圏」が生まれ、ゆるやかなつながりを帯びる。さらにそこに、①成員に目的の共有がなされ、②目的の実現に向けて協働がなされ、③地位と役割の分化が進み、④暗黙であれ明示的であれ成員をまとめあげる規範が生まれれば、それは集団と呼ばれる〔西澤・渋谷 2008〕。

　集団にはいろいろな種類や機能がある。目的に応じた集団を形成し複雑な社会をつくり上げていく点は、サルやチンパンジーなどとは異なる人間の特徴でもある[1]。人類学ではこのような多様な集団を整理・分類し、社会の成り立ちや実態をひも解いていく。

1　社会集団の類型化

　一人の人間にとってもっとも身近な集団と捉えられるのは、家族であ

ろう。人は通常、家族という基本単位をとおして親族や親類という集団にも属し、家族と居住する家を基点に近所の人びとと関わり、さらに地域社会と関係をもつ。そこには、親子や兄弟姉妹を中心とした血のつながりを基礎とする血縁関係、同じ空間を共有しながら生活を営むことを基礎とする地縁関係が存在する。これらの関係の特徴は、自分の意志で自由に選択できない、あるいは自由意志での選択が非常に難しい点であろう。

　これに対し米山俊直は、血縁関係や地縁関係のいずれでもない紐帯を結社（＝アソシエーション）の「社」を用いて「社縁関係」と類型化した。この類型によれば、社縁を血縁・地縁と鼎立させることができる。そこにおける血縁／地縁は、ゲマインシャフト／ゲゼルシャフト（テンニース）、第一次集団／第二次集団（クーリー）に対応している。

　しかし上野千鶴子は、米山が提起する社縁は都市と近代のなかで初めて登場した新しいカテゴリーで、近代の共同体を理解する要であるとしながらも、この用語に含まれる社会関係は膨大であり、社縁を主に企業のような生産に結びつく「会社縁」とほぼ同義に捉えること、そして血縁・地縁・社縁のいずれでもない第四のカテゴリーを考えなければ近代的な共同体を把握しえないと指摘する〔上野 1984〕。そこで彼女は「選択縁」を提示した。さらに、任意に選べるとはいえ、（狭義の）社縁も、それが生産に結びついているかぎり強い拘束力をもつもので、従来のように「選べる縁」ではなく、「選べない縁」として分類する。そして選択縁のみが拘束性のない「選べる縁」だと論じた（図1）。

　上野がいうところの選択縁は、磯村英一の「第三空間」という概念と合致する。都市化の進行にともない空間的な職住分離が進み、住む場所である第一空間と働く場所である第二空間のはざまに盛り場などが形成される。それが第三空間であり、まさに自分で選び取る場と理解できる。そこにおいてもさまざまなつきあいは生まれるのである。

　歴史学の分野においては、網野善彦の有縁／無縁が選べない縁／選べる縁に当たるだろう。網野によると、そもそも無縁は「つながりがない」という意味はなかった。無縁とは有縁の世界である定住社会から離

米山俊直	家　　縁	地　　縁	社　　縁	
テンニース	ゲマインシャフト		ゲゼルシャフト	
マッキーバー	コミュニティ		アソシエーション	
クーリー	第　一　次　集　団		第二次集団	
磯村英一	第　一　空　間		第二空間	第三空間
望月照彦	血　　縁	地　　縁	値　　縁	知　　縁
上野千鶴子	血　　縁	地　　縁	社　　縁	選択縁
	（選　べ　な　い　縁）			（選べる縁）
網野善彦	有　　　　　縁			無　　縁

図 1　縁の諸類型〔上野 1987＝1995〕

脱した人びとによるつきあいのことを意味していた〔網野 1978＝1982〕。都市の第三空間は、有縁の縁とは質的に異なる無縁の縁の棲み家なのである。つまり、無縁の場からは、組織や定住社会の価値や規範と対峙するようなものが生成されるのだ。

　人間同士の結びつき方が選択可能か否かという視点からみると、これまで人類学では「選べない関係」を主に扱ってきた。血縁・地縁・社縁・選択縁の 4 類型でいえば血縁と地縁関係に研究の重点がおかれ、とくに親族研究については厚い蓄積がある。それは前近代的な「未開」社会あるいは農村・漁村のような伝統社会を長らく対象としてきた人類学においては、至極当然のことと思われる。しかし、近代化・都市化によって人びとの関係のあり方にも変化がみられ、少なくとも現代の日本やヨーロッパのような社会では血縁および地縁関係の脆弱化が起こっている。したがって、アソシエーションのような「自由選択的な人の集まり」に着目し、その紐帯のあり方から社会を把握する視点が求められているのである。

2　運命的な集い[2]

血縁集団、親族、家族

　血縁集団（consanguineous group）とは、生物学的な血のつながりのみを紐帯原理とする集団のことではなく、同じ先祖で結ばれた関係にある集団のことである。したがって、出自集団（descent group）とも呼ばれる。これは先祖との系譜関係に関する文化概念なので、どこまでが血縁集団に入るかという範囲は社会によって異なる。世界にはさまざまな血縁関係があり、大枠で、父あるいは母の「血筋」のみをたどって生得される（父系 patrilineal／母系 matrilineal）単系出自（unilineal）[3]と、日本やヨーロッパのように父母双方の血縁関係が平等にたどられる双系出自（bilateral）が存在する。

　血縁関係は、親族（kinship）を形成する基本的紐帯の一つである。それは親子関係によるタテの関係のみならず、結婚（＝婚姻）を通じてヨコへの広がりをみせている。

　自分の親類を思い起こしてほしい。オジ・オバと呼べる人の何と多いことか。私たちは、生物学的に血のつながりがない人びと、つまり自分の生物学的な両親の生物学的な兄弟姉妹の配偶者もオジ・オバと称し、親族として認識しているからだ。また、私たちにとって多くの場合「チチ」「ハハ」と呼べる人は一人ずつと考えがちであるが、たとえばメラネシアのトロブリアンド諸島における親族呼称を例にあげると、「チチ」あるいは「ハハ」と同じ呼称で呼べる人が複数存在するところもある（図2の場合の「タマ」「イナ」）。

　このように親族という分析用語は、まず、両親と子の関係にもとづき、そしてその関係をとおして遠縁にまで拡大された血縁関係をさす。さらに、婚姻関係によって結ばれた姻族も含むより広義の意味でも使われる。後者の意味で親族は、血縁と婚姻の織りなす連鎖的関係様式ということになる〔山路勝彦 1978〕。

　ところで、親子と婚姻の関係からなる最小の集団は、通常、家族と呼ばれる。家族は「住居を共にし、経済的に協働し、生殖を行う社会集団

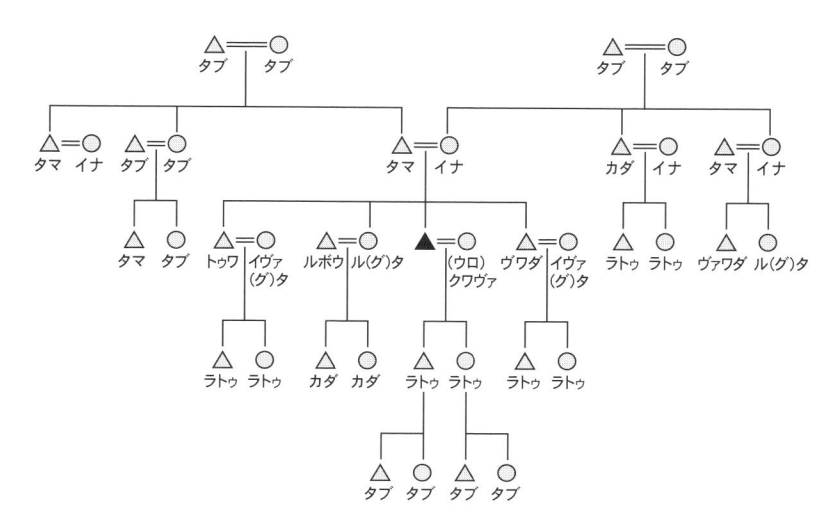

図2　トロブリアンド島の親族名称語彙〔マリノフスキー 1999〕

で、そのもっとも基本的な形態は、夫婦とその未婚の子供からなる核家族（nuclear family）であり、それは人類に普遍的な社会集団である」と論じたのはG. P. マードックであった。しかし、マードックが提唱する「核家族普遍説」は多くの事例を基に否定されてきた。その代表的なものとして、インド南西部のナーヤル社会において、植民地統治以前にみられた母系集団「タラヴァード」の例があげられる。タラヴァードでは母子は同居するが夫婦は同居していなかった。また夫婦間の経済的協力関係もなく、父と子どもの間にも経済的協働も教育的機能も働いていなかった。

　現代社会においては同性愛者のカップルからなる家族や、父・母・子のような家族における地位や役割関係が不明瞭な家族も存在する。そのような従来の「家族」観に変更を迫るような現代的な例を、たとえば岩上真珠は、アリスという女性を取り巻く人間関係について、彼女の家で開かれたパーティをとおして図3のように整理した。すなわち、アリスには離婚した男性との間に娘が3人いて、現在はジョンと娘たちと暮らしているが、ジョンとは結婚していない。ジョンにも娘が2人いて、1

第4章　集う―人間関係のなかで生きる―　　*135*

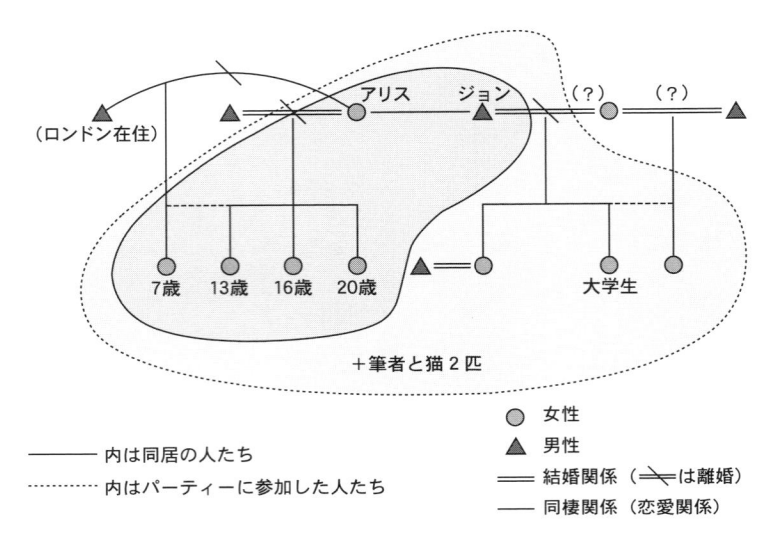

図3 アリスの場合〔岩上 2003〕

人は結婚している。パーティには未婚の娘と共にこの娘夫婦も参加し、さらにジョンの前妻のパートナーとの間にできた娘も参加していた。一見ジョンとは関係のない、前妻とそのパートナーの娘も、アリスとジョンと関係を保っているのである。

　この例は、どこまでが家族なのか、誰が親族なのかという問いを私たちに投げかけている。アリスの例を基にすると、少し乱暴な言い方をすれば、もはや血のつながりは家族や親族を形成するのに必要不可欠な要素ではないのである。このように、現代の家族の形態変化は従来の血縁・親族関係にも少なからず影響を及ぼしている。

　しかしそうはいっても、生物学的・遺伝子的なつながりが人びとのなかで薄れていくと同時に、逆にこだわりをみせる現象も見出せる。たとえば、不妊治療技術への期待による「自分の血を分けた子どもが欲しい」というこだわりである。これは、親子や家族のあり方に関して非常に深刻な問題を投げかけていると指摘しておきたい。

地縁集団

「地縁集団」(local group, territorial group) とは村、区、団地など一定の空間を共に占めて生活する集団のことである。これは、その土地に生きる人たちの生存を可能にする、あるいは生活の質を向上するための相互扶助と相互規制の両面を有している。人類学においては、バンド (band) あるいはホルド (horde)（狩猟採集民が形成する小規模な地域的組織）、地域社会における性別組織（「男子秘密結社」や「男の宿」など）、年齢別組織（年少組／戦士組／老年組、少年組／青年組／壮年組など）が多く研究されてきた。

人類学が対象としてきた社会では、血縁と地縁は集落のレベルでもさまざまなかたちで相互に関連する。小規模な地縁集団の内部でのみ婚姻が行われれば、同じ集団内で地縁と血縁が不可分に交錯する。逆に、地縁集団内の婚姻が禁止され、外部との通婚、すなわち複数の地縁集団間で通婚が行われる場合、妻方あるいは夫方居住の様式に応じて、地縁集団は事実上、父系または母系の血縁集団となる。

日本社会における居住空間を基盤とした住民組織は、町内会や自治会と呼ばれている。都市における町内会や自治会は、定期的あるいは問題が生じると随時集まり、たとえば通りに電灯を取り付けてほしいとか、道路の穴を整備してほしいなど、時には行政に対して地域住民の代表として要求を申し立てる。つまり、市民生活において行政の手が行き届かない細かな部分を補完する役割を担っている。また、町内会の面々が共通の氏神を祀る氏子ではないにしろ、町内のお祭りを主導的に組織する場合もある。

しかし、こうした日常生活に関して自主解決的な機能をもつ地縁関係は、血縁関係と同様、国家や地方自治体によって用意される公的なサービス、あるいは多様な利便性が提供される経済サービスの増大にしたがって、希薄化していくことが多い。現在では、地縁集団がかつて保持していたこうした力を復活すべく、多くの地方自治体においてコミュニティ再編が叫ばれている。

コミュニティ (community：地域社会、共同体などと訳される) は、地縁

集団とは完全に一致するわけではないが、ここで言及すべき概念であろう。社会学者のマッキーヴァーは、態度と利害関心をキー概念に社会を三つの理念型に分けた。すなわち、「コミュニティ」「アソシエーション」「社会集合（階級、大衆など）」である。そこでは、コミュニティは基礎的な共同生活の条件をともにする、ある独自な成果をもった共同生活の範囲であり、ある人の生活が包括的に送ることができるような、そして、社会生活の全体が見出されるような集団である。また、その基礎標識は地域性と共同意識であるコミュニティ意識を地域的結合とし、その対極にあるのがアソシエーションで、目指す目的によって結合した人為的な団体であるとした。しかし、実際の社会ではコミュニティとアソシエーションが重なる場合も多くみられる。ある地域に新しく引越ししてきた者が既存の自治会（地縁集団）には入らないが、たとえば子育ての悩みを解消すべく、近隣住民同士で自主的に集まりサロンを開く（アソシエーション）、といった状況は多々みられる。

　近年、コミュニティに関しては、「空間的に固定され、特定の社会的取り決めに対応するものと考えるより、コミュニタス[4]の一表現、すなわち、社会的帰属を対話的で公共的な出来事として想像し、想像する特定の様式」（註は筆者による）〔デランティ 2006：p. 37〕と理解することの重要性が指摘されている。すなわち、地理的限定や対面的関係性をもち、アソシエーションとの対比において強調されるコミュニティは古典的コミュニティ像とされ、新たな「コミュニティ」に関する結合のあり方が問題とされているのである。そこでは、何らかの斉一性をもった個人同士が結びつくのではなく、互いに差異をもった個々人が相互の立場を認めつつ、互いにアクセスポイントを探し求めて対話し、交渉する関係と捉えられている。この意味で、新たなコミュニティ論では空間的な拘束を受けることが減り、したがって、後述する「選択縁的集団」と重なってくるのである。

社縁集団

　先にも述べたとおり、社縁（associational relation）という用語は、何

かの目的が機縁になってつくられたつながりを指すもので、「会社」・「結社」の「社」をとって米山により提唱されたものである〔米山 1981〕。そこには血縁・地縁を除くすべての人間関係が入るとされる。すなわち、社縁は血縁・地縁のような拘束性の強い関係に対する、選択・加入・脱退可能な集団を指す用語である。

しかし、血縁・地縁関係の希薄化が指摘され、それ以外の人間関係の領域が大幅に拡大した今日、それらすべてを「社縁」という用語に収斂させるには無理があるだろう。また先に「会社縁」を取り上げたように、社縁関係を再検討してみると、むしろ血縁・地縁に近い拘束性をもった集まりも見出される。確かに個人はある会社を選択して入社し、理念的には離職の自由をもっている。しかし、生計を維持するうえでそんなに簡単に離脱できないのが社縁社会であり、その意味でかなり強い拘束性をもつ。それは会社という組織に限らず、生活の糧を得る職業一般に当てはまる特徴といえる。したがってここでは、米山が提唱する意味での「社縁」を狭義の「会社縁」（または「職能縁」）と捉え、「運命的な集い」に位置付ける[5]。

このように狭義に捉える場合の社縁は、社葬や社内対抗運動会などが行われ、会社と従業員の結びつきが非常に強い日本的なものとも考えられる。しかし、人は何らかの職業を以て生計を立てているという視点に立てば、社縁も日本の場合に限らず普遍的な人間関係の一形態だと捉えられる。また、社縁文化が強いといわれる日本であっても、経済構造や生活上の価値観の変化とともに会社中心の人間関係も薄くなる傾向がみられ、社縁的関係性の重要性が失われているという指摘もあるだろう。だが、そうはいっても関係性が失われるわけではない。その関係性の維持にはやはり強い拘束力が働いており、各種の結社とは性格を異にしている。したがって、現代社会を見るうえで、やはり会社および職能集団における「社縁」を広義の「社縁」と切り離して考える必要性があろう。

3　自由選択的な集い

約縁集団、結社、クラブ、アソシエーション

　自由選択的な人の集まりは、組合、協会、クラブ、サロン、サークルなどに当たる。人類学ではそれらの集団に対して「約縁集団」「結社」「クラブ」「アソシエーション」などの用語が用いられる。前節における「社縁」という用語の再検討でも言及したように、同語に約縁集団も含めて使用する場合もある。

　このように、選択縁に基づく集団の名称とその分類は研究者によって異なり、いまだ明確な整理はなされていない状況にあるが、選択縁的な関係にある集団の名称に関して、近年の人類学的な研究においては「アソシエーション」と称することが多い。ただ、この言葉には組織化された団体としての意味が強いかもしれない。そこで本章では、個人の自由意志で選択・加入・脱退可能なことであること、また、例えば決まった酒場の常連客同士の集まりのように確固たる組織をもたない結合態も含まれることに留意するため、そのような人の集まりを、便宜上、「選択縁的集団」と称する[6]。

　約縁集団ないし結社としての選択縁的集団の歴史は古いとされるが、とくに近代以降、都市化・産業化社会が出現して以来、著しく発展してきたものである。そこでの紐帯は、血のつながりや土地のつながりではなく、共通の理解や関心にもとづいたものである。そこでひとまず、選択縁的集団は「何らかの共通の目的や関心を満たすために、一定の約束のもとに基本的には平等な資格で、自発的に加入した成員によって運営される生計を目的としないパートタイムの私的な集団」〔綾部 2006：p.88〕と定義づけておく。

選択縁的集団の性格

　先にみたように、「運命的な」社会集団は、個人が好むと好まざるとにかかわらずほぼ自動的に組み込まれる集団である。多くの場合、人は生まれてすぐに家族の一員とみなされ（血縁集団）、その両親がもつ親

族のネットワークの網の目に組み込まれる（親族）。年齢組などが機能している土地に住んでいれば、ある年齢になると子供組や青年団などに入会させられる（地縁集団）。これらの集団は、新しくつくられる場合もあるだろうが、どちらかといえば「すでにあるもの」であり、通常、選択不可能なものとして認識されている。

　これに対して選択縁的集団は第一に、きわめて柔軟な性格、すなわち「適応的性格」をもつ〔綾部 1988〕。「運命的な」集団が固定的なメカニズムを有するのにくらべて、選択縁的集団が出現する過程を分析すると、それは共通の目的のために随時随所でいかなる場合においても、任意参加を原則として結成されるという特徴がある。たとえば高層マンションの建設予定を知った瞬間に近隣住民によって「○○マンション建設に反対する会」、あるいは「○○町の景観を守る会」などが容易に結成されることからもわかるように、選択縁的集団は緊急な変化にも臨機応変に対応できるのである。

　第二に、選択縁的集団は「運命的な」集団から解放された「自由な個人」の存在が前提とされ、その結合原理が個人の自律性あるいは主体性に求められるという特性をもつ。すなわち、自由で対等な人びとの結合体であり、その意味で個人の自由と自律に立脚したボランタリー・アソシエーションなのである。この種の集団にみられるボランタリーな結合原理を、佐藤慶幸は集団主義的な「連帯的自律性」に対して、「自律的連帯主義」と性格づけた〔佐藤 1994〕。

　そして第三に、選択縁的集団においては個人の意志による帰属選択が可能であると同時に、属性は基本的に問われない。会費納入などの一定の条件はあるものの、それを満たせば、通常、年齢・性別・職業などは問われることなく入会できる、「開かれた」集団である。したがって、その「外部に開かれた」という意味での公共的性格も選択縁的集団の特徴の一つとしてあげることができるだろう。

友人関係、「つきあい」、ソシアビリテ論

　先に述べたように、人類学においては非産業社会としての「未開」社

会あるいは伝統社会を主な対象として親族や地縁関係で結ばれた「運命的な集い」に関心を寄せ、それらがいかに当該社会の社会制度や諸慣習を根底から支えているかを明らかにしてきた。とくに親族研究は、フィールドワークの手法と並んで人類学の主要な特質の一つにあげられてきた。

しかしたとえば、第二世界大戦後、日本を含む先進諸国では、国家が国民の福祉に責任をもつ「福祉国家」の建設を進め、それまで「運命的な」社会集団が担ってきた役割を国家や民間企業が代替していった。保育所の利用者が増えている状況などは、その恒例であろう。一昔前なら、三世代あるいは四世代が一つ屋根の下に住む大家族は多く、両親が働きに出たとしても、家族の誰かが幼い子どもの面倒をみることができた。これは血縁集団における相互扶助であるが、今やこうした伝統的な慣習や制度の活用は容易には実現されない。そこでそれに代わる新たな関係性の構築、つまりアソシエーションのような自由選択にもとづいた集いが注目されているのである。

このような観点から自由選択的な集いを考察するうえで、友人関係の分析の重要性を指摘できるだろう。友人関係はきわめて選択的に結ばれるものである。今でこそ社会的ネットワーク論は社会学の分野で広く活用されているが、個人が維持する友人関係のようなインフォーマルな関係がその人の行動に及ぼす影響を調べる方法の一つとして、ネットワーク分析を最初に行ったのは人類学者であった。その代表的な研究の一つとして、『友達の友達』があげられる。

著者のボワセベンは、①個人間の関係がどのように構造化され、それによって個人がいかなる影響を受けるか、②社会的な事業家（social entrepreneur）とみなされる個人が、目標を達成し問題を解決するために、この個人間の関係をどのように操作するか、③個人が自己の目的を達成するために構築する一時的なコアリッション（＝連帯、まとまり）の組織化と動態はいかなるものか〔ボワセベン 1986〕、を議論の焦点に据え、社会生活を意志的、主体的に送る人びとの行動をとおして、社会の「規則」と「体系」の説明を試みた。そのように意志的・主体的な個人

の側から社会をとらえることで、当時の社会人類学で支配的であった、社会の「規則」と「体系」から個人の行動を説明するような構造―機能主義を批判したのであった。

　『友情の社会学』の著者であるアランは、友情などのインフォーマルな結びつきを、その個人的な性格や感情的側面からではなく、社会構造との関係に着目しながら分析を行ってきた人類学的研究を高く評価している。人類学は、個人的関係のパターン形成やそれが支配的な社会制度を維持させる方法、いいかえれば、インフォーマルな関係が社会の組み立てに貢献するあり方の分析を得意としてきたというのである〔アラン 1993〕。このようにアランは、友情という結びつきの社会性や社会的効用を重視し、友人関係に関する人類学的研究を評価する一方で、友情の質や人びと相互の感情の質に関心を寄せてきた従来の社会学の立場を批判する。

　だが、現代社会においては、社会構造との関係と同時に、心理面や感情面にも十分に配慮しながら友人関係やその維持のし方に着目する必要があるだろう。というのも、本章の冒頭にあげたようないかなる縁ともつながりをもたない人びとが増加する現状においては、私たちの友人関係の構築および維持のあり方は注目に値するからである。

　このような観点から友人関係を考慮するうえで、つぎの2点は重要である。

　まず、天野正子による「つきあい」の視点である。天野は、戦後の日本における一般の人びとによる欲求や願望、課題に応じた集まりを、自律的で緩やかなネットワークとして捉え、その類型化と結合の契機および活動内容の分析を通じて、時代時代の当たり前を疑い、異議申し立てや拒否の論理を示す抵抗の形と、政治的実践運動とは異なるその時代への間接的な影響力を考察した。人びとの集まりがサークルとして成り立つには、人びとに呼びかけるもっとも根源的なコミュニケーション行為、身体または精神活動を意味する「つきあい」が基盤にある。結合の目的ではなく、「つきあい」に着目するからこそ、サークルという集いの創造性も捉えることができるのだ。

注目したい第一点目は、目的志向型サークルから目的が曖昧な脱力型サークル（事例として、「浦河べてるの家」「だめ連」「隠居研究会」）への移行である。天野は現代社会の特徴を、「無理を承知で」あえて、つぎのように表現する。「物質的な『豊かさ』と目的喪失から生じる精神の空洞化、何でも出来そうでいて踏み出せないみせかけの自由、根強い平等神話とその裏ですすむ『努力しても報われるかどうか』という『希望格差』の二極化、携帯可能なモバイル・メディアの浸透のもとで選び選ばれた相手との間だけすすむ親密化と他方での疎密化——そうした両義性がさりげない形で重層的に人びとの生活世界を包囲している」〔天野2005：p.265〕。このような現代社会の両義性は、一方で濃密な人間関係を要求し、他方で関係の断絶を迫るのだが、脱力型サークルはそうした「関係」の二極化のすきまを抜け出し、その中間に肩肘張らないが自他の存在を確かめうるような小さな共同性の構築を試みている、というのである。ここから、現代的なつきあいのあり方、すなわちある一定の距離をもった人間関係が捉えられ、集まりの目的のみからは把握しえない「つきあい」の視点の重要性が示唆される。

　友人関係を考察するうえで着目したい第二点目は、歴史学において用いられるソシアビリテ（sociablilité）という概念である。ソシアビリテ論によると、人の集まりには「形をもった結合関係(ソシアビリテ)」と「形をもたぬ結合関係(ソシアビリテ)」に区分される。ソシアビリテ概念はフランスの歴史学者モーリス・アギュロンが南仏・プロヴァンス地方の人間関係に関する歴史的考察において提起したものである。しかしこの分析のなかで、「形をもたぬ結合関係」が「形をもった結合関係」へと発展していくものとした点については批判がなされた。すなわち、「形をもたぬ結合関係」をもっと重要視すべきで、なぜなら、組織化された集団があったとしても、その枠組みの根底に「集合心性」（mentalité collective）が形成されていなければ、その枠組自体が空洞化してしまうのである。「形をもった結合関係」は、つねに「形をもたぬ結合関係」によって支えられていなければならないという指摘である。

　先にあげた天野も、サークルの共通の目的や課題はつきあいから生ま

れ、逆に共通の目的や課題を軸に人びとが集まる場合は、その基底につきあいがある〔天野 2005〕と、人と人との心的なつながりを重視している。これらは、インフォーマルな関係が社会の組み立てに貢献する様相を研究してきた人類学的視点に通ずるもので、本章の「キーワード」で取り上げた社会集団に関する四つの類型（血縁集団、地縁集団、社縁集団、選択縁的集団）にソシアビリテ概念を重ねてみるとき、集団の基礎となる人と人との結びつきのあり方をより本質的に捉えられると考えられる。

当事者の視点とフィールドワーク

　これまで見てきたように、選択縁を基礎とした集団への関心は何も人類学においてのみ寄せられてきたわけではない。そのなかで人類学的研究が貢献できる点は、人の集いを「内側から」、つまり当事者の視点から考察するところにあるだろう。その際、集団の活動のみならず成員の集団への関わり方の微細な観察（＝参与観察、フィールドワーク）をとおして、彼ら同士のつながりのあり方が彼ら自身によってどのように説明されるか、どのような言葉で表現されるかを捉えることが重要となる。このポイントを外すと、成員同士をつなぐ関係性を分析的には把握できても、彼らが集う真の意味が見えてこない。また、集団内におけるつながり方の重層性も捉えられない。

　「地縁集団」の箇所でも言及したが、都市における町会などの近隣組織を例に考えてみると、確かに成員の間には地縁関係が存在するが、一面では「生活上の問題を解決する」などの共通の目的の下に結成された選択縁的集団とも捉えられる。いずれの類型にあてはまるかを決めることも可能だが、筆者はむしろ、つながり方の重層性[7]を捉えることに意味があると考える。類型はあくまで理念型なのであって、実際の社会はこうした理念型が複雑に重なり、絡み合って成り立っていることを探究すべきであろう。

　本章では、人の集まりをその共同性の側面に傾斜して類型化および解説してきた。しかし、「きずな」は「しがらみ」ともなるから[8]、社会

的な結合関係が矛盾内包的（conflictuel）なものであることも忘れてはならないだろう〔二宮 1994〕。そうでなければつながりは単純に予定調和的（unanimiste）なものとして捉えられてしまう。この勘違いに陥らないためにも、社会集団の現代性のみならず、同じ集団の歴史性を視野に入れる必要があるだろう。人類学はフィールドワークを基礎に対象社会・集団の現在性を把握することを得意としてきたが、フィールドワークを一過性のものとせず、集いの歴史的な変化からつながりの本質を再検討する作業が課題とされているのではないだろうか。

註
1) サルやチンパンジーは成人した複数のオスとメスが群れ（社会）をつくるが、家族をつくることはなく、ゴリラは、一夫多妻の家族をつくるが、その家族が複数集まった群れをなすことはない〔清水 2009〕。
2) 血縁・親族・家族および地縁集団に関しては、膨大な人類学的な研究が存在する。本節では、その大雑把な流れのみを追っていることを断っておきたい。詳しくはつぎの文献を参照されたい。デュモン 1977；レヴィ＝ストロース 2000；リヴァース 1944；キーシング 1975；ローウィ 1973；マードック 1978；サーヴィス 1979；サーリンズ 1972；マリノフスキー 1999；石川栄吉 1970；渡辺欣雄 1982。
3) 地位や財の流れが父方・母方のいずれかをたどって継承される社会制度のこと。父方（男性）の血筋をたどって地位・財が移動する場合を「父系」社会、母方（女性）の血筋をたどる場合を「母系」社会という。注意しなければならないのは、母系社会の場合、たどるのは女性の血筋であっても、実際に地位・財を継承する／されるのは男性の間である。たとえば、男性 A は、その母方オジから地位や財をもらうのである。
4) コミュニタスとは、全人格的なつながりのことであるが、場合によっては、日常的な秩序が逆転・解体した状態とも捉えられる。詳しくは、第 5 章「抗う」を参照されたい。
5) 米山も、人びとにとって食べていくための手段、すなわち収入をはかる道が、血縁や地縁関係よりも比重が高いことを指摘している〔米山 1981〕。
6) NGO や NPO は、一見、自由選択的な集いに思われるが、これにはもう少し検討が必要だろう。なぜなら、NGO や NPO には職員として収入を得ながら働いている人と無給のボランティアとして参加している人が混在している団体

もあるからである。後述するように、あくまで本章では「生計を目的としない」ことを選択縁的集団の条件とし、従ってここでは、NGO や NPO について検討することは今後の課題とする点の指摘に留める。
7) ここでいう「重層性」は、上野千鶴子が提示する「純粋なモデル」に対する「不純なモデル」と重なる。上野によれば、「選択縁の社会が大衆的な基盤で成立し、かつそれが生活の中に大きな比重を占めているという観察例からみると、選択縁はほかの関係のあり方とけっして排他的でないことがわかる。むしろ選択縁がほかの関係と重なりあったところに、いわば選択縁の『不純なモデル』というものが成立する」のである〔上野 1987＝1995：p.233〕。
8) このように、当初は自由に選んだ集いであったとしても、時間の経過でその関係性が拘束へと変化する可能性がある。本章で「選択縁」集団ではなく、あえて「選択的」集団と称したのはこの点も考慮したからである。

引用参考文献

網野善彦，1978＝1982，『無縁・公界・楽—日本中世の自由と平和—』，平凡社
綾部恒雄，2006，「結社の時代」，『よくわかる文化人類学』（綾部恒雄・桑山敬己編），ミネルヴァ書房
綾部恒雄・桑山敬己編，2006，『よくわかる文化人類学』，ミネルヴァ書房
アラン，G，1993，『友情の社会学』（仲村祥一・細辻恵子訳），世界思想社
石川栄吉，1970，『原始共同体—民族学的研究—』，日本評論社
石川栄吉編『現代文化人類学』，弘文堂
磯村英一，1959，『都市社会学研究』，有斐閣
岩上真珠，2003，『ライフコースとジェンダーで読む家族』，有斐閣
上野千鶴子，1984，「祭りと共同体」，『地域文化の社会学』（井上俊編），世界思想社
上野千鶴子，1987＝1995，「選べる縁・選べない縁」，『日本人の人間関係』（栗田靖之編），ドメス出版
キーシング，R.M.，1975，『社会親族集団と社会構造』，未來社
クーリー，C.H.，1970，『社会組織論』現代社会学体系 4（大橋幸・菊池美代志訳），青木書店
齋藤純一，2000，『公共性』，岩波書店
清水展，2009，「(4. 集まる) 本章の概説」，『文化人類学事典』（日本文化人類学会編），丸善
川北稔編，2005，『結社のイギリス史』，山川出版社

サーヴィス，E.R., 1979,『未開の社会組織』(松園万亀雄訳)，弘文堂

サーリンズ，M.D., 1972,『部族社会』(青木保訳)，鹿児島研究所出版会

佐藤慶幸，1995,『アソシエーションの社会学 ―行為論の展開―』，早稲田大学出版部

棚橋訓，2007,「つどう…群れることで生み出す世界」(本多俊和・棚橋訓・三尾裕子)『人類の歴史・地球の現在―文化人類学へのいざない―』，放送大学教育振興会

テニース，F., 1957,『ゲマインシャフトとゲゼルシャフト』(杉之原寿一訳)，岩波文庫

デュモン，L., 1977,『人類学の2つの理論』(渡辺公三訳)，弘文堂

デランディ，G., 2006,『コミュニティ―グローバル化と社会の変容―』(山之内靖・伊藤茂訳)，NTT出版

西澤晃彦・渋谷望，2008,『社会学をつかむ』，有斐閣

二宮宏之編，1995,『結びあうかたち―ソシアビリテ論の射程―』，山川出版社

バウマン，Z., 2008,『コミュニティ―安全と自由の戦場―』(奥井智之訳)，筑摩書房

福井憲彦編，2006,『アソシアシオンで読み解くフランス史』，山川出版社

マードック，G.P., 1986,『社会構造―核家族の社会人類学―』(内藤莞爾監訳)，新泉社

マリノフスキー，1999,『未開人の性生活』(泉靖一・蒲生正男・島澄訳)，新泉社

森村敏己・山根徹也編，2004,『集いのかたち―歴史における人間関係―』，柏書房

山路勝彦，1978,「生活集団」,『現代文化人類学』(石川栄吉編)，弘文堂

リヴァース，W.H., 1944,『社会体制』(井上吉次郎訳)，育英書館

レヴィ=ストロース，C., 2000,『親族の基本構造』(福井和美訳)，青弓社

ローウィ，R.H., 1973,『国家の起源』(古賀英三郎訳)，法政大学出版会

渡辺欣雄編，1982,『親族の社会人類学』，至文堂

ボワセベン，J., 1986,『友達の友達―ネットワーク、操作者、コアリッション―』(池上真珠・池岡義孝訳)，未來社

ethnography
エスノグラフィー

アソシエーション「高貴な狼」

はじめに

　「高貴な狼」（仮名）は、使徒サンティアゴを詣でる「サンティアゴ巡礼路」沿いに位置する町「パラス・デ・レイ」（以下、「パラス」とする）を拠点に、地域の文化遺産および巡礼文化の保護と普及を主な活動とするアソシエーションである。この団体の人類学的分析から、会員同士のつながり方の重層性が捉えられるだろう。つまり、「高貴な狼」は、アソシエーションという選択縁的集団ではあるのだが、それとは異なる関係の原理も併せもっている。また、このアソシエーションを成り立たせているつながり方の質、すなわち、友情や愛情といった非常に柔らかいが崩れる危険性も高い関係性が考察されるであろう。

　地理的な説明をしておくと、パラスはスペインを17に分けた自治州のひとつであるガリシア州のルゴ県に位置する人口3667人[1]のムニシピオ（Municipio：最小の行政単位）[2]である（図4）。ムニシピオ内にはさらに複数の町や村が存在し、役所が位置する町もパラスと呼ばれる（以下、「パラス」とする場合は基本的に町のことで、それ以外は「ムニシピオとしてのパラス」などとし区別する）。行政単位ではないが、スペインにはコマルカ（comarca）と呼ばれる地理・文化・社会的な地域[3]があり、パラスはウジョア地域（comarca de Ulloa）に属する（図5）。本節で扱うアソシエーション「高貴な狼」は、そのおもな活動範囲をウジョア地域と規定している。

　「高貴な狼」が関わる文化遺産には、「サンティアゴ巡礼路」（Camino de Santiago）も含まれる。この巡礼路はヨーロッパの縦横に張りめぐらされているが、現在、もっとも多くの巡礼者が世界遺産に登録されてい

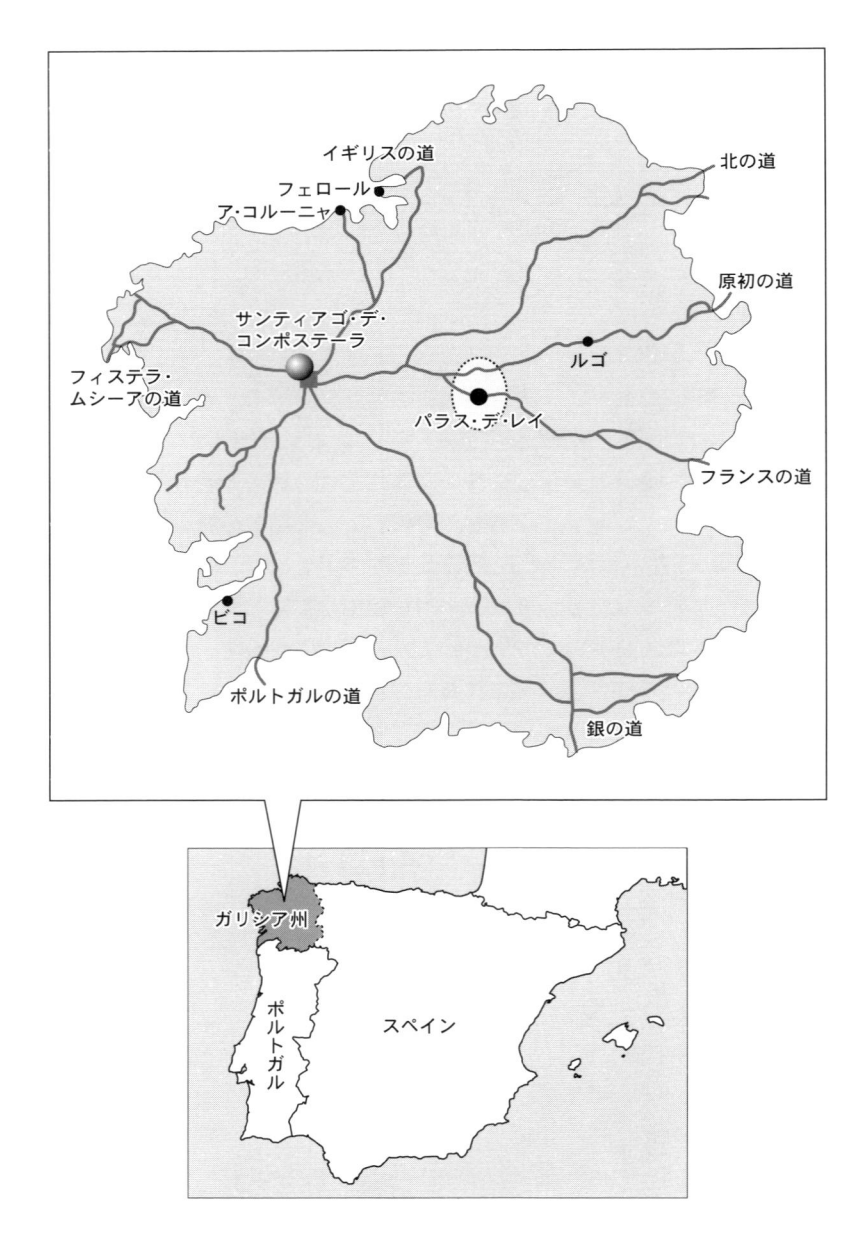

図4　イベリア半島におけるガリシア州の位置とサンティアゴ巡礼路
（上図の点線で囲まれているのがウジョア地域）

る「フランスの道」（Camino francés）を通って聖地サンティアゴ・デ・コンポステーラ（Santiago de Compostela）を目指す。日本で「サンティアゴ巡礼路」というと、通常、この道をさす。すでに述べたとおり、パラスはサンティアゴ巡礼路のフランスの道上に位置している（図4）。

1　社会的背景

　ガリシア州はイベリア半島の北西、すなわちポルトガルの北部に位置する。ガリシアではガリシア語が第一公用語とされ、いわゆるフラメンコやギターまたは闘牛などから想像されるような「スペイン文化」とは異なる、ケルト文化を土台にした独自の「ガリシア文化」を有しているとされる。また、聖地サンティアゴ・デ・コンポステーラがあることから、他の州とくらべて巡礼路との関わりが深い。

　ガリシアでは海岸あるいは港沿いは漁業、内陸部で農牧業というように、つねに第一次産業が基盤となっている。ライ麦や牧草などを栽培し、スペイン国内では酪農業も有名である。しかし小規模な農業形態のため、価格競争では勝てず、スペインのなかで自他共に認める「貧しい」地方、技術的、経済的に「遅れた」地方とされている。

　そのため、19世紀末から現在まで、国内外に移民を多数輩出した。スペイン国内であれば、バルセロナやビルバオのよ

図5　三つのムニシピオで構成されるウジョア地域

うな工業地域で単純労働に従事し、国外であればスイス、ベルギーなどでタクシー運転手、庭師、家政婦などとして働いている。中南米に渡った者も少なくなかった。ブリュッセルではスペイン人移民のなかでもガリシア出身者が占める割合が高く、文化活動を介してのフランドル系ベルギー人とガリシア出身者の交流が行われている事例が報告されている〔Stallaert 2004〕。そこでも聖サンティアゴはガリシアの人びとの重要な象徴とされている。

　このガリシアにとって、1993年に巡礼路が世界遺産に登録されたことは、地方経済の活性化と文化程度の高さを他に知らしめる好機であった。そのために州政府は文化課内に「シャコベオ」（*Xacobeo*）[4]という機関を設け、聖サンティアゴの大祭年[5]に際しての一連の行事やイベントの計画と観光客を集めるための宣伝[6]、さらには巡礼路の整備や巡礼宿の管理など、巡礼路に関するあらゆるサポートを担当していることになっている。

　しかし、シャコベオは、巡礼路の実際の管理は州の下位的レベルである県やムニシピオに任されているという。ところが、ムニシピオからすると、「巡礼路の管理は州政府が行っていて、市町村としては巡礼者のゴミの始末などをするだけである」と回答する。ガリシアで巡礼路の設備や法律に関わること、あるいは統計資料などについて尋ねると、通常、「『シャコベオ』で尋ねなさい」、「『シャコベオ』なら知っている」と言われ、ムニシピオのレベルでは詳しいことはわからないというのである。このようなやりとりからわかるように、巡礼路の管理や責任の所在に関して二つの担い手、つまり、ガリシア州政府と巡礼路が通過するムニシピオとの間には齟齬がみられるのである。

　サンティアゴ巡礼路に特化した文化活動を行う「サンティアゴ巡礼路・ガリシア友の会」というアソシエーションによると、シャコベオ＝ガリシア政府は巡礼者を観光客として呼び込む宣伝を大々的に行うが、訪問者の数がガリシアで用意されたインフラ整備の許容範囲を超えていることは無視しているし、それによって「巡礼文化」なるものが失われつつあることについてまったく関知していない。そして、実際に巡礼路

の景観や巡礼者の安全を心配し、現状の改善を実行するのは、当団体と各地域において文化活動を行う小規模のアソシエーションだと指摘する。この指摘どおり、ウジョア地域において、サンティアゴ巡礼路を含めた地域の景観および文化遺産を実際に守っているのは、アソシエーション「高貴な狼」なのである。

2　アソシエーション「高貴な狼」の活動

　「高貴な狼」は1995年に設立された。規約には「ガリシア州ルゴ県ウジョア地域を中心に、サンティアゴ巡礼路およびその他の地域の遺産、ガリシア文化の保護と普及をおもな活動とする」団体である。会長を頂点として組織化されていて、公的な認可を受けた団体である。規約には、会員18名、協力者23名と記されている。

　サンティアゴ巡礼路に関する活動について、彼らはすでに独自のガイドブックをガリシア語で作成し、それをフランス語や英語に訳して出版する、電子メールでスペイン国内外から巡礼に来る人びとに情報を提供する、巡礼路の状況を見てまわる、などの活動を行っている。また、世界遺産には巡礼路のみが指定されているのではなく、道の周辺あるいはそこからみられる景観、つまり地域の遺産も保存の対象となっているため、「高貴な狼」の成員は、巡礼路に限らず地域の遺産や景観のすべてに目を向け「監視」を行っている。

　この「巡礼路の監視」は、州政府あるいはその下位組織である地方自治体が、遺産に関する諸問題を回避していることを露呈しているといえる。たとえば、巡礼路沿いにはそれまでの歴史的な建造物が壊され、周囲とはアンバランスな近代的な建物が建てられたところがあるが、それは土地所有者が政治家と結びつき、地方自治体が巡礼路の景観を損ねる建物の建築許可を下しているのである。

　このように地元の有力者と政府関係者の癒着によって、遺産に関する規制が許すかぎりで個人の利益が優先され、住民の知らぬ間に土地の売買や建物の建築などが始められてしまう。「高貴な狼」のようなアソシ

エーションの「監視」がなければ、遺産やそれを含む地域の景観は守られていないかもしれない。彼らは実際、巡礼路沿いの町や村における建物の建築様式の不統一性の改善、歴史的建造物の景観を壊す郵便ポストやゴミ箱の位置の変更、巡礼者が幹線道路のすぐ脇を通らなければならない危険性の回避、などを訴える。その方法は、文書を通しての役所や州政府への直訴、マスコミを動かしての間接的な訴え、「ピクニック」と称するイベント的なデモ、Tシャツやステッカーなどを作成・販売しながら展開させる保存活動、などである。さらに彼らは、当該地域の住民にも働きかける。地域の遺産の価値を住民自らにも自覚してもらうため、村の公民館や村役場内の一室、時には教会で、展示や講演会、あるいは民俗芸能の上演などを企画する。

　筆者が直接、住民に話を聞いたところによると、巡礼路沿いの景観の破壊を憂慮しているが、実際に反対の行動に移せないでいる人が多かった。したがって、住民の「想い」や願いを実現するための強力なリーダー的存在が必要なのである。ウジョア地域の場合、「高貴な狼」がその中心的な役割を担っているのである。

3　アソシエーション「高貴な狼」の成員

　ここまでアソシエーションとしての「高貴な狼」をみてきた。そこではガリシアおよびウジョア地域における遺産の保護と普及という役割を果たしていることがみてとれる。つまり、「高貴な狼」は規約にある目的を遂行しており、アソシエーションとして機能していると理解できる。また、「高貴な狼」はその活動をとおして社会性を帯びていることが認められた。

　しかし、成員同士がどのようにつながっているのかに着目すると、「高貴な狼」を集団たらしめているのはアソシエーションとしての目的だけではないことに気づく。結論を先に言えば、活動の外にある彼らのつながり方が基礎にあって、活動自体を推進させているのである。ここでは彼らの関係性を把握するために、筆者が行ったフィールドワーク

（ライフ・ヒストリーの聞き取りや日常会話、そして繰り返し行われた参与観察から）で得られた「高貴な狼」の中心的な成員10人について、個々の生活（性格や主義なども含めて）と会員になった経緯、そして「高貴な狼」との関わり方の過去と現在を考察する（表1）。

　彼らは学友として、あるいは演劇・スポーツ・民俗芸能などの趣味を介して友だちとなり、「高貴な狼」を設立、あるいは設立後にその活動に参加している人びとである。成員自身あるいはその両親がムニシピオレベルでのパラスの出身だが、仕事上の理由からほかの町に住んでいる者がほとんどである。しかし、彼らの大半は週末に実家を訪ねてくることが習慣化している。活動に関する話し合いがあるとき、もしくはたんなるお喋りをするときは、もっぱらパラスにあるバルで待ち合わせをしている。以下に詳述するが、個人名はすべて仮名である。

マヌエル（30代・男性）の場合
　マヌエルは、1995年の創立時から「高貴な狼」の会長で、中心的かつ積極的に活動を進めている人物である。両親はパラス・ムニシピオ内の村落出身だが、若いときにビルバオ市近郊の都市に移り住み、そこで結婚、マヌエルと双子のチャゴをもうけた。つまり、二人はビルバオ県で出生したことになる。彼らは、夏の長期休暇やクリスマスごとにムニシピオとしてのパラス内にある両親の故郷で、家族全員で過ごしていた。高等学校卒業後、徴兵訓練を終え、一家はすでに購入してあった母親の出身村「ビラル・ダス・ドナス」に移り住んだ。

　それまで機械工の技術を身に付けていたマヌエルにとっては、都会から離れた農牧業中心の小さな村では収入が得られない。そこで専門学校で新たな技術を習得し、ルゴ市にあるエレベーター会社でメンテナンスの仕事に就いた。仕事のため、マヌエルはルゴ市内に自分専用のアパートを借りた。数年前に父親が亡くなってからは母と二人でそのアパートに住んでいるが、それまでは、平日はそのアパートで過ごすが、毎週末には両親の家に戻って、家族または友人と過ごしていた。マヌエルにとってルゴとビラル・ダス・ドナス村との行き来は負担ではないらしく、

表1 「高貴な狼」の成員に関するデータ

人 名	出身地	現住所、帰省先(P)=パラス・ムニシピオ	職 業	おもな生活パターン
マヌエル・男	ビルバオ	ルゴ、ビラル・ダス・ドナス（P）	エレベータのメンテナンス	平日：ルゴの会社で勤務、ガリシア州内をまわる 週末、休暇：パラスに「帰る」
シアン・男	パラス	ビゴ、ミランダ、サンブレイショ（P）	大学講師	平日：ポルトガルの大学に勤務。ビゴから通う 週末、休暇：サンブレイショはよく訪れる
ガブリエラ・女	ビルバオ	ビゴ	高校、大学講師	平日：ガリシア州内の勤務先をまわる 週末、休暇：サンブレイショやパラスに行く場合は必ずシアンと共に
ショセ・男	ビルバオ	ルゴ、ビラル・ダス・ドナス（P）	美術品や教会の修復師	平日：ルゴで働く 週末、休暇：毎週土曜日にパラスにて子どもたちに民俗音楽をボランティアで教える
アランサス―・女	ビルバオ	ルゴ、アンタス（P）	コンピュータ・デザイナー	平日：ルゴのオフィスにて勤務 週末、休暇：毎週土曜日にパラスにて子どもたちに民俗音楽をボランティアで教える
サントス・男	ビルバオ	パラス、コデセーダ（P）	会社員	平日：ガリシア州内をまわりながら営業、ルゴのオフィスで報告書を作成 週末、休暇：パラス・ムニシピオ以外、とくに決まった移動なし
レダ・女	フェロール（コルーニャ県）	パラス、アンタス（P）	教師（初等教育）	平日：ポルトマリンの学校でフランス語を教える 週末、休暇：パラス・ムニシピオ以外、とくに決まった移動なし
フェルナンド・男	パラス・デ・レイ	サンティアゴ郊外、パラス	教師（中等教育）	平日：サンティアゴ・デ・コンポステーラ郊外の学校にて勤務 週末、休暇：パラスに「戻る」。パラスおよびガリシア州内の他地域で演劇指導
シュリオ・男	ルゴ	ルゴ、オウレンセ	教師（中等教育）	平日：オウレンセとコルーニャの学校に勤務 週末、休暇：両親の住むルゴに戻る。演劇の練習などでパラスもよく訪れた
チャゴ・男	ビルバオ	ルゴ、ビラル・ダス・ドナス、アルバ（P）	会社員	平日：ルゴにて勤務 週末、休暇：パラスによく行く（妻はパラス・ムニシピオ内のアルバ出身）

生活の拠点がルゴに移った現在でもしばしば、ビラル・ダス・ドナス村にある家で過ごす。

マヌエルの母語はいわゆるスペイン語で、両親ともスペイン語で話をする。しかし、パラスでは、友人や村の人びととガリシア語で会話する。ガリシア語は、ガリシアに移り住んでから習得したという。そのため、日常のレベルではガリシア語に不自由しなくても、たとえば役場や州政府に対する意見書、あるいは開催するイベントの広告など、公的な文章を書く際には問題が出てくると話す。そこで、後述するフェルナンドやシュリオのような専門家の助けが必要となる。

「高貴な狼」の活動に関してマヌエルは、デモやイベントを組織しその先頭に立つほかに、ウジョア地域とその周辺地域を車でまわる仕事の性格を利用して、サンティアゴ巡礼路やその他の文化遺産をみてまわり、監視を行っている。地元の政治の動きにもつねに関心をもち、毎朝、バルでコーヒーを飲みながら複数の新聞を読みくらべ、場合によってはすぐに仲間に携帯電話をかけたり、パラスに戻ったときに友人と議論する。役場が公開で審議などを行うときは、仕事を早めに切り上げて駆けつける。問題をみつけるともっとも関心を示しそうな友人に話し、意見書を「高貴な狼」の名で署名し該当する公的機関に送ったり、ラジオや新聞などのメディアに情報提供する。立場が異なる議員のなかには、マヌエルを敵視する者もいると感じていて、実際に前任のパラス市長から警告された経験もある。

こうしてみると、マヌエルは政治的に非常に高い関心をもち、それをベースに行動しているだけのように思えるが、実際には多趣味で、パラスのバスケットボールチーム、演劇グループ、ガリシアの伝統芸能グループに属し、プロサッカーチーム「アトレティコ・デ・ビルバオ」の後援会にも入っている。どの活動がもっとも大事かと筆者が尋ねると、それぞれ異なる醍醐味があると答え、一つのみに執着しない態度をみせた。また、「これまでの人生の大半を過ごしてきたビルバオを切り離すほどガリシアがいいのか」という問いには、「別にどこが自分のアイデンティティの拠り所かは気にしていない。ガリシアは好きだし、アトレ

ティコ・デ・ビルバオの大ファンでもある」と、主義は関係なく、好きなことを好きな友人と行うことの大切さを強調する。「高貴な狼」のもっとも中心的な人物であるマヌエルのこのような柔軟な態度は、成員のアソシエーションへの関わり方に反映している。

シアン（30代・男性）の場合

シアンは、パラス・デ・レイのムニシピオ内のサンブレイショ村出身という。現在もサンブレイショに彼の両親の家があるが、シアンの両親はふだんはルゴ市に住んでいて、仕事もそこにもっていた。

学業終了後、シアンはポンテベドラ県のビゴで恋人（ガブリエラ）と暮らしていた。現在シアンは、ポルトガルの大学で人類学の専任教員として教鞭をとっているので、パラスの仲間とは少々疎遠になっている。生活の拠点はビゴにあり、授業があるときだけポルトガルの大学へ車で通勤する。ただ、ふだんでも携帯電話などを通じて話を交わし、情報だけは得ているようで、筆者がシアンをビゴや職場のポルトガルに訪ねたときも連絡を取り合っている場面に出くわした。シアンがルゴ市に住む両親の元に行くときには、必ずパラスの友人の誰かと会う。そのとき、普通はガブリエラも同行している。

シアンは、アソシエーション「高貴な狼」の副会長でもあり、マヌエルと共に中心的な発起人の一人でもある。「高貴な狼」にとってはオピニオン・リーダーでもある。確かに議論が好きで、学問・政治上の議論になると話が終わらない。筆者の目には、マヌエルとは正反対ともいえる、かなりラディカルなガリシア愛郷主義者に映った。文化遺産を研究テーマとしているため、地域の遺産に関する彼の態度は厳しく、行政に対して批判的な立場に立つことはしばしばである。彼にとって「高貴な狼」は自らの研究を実践的に活かす場でもあるだろう。

そうはいっても、シアンと「高貴な狼」のメンバーとの関係は会の目的のみでつながっていない。距離的に離れているからこそ、パラスに来るたびにほかのメンバーを招き入れるべく自宅で食事会を計画したり、何かしらの土産をみんなにふるまったりと、何とか友人としてのつなが

りをうまく維持しようと努力している。彼にとっては「高貴な狼」のアソシエーション活動は、友人と共にいられる絶好の機会なのであろう。

ガブリエラ（30代・女性）の場合

　ガブリエラとシアンのつきあいは大学生のときに始まり、かなり長い間同棲生活を続けていたが、最近、長女が生まれたことを機に法的に結婚した。ガブリエラの出身はビルバオ県であるが、父親はガリシア出身で、現在ビゴ市に勤務している。彼女はガリシア語を理解し話すこともできるが、親や兄弟姉妹とはスペイン語を使用してきた。ガブリエラに定職はないが、ビゴ市を拠点にガリシア州内の高等学校や大学で美術関係の非常勤講師をしながら、作品がたまると個展あるいはグループ展を開いている。恋人であるシアンがポルトガルにアパートを借りていた時期は、週末にポルトガルを訪れることはよくあったが、現在では生活の拠点はビゴであり、シアンに同行するかたちでパラスに来る。つまり、シアンと一緒にでなければパラスを訪れることはない。

　ガブリエラは、「高貴な狼」の活動には、主に冊子製作の際の美術面を担当する。ただし、書類上では正式なメンバーではなく、協力者として参加している。しかし、パートナーであるシアンが、活動の中心的な役割を果たしているため、必然的に当集団との関わりは深まる。実際に活動の手助けをしなくても、彼らの傍にいる時間が割合に長いからだ。したがって、ガブリエラはシアンとの関係が基本にあって、その延長線上で「高貴な狼」のメンバーと関わっていることになる。彼女は他のメンバーにも快く受け入れられており、すでにシアン同様の関係性が結ばれていることが認められる。

ショセ（30代・男性）の場合

　ショセは、マヌエルと同じビルバオ県の町で生まれて育った。ショセとマヌエルの母親同士が同郷の出身のため、二人は幼い頃から顔見知りであったが、友人ではなかったという。16歳のときに家族と共に母親の故郷であるビラル・ダス・ドナス村に移り住み、大学予備課程まで近

隣都市の学校に通っていた。その後、古美術品や教会の修復の技術を学ぶためルゴ市の美術専門学校で勉強する。そこで、現在のパートナーであるアランサスーと知り合い、長期のつきあいを経て数年前に結婚した。ショセに定職はないが、アランサスーの勤めるオフィスがルゴ市内にあるため、そこで二人で生活を営んでいる。

　アソシエーション設立前の1992年に、ビラル・ダス・ドナスの村祭りで、ショセが演劇の催し物を企画した。当時、ショセはビラル・ダス・ドナス村の近隣組織の祭り部門の責任者であった。そこで、村に関わりのあるマヌエル、そして彼らの仲間を集めて公演を成功させた。その後、彼らは演劇グループをあらためて結成し、それが現在の演劇グループの前身となった。

　今から10年ほど前に、ふとしたきっかけからルゴ市の芸術学校に通い、ケルトの要素を強くもつガリシアの民俗芸能には欠かせないバグパイプを習いはじめ、地元の伝統芸能グループに所属する。現在、当団体の公演活動に参加すると同時に、毎週土曜日の午前中にはパラスで子どもたちに楽器の演奏を教えている。ショセのパートナーであるアランサスーも同様の活動を続けている。

　ショセは現在、演劇活動は行っていない。アソシエーション「高貴な狼」に関しても、「あれはマヌエルが組織するグループで自分は何もしていない」と語る。実際に彼の生活の比重は、単発の仕事のほかには、妻のアランサスーと共に行う民俗芸能活動のほうにあるようにみえる。しかし、ほかのメンバーは彼も中心的な存在の一人とみている。それは、彼がこれまで活動において成し遂げてきたその実行力の証で、何かを頼まれれば責任を果たしてくれることが予測されるからであろう。

　「『高貴な狼』の活動は何もしていない」というショセの言葉について、言語化に至らないまでも、他のメンバーにも同様の態度がみられる。今でも頼まれれば可能な範囲で協力するであろうが、それが「アソシエーション活動している」という意識につながらないところに、「高貴な狼」のメンバーの重要な性格がうかがえる。

アランサスー（30代・女性）の場合

　アランサスーは、レダの姉でショセの妻でもある。彼女は現在ルゴ市に住み、コンピュータ・グラフィックの仕事をしている。生まれは、マヌエルやショセ同様ビルバオ県だが、両親はガリシア出身者である。幼い頃にビルバオからガルシア州内のフェロールに移り、両親はそこで農牧業の経営を始めた。その後、パラスのムニシピオ内に位置するアンタス村に越してきた。そこからコンピュータ・グラフィックの勉強のためにルゴ市内にある美術専門学校に通っていて、そこで現在のパートナーであるショセと出会ったのである。

　アソシエーション「高貴な狼」の活動には、ガブリエラと同様、協力者として関わっている。ガブリエラとの違いは、夫であるショセが、最近、アソシエーションの活動に積極的に参加しないことから、そのパートナーであるアランサスーとは顔を合わせる機会が減り、かなり遠ざかっている印象を受ける。彼女は、主にコンピュータを使った地図の作成や冊子の編集作業を担当していた。アソシエーションの活動を中心的に率いるマヌエルやシアンにとって必要な協力者なのだが、アランサスーは「頼まれたからやるだけ」と軽く表現する。

　彼女の「高貴な狼」への関わり方は、先に記述したガブリエラの場合と似ている。つまり、自分のパートナーとの関係があって、その延長線上に「高貴な狼」のメンバーがある。このことを考えると、パートナーのショセが事実上活動から退いた今、アランサスーは「高貴な狼」と関係をもたないことになる。しかし、彼女は後述するレダの姉でもあり、レダがサントスと結婚したため、義弟であるサントスともよく顔を合わせる。したがって、関係性が変化してもつながり自体は完全に切れてしまったわけではないと分析できる。そのつながりをたどり、現在でも突発的に、レダやサントスを介して、あるいはマヌエルから直接アランサスーに協力の依頼がある。

サントス（30代・男性）の場合

　サントスは、マヌエル、ショセと同様、ビルバオ市近郊の町で生まれ

たが両親はガリシア出身者である。獣医になりたいと考えたが、ビルバオの大学には獣医学科がなかったため、それを学べるルゴ大学に入学すべく、大学予備課程をパラス近くの都市で勉強をすることに決め、すでに両親が購入してあったパラスのアパートに越してきた。大学予備課程では、ショセと知り合う。フットボール・サルのチームにも所属していた経験があり、ショセの友人であったフェルナンドを勧誘している。現在はパラスのアパートに住んでいるが、平日は仕事でガリシア中の村々をまわらなければならない。

　1992年にビラル・ダス・ドナス村の祭りでショセが企画した演劇上演にも、参加している。それ以降、最近まで継続して演劇グループでの活動をしてきたが、仕事が忙しくなり、またプライベートな生活においてより重要なことができたので、今では役者として演劇グループには関わっていない。ただし、当グループが公演を行う際には可能なかぎり観にいき、音響や照明などの裏方として、また舞台作りや後片付けなどの雑用を引き受けることもある。

　演劇グループの活動を通じてレダと知り合い、数年前に結婚し、男の子をもうけた。週末にはサントス自身の実家のみではなく、レダの実家も訪れる。その際にアランサスーやショセにもしばしば会う。

　サントスは、アソシエーション設立当時には副・秘書（Vice-secretarrio）の役を務めていたが、現在はあまり関与していないという。しかし、「高貴な狼」の理念や活動には賛同しているので、「参加すべきだろうけど、時間がなくて」と現状を説明する。物理的に活動に参加することができなくとも、たとえばよく自宅に立ち寄るマヌエルやフェルナンドと文化遺産などについて議論している。それは、いわゆる日常会話なのであるが、そこでの話が実際の活動のヒントやアドバイスになったりすることもある。「高貴な狼」はこのような間接的な形の参加にも支えられているのである。

レダ（20代・女性）の場合

　レダはアランサスーの妹で、生まれはフェロールである。彼女は演劇

グループの仲間であるサントスと結婚して、現在では親子3人でパラスのアパートに住んでいる。語学が得意な彼女は、数年前まで自宅で子どもたちに英語やフランス語を教えていたが、地方公務員の試験に合格して、今ではパラスから30キロほど離れた村にある公立の初等教育機関で教師をしている。

　レダが演劇グループに入った理由は、「何か表現をしてみたかったから」である。農村で生まれ育った彼女は、大学予備課程終了後、一度、ア・コルーニャ大学の英語学科に入学する。しかし、ア・コルーニャ市は、ガリシア州のなかでもっとも大きな都市で、レダはそこで多くのショックを受ける。すべてが大きく見え、都会では当たり前の10階ほどの建物は、彼女には「摩天楼のように思えて、いつも上を見まわしていた」。また、ア・コルーニャの人びとは、ガリシア語ではなくスペイン語を話していた。ガリシア語が聞かれても、それは「『本当の』ガリシア語ではなく、後から学んだもの」であった。都会の生活に憧れることはなかったが、他の学生たちとは生活経験にもとづく知識があまりに違いすぎ、「上手く自分を表現することができなかった」と反省し、「そんな自分を変えるために、何かを始めたいとつねづね考えていた」と語ってくれた。

　ア・コルーニャ大学での学業を終えても、すぐに彼女の専門を活かした職に就くのは難しかったので、実家から近い都市で経験を積むべくルゴ大学に入学した。ルゴ市は、ア・コルーニャ市ほど大きな都市ではなく、実家からも30kmほどの距離にある。パラスを生活圏にした生活が始まると、当時、姉の恋人であったショセの演劇活動に興味をもつようになり、彼女なりに意を決して演劇グループの仲間に加わった。

　サントスと婚約すると、家族と暮らしていた村を出て、パラスのアパートにサントスと同居するようになり、その数年後、結婚している。現在、レダもサントスも、平日は仕事と育児で移動が多い。週末にはどちらかの実家で昼食をとるのが習慣となっている。

　レダとサントスに子どもが生まれると、自分の姉夫婦を除く同年代の演劇グループのメンバーに代父（padrino）・代母（madrina）になっても

らった。すなわち、「高貴な狼」においてはマヌエル、フェルナンド、シュリオになる。

　レダは、「高貴な狼」が発行する冊子や広告などの英語とフランス語の翻訳者として協力している。当集団の活動に関して「おそらく多くの人が『歴史的な建物を残した方がいい』と考えていても、私を含めて、実際にどのようにしたらいいかわからないのだと思う。その『想い』を自覚させ、実現しようとするのが『高貴な狼』の活動だ」と高く評価している。そして、実質的に当集団を率いるマヌエルの行動に敬意を表している。

　しかしその反面、マヌエルの活発な行動は、パートナーや家庭をもたず、自分の自由になる時間が多いからだとも指摘する。同様に、演劇グループの監督であるフェルナンドの才能と演劇にかける熱意を評価しながらも、「フェルナンドが結婚すれば、グループはどうなるかわからない」と推測する。

　こうした彼女の発言は、グループの紐帯の強度が流動的であって、成員個々人の人生の場面場面で変化すること、つまり、「高貴な狼」が堅固な集団ではなく、個々人の主体性を重んじた柔和なつながりをもつ性格を示唆しているのである。この性格をもつからこそ、アソシエーション活動への関与が薄れたとしても、会に名前を残したまま、中心的メンバーであるマヌエルやシアンと臆することなく対面的な関係を続けられるのである。

フェルナンド（30代・男性）の場合

　フェルナンドはパラス出身で、数年前まで生活の基盤をパラスにおいていた。当時、週に三回は他県のオウレンセ市内の私立高校で教鞭をとり、そのため当市内にもアパートを借りながら、週の半分はパラスの実家で過ごしていた。現在はサンティアゴ・デ・コンポステーラ近郊の町に公立の中等教育機関の専任教員として採用され、学校周辺の町にマンションを購入した。つまり、生活の基盤はその町に移ったことになる。しかし、週末にはパラスに戻り家族や友人と過ごすスタイルは崩してい

ない。

　フェルナンドは、高等学校時代にショセと同級生で、その友人のサントスを通じてフットボール・サルのチームに所属していたこともある。もともと演劇には興味をもっていて、ショセが企画したビラル・ダス・ドナスの村祭りにおける劇の上演から演劇グループで上演する劇まで継続して、監督兼脚本を担当している。彼がつくる脚本の多くは社会批判を含んでいて、そこには文化遺産を軽視する権力者への風刺もみとめられる。

　フェルナンドの生活の大半は演劇と関係していて、たとえば祭りやディスコに遊びに行っても、「つぎの劇のネタ探しに同行する」というほどである。つまり、彼の関心の中心は演劇にあり、自己表現も演劇を通して行われている。自らが率いる演劇グループはアマチュア集団ではあるが、回を重ねるごとに洗練され、今ではウジョア地域のみではなく、他県の文化的なフェスティヴァルに招待されることも多い。1年に5〜6回は上演するという。その中心であるフェルナンドは、仲間の発声練習から演技にいたるまでの指導も行う。

　フェルナンドは、アソシエーション「高貴な狼」における秘書でもある。実際に行うことは、おもにガリシア語への翻訳あるいはその校正である。シアンと同様、かなりのガリシア愛郷主義者ではあるが、シアンのように実際の活動を計画するまでには至らない。フェルナンドは「高貴な狼」と同様の理念をもっていて、アソシエーションの活動を高く評価しているが、別の方法でその理念を形にしていると考えられる。すなわち、演劇において社会批判を表現するという行為をとおして、である。

シュリオ（30代・男性）の場合

　シュリオは、唯一パラスとは血縁的な関係をもたない、ルゴ市出身・在住の人物である。アソシエーション「高貴な狼」との出会いは、フェルナンドを通じてである。フェルナンドとシュリオは、共にルゴ大学で教育学を専攻した学生時代からの友人である。ルゴ大学での課程が終わった後、高校教師になるためさらに上の専科に進み、サンティアゴ大学

で共に勉強した。現在ではオウレンセ県とア・コルーニャ県で高等学校の教師をしており、フェルナンドが専任職に就く前には二人はオウレンセでアパートを共同で借りていた。生活の基盤は実家があるルゴ市にあるのだが、フェルナンドや演劇仲間がいるパラスにもよく訪れ、バルやレストランでは顔馴染みになっていた。

　シュリオは「高貴な狼」の成員とは、基本的に演劇を介してつながっている。ビラル・ダス・ドナスの村祭りでの公演の2年目から、このグループと関わりをもつようになった。当時、村祭りでの劇上演に際して音楽担当者を探していた。そこで、シュリオが音楽にも興味をもっていることを知っていたフェルナンドが、シュリオを勧誘したという経緯である。その後、役者にも興味をもち、シュリオは音楽の担当者としてだけでなく、役者としても活躍していた。

　ところがあることがきっかけでフェルナンドとの仲が悪くなり、そこから演劇グループの他のメンバーとも関係がもつれていった。それにともない「高貴な狼」の活動への協力も遠のいていく。現在シュリオは、事実上ここにあげた人びととの関係を絶っている。しかし、レダとサントスにとっては一度結んだ自分の子どもの代父(パドリーノ)に変わりはないという。シュリオと「高貴な狼」との関係は、レダとサントスの子を通じて細い糸ではまだつながった状態にあると分析できる。

　シュリオは「高貴な狼」設立当時から、その基本理念に共感していて、フェルナンドと同様にガリシア語の校正を引き受けるだけではなく、当集団が組織するイベントなどにルゴから参加しに来ていた。教育者としても、「遺産」の保存には声をあげて政府に訴えるべきだという熱い考えをもっている。ただし、移動が多い生活を強いられていることから、活動には「時間が許すかぎり援助している」というのが、シュリオのアソシエーションへの関わり方であった。

チャゴ（30代・男性）の場合

　チャゴはマヌエルの双子の兄弟である。アソシエーション「高貴な狼」の設立時には、会計役になっていた。彼は、マヌエルより先にビル

バオから両親が住みはじめたビラール・ダス・ドナス村に移住してきて、すぐにショセと共に近隣組織の中核として働いていた経験をもつ。その後、結婚してルゴ市に住むようになると、アソシエーションに費やす時間がなくなり、現在では「活動らしい活動をしていない」という。

しかし、そうはいってもマヌエルの兄弟でもあることから、完全にアソシエーションの仲間から離れてしまったわけではない。娘を連れて、冊子の表紙の撮影現場で手伝いをしたり、デモや何らかのイベントの際には極力参加しようと努力する。このように、自身の家庭をもってからも関わりを維持することができる関係のあり方が、「高貴な狼」のつながりの特徴ともいえるのだ。

4 　成員のつながりに関する考察

以上、アソシエーション「高貴な狼」に属す10人の成員に関するエスノグラフィーから、会の活動内容や理念におおむね賛成していても、規約に謳われた目的のみが会の関係の結節点ではないことがみてとれただろう。実際に彼らの活動は地域の文化遺産がおかれた負の状況を改善することに役立ち目的を達成しているが、純粋に「自由選択的な」集団と断言できない、「運命的な」集まりも内包した集団と分析できる。

まず、血縁関係（兄弟姉妹）にあるマヌエルとチャゴ、アランサスーとレダである。アランサスーとレダがそれぞれ同じアソシエーションの成員と結婚することによって、ショセとサントスも姻族に入る。したがって、この4人は親類関係、すなわち親族である。また、レダとサントスの子どもにとってマヌエル、フェルナンド、シュリオは代父(パドリーノ)であり、疑似的な親族関係にあることから、この7人は疑似的な親族として分析できる。そのネットワークはレダの姉であるアランサスーおよびその夫であるショセへ、さらにはマヌエルの兄弟であるチャゴへと広がりをみせる。すなわち、分析的にはこれら8人は疑似的ではあるが親類というつながりによって結ばれていることになる。さらにガブリエラとシアンの子どもの代父にマヌエルが選ばれたことで、別の擬似的な親類が誕生

したが、それはマヌエルを通じて緩やかに結ばれ、結果的に10人全員が擬似的な親類に至る。ここに友人という関係に血縁関係が重なり、彼らの関係はより強固に結ばれることになる。

　地縁関係についてはどうだろう。地縁集団を「居住する土地を共にする」人の集まりと厳密に捉えるならば、彼らの居住地はパラス、ルゴ、サンティアゴ・デ・コンポステーラ、ビゴとバラバラであり、そこに地縁関係が存在するとみなすのは難しい。強いていうならガリシア州内に居住している点は共通しているが、アソシエーションの活動範囲となるウジョア地域に対して州レベルのガリシアは広すぎるであろう。出身地もパラス、ルゴ、フェロール、ビルバオと多様だ。

　さらに当事者のアイデンティティを考慮に入れれば、「スペイン人」と言われると嫌悪感を露わにするガリシア愛郷主義者もいれば、たとえばビルバオ出身のマヌエルのようにガリシアとビルバオの両方に愛着を感じる者もいる。それでも「運命的な」ものとしてパラスと関係をもたないシュリオを除いては、アソシエーションの他の成員は何かしらムニシピオとしてのパラスで結ばれている。ガブリエラとシュリオ以外は、両親共に、または片親がムニシピオとしてのパラス内にある町村の出身者である。アランサスーとレダの姉妹は生まれは他の都市であるが、人生の一番長い期間をパラスで過ごしてきた。

　「運命的な」関係性として、社縁は唯一このアソシエーションの紐帯にみられない関係性であった。このことは、当集団に関わることが直接生計維持と結びついておらず、各成員が行う活動は個人の意志、つまりボランタリーによるものであることを証明している。

　彼らのエスノグラフィーからも読み取れるように、アソシエーションとしての「高貴な狼」の目的や主旨には、成員たちは大方賛同している。ただ、アソシエーションへの関わり方は非常に緩やかで、成員としてのアイデンティティはかなり薄いことがわかる。会の活動に参加・協力していたとしても、それは目的のためではなく、どちらかといえば「兄弟姉妹や友人に頼まれたから」という理由で行う行為である。フィールドワークをとおして得られたこれらの特徴から、「高貴な狼」の成

員をつなぐ紐帯原理に関して二点を最後に考察したい。

　まず、「高貴な狼」はアソシエーションという組織をなしてはいるが、ふだんは確固たるかたちをなさない友人の集まりでもあった。友人関係は、二者あるいはそれ以上の人間の自由な結びつきのことで、目的達成のためには手段を選ばないといった合理主義で結ばれた関係ではない。組織としては一見危うくみえるが、その根底には強いきずなが存在しているので、組織自体が空洞化することはないと予測される。

　そしてもう一点は、「高貴な狼」が複数の性格をもつアソシエーションであることである。すなわち、「高貴な狼」は日常においては友人の集まりであるが、サンティアゴ巡礼路を含めた地域の文化遺産に関して解決すべき問題が生じると、それを改善すべく社会的な行動を起こす集団と化す。場面に応じて、プライベートな集団（友人関係）が社会性を帯びるのである。そこでは、いわば、「遺産の保存」という社会的な問題を、家族や友人同士のやりとりの内に解決するような状態をも見出せるのだ[7]。この点は、選択縁的集団の「適応的性格」を如実に表しているといえよう。

註

1) 2007 年 12 月統計
2) 日本の場合では「市」や「区」などの役所が管轄する単位がもっとも近いと考えられるが、どちらの語を用いるかによって誤解が生じる可能性があるので、訳語を用いず、原語の「ムニシピオ」をそのまま採用する。
3) 日本では、やはり行政単位ではない「地方」がこれに近い単位であると思われる。コマルカの場合、日本の「地方」ほど面積が広くないので（ウジョア地域は 417.87 km^2）、ここではより狭い語感を含む「地域」を訳語に当てる。
4) スペイン語の Jacobeo（聖サンティアゴ）のガリシア語表記。
5) カトリックの典礼によると聖サンティアゴの日（7月25日）が日曜日に当たる年を当聖人の大祭年と定められている。
6) 宣伝に関しては、2006 年頃から州政府の経済・観光課が担当するようになっている。
7) 松田は、ナイロビにおけるマラゴリ人のアソシエーション（松田は「アソシア

シオン」というフランス語を当てている）に関して、日常的には相互扶助活動を行うものの、都市暴動のさいには同集団が暴動に間接的に関与する集団へと変化することを指摘している〔松田 1997〕。

引用参考文献

関 哲行, 2006, 『スペイン巡礼史』, 講談社

中塚次郎, 2002, 「ガリシア主義の歴史―『ケルトの神話』から急進的社会主義へ―」, 『スペインにおける国家と地域』（立石博高・中塚次郎編）, 国際書院

松田素二, 1997, 「都市のアナーキーと抵抗の文化」, 『紛争と運動』（中林伸浩編）, 岩波書店

RODRÍGUEZ GONZÁLEZ,R. 1997, "Villa y comarca funcional en Galicia", en *Investigaciones geográficas, núm. 18,* Alicante : Instituto Universitario de Geografía（Univ. Alicante）.

CUCÓ GINER, J. 1995 *La amistad : Perspectiva antropológica,* Barcelona : Icaria.

GUISÁN, Mª C., AGUSAYO, E. y NEIRA, I. 1999, *Economía del turismo en Galicia. Impacto económico y distribución territorial,* Santiago de Compostela : Asociación Hispalink-Galicia.

GONZÁLEZ, R. C. L, RODRÍGUEZ GONZÁLEZ, R., SANTOS SOLLA, X. M. y SOMOZA MEDINA J. 2001, "Galicia y la polisemia del término región", en *Boletín de la A. G. E. nº 32,* Madrid : Asociación de Geógrafos Españoles.

HERRERO PÉREZ, N. 2004, "Resemantizaciones del patrimonio, reconstrucciones de la identidad : dos casos para la reflexión", en *Etnográfica Vol. VIII (2),* Lisboa : CEAS.

LOIS GONZÁLEZ, R. C. 1998, *Xeografía de Galicia,* Vigo : Obradoiro.

STALLAERT, C. 2004, Perpetuum Mobible. Entre la balcanización y la aldea global, Barcelona : Anthropos.

SANTOS SOLLA, J. M., 1993, "O Camiño de Santiago como alternativa turística de Galicia", en Mª P. de Torres Luna, A. Pérez Alberti y R. C. Lois González（eds.）, *Os Camiños de Santiago e o territorio,* Santiago de Compostela : Xunta de Galicia.

SANTOS SOLLA, X. M., 2006, "El Camino de Santiago : Turistas y peregrinos hacia Compostela", en *Cuadernos de Turismo nº 18,* Murcia : Universidad de Murcia.

conclusion
まとめ

　本章は、つぎの二点を目的としていた。第一に、私たちが日常的に何気なく関わっている人びととの関わり方を、社会集団の類型化をとおして捉え直し、他者とのつながりを意識化することである。第二に、一つの集団における複数の関係性（＝類型化された社会集団）の重なり合い、さらにその可変性を考察することを目的とした。

　冒頭のワークでは、関わりの「何気なさ」を可視化すべく、自分と関係をもつ人びとを列挙してもらい（ワーク①）、各々との関係のあり方を再確認してもらいたかった（ワーク②）。そこから自分と他者を結ぶ関係が簡単には説明できないことを経験しただろう。ワーク②において、ある人をどのカテゴリーに入れるか、または関係性の表現に戸惑った場合、それは時間的に関係のあり方に変化があったからかもしれない。あるいは複数の関係性が重なり合っていたからかもしれない。自分と誰がどのように関係しているのか（たとえば、もともとAさんは私の友人Bさんの友人で、今ではAさんも私の直接の友人でもある、など）を思い起こしながらワークを行い、自分がもつネットワークに気づいた、あるいは再確認できたかもしれない。このような戸惑いや気づきを通じて、あなたは人間関係の可変性と広がりを捉える第一段階に到達したのである。

　この小さな体験を「キーワード」では、学術的にどのように類型化できるかを示し、集団そのものの機能や社会的位置づけを分析するだけでなく、成員個々人の関係のあり方の細かな考察と繰り返し行われる人類学的なフィールドワークの重要性を指摘した。

　本章では現代社会を見据えたうえで、アソシエーションに代表される選択縁的集団に焦点を当てて解説した。それは社会的に意義ある活動を行うのは選択縁的集団に多くみられるという現状があるからで、そういった社会集団における人びとのつながり方がさまざまなスケールの社会を支えているからである。

この議論を踏まえてエスノグラフィーでは、アソシエーション「高貴な狼」を対象に成員を結びつける原理を探った。まずはこの団体の沿革に関する記述をとおして、「高貴な狼」が組織化されたアソシエーションであることが把握できたが、その下には血縁関係や（緩やかではあるが）地縁関係がみられ、さらに時間の経過とともにその関係に変化がみられた。ここに「選択縁的集団」を一枚岩的に捉えず、成員同士の関係を細かくみていくことと、その関係のあり方を歴史的に追っていく重要性が理解できたのではないだろうか。

　また、「高貴な狼」はウジョア地域において文化遺産の保護と普及を行っているという社会性を帯びていた。この社会性を支えている人びとは、全員が会の活動を通じてアイデンティティ形成しているわけでも、単純に会の目的を遂行するためだけに他の成員と関係を保っているわけでもなかった。確固たる社会集団としては捉えにくい友情や愛情という感情が彼らをむすびつける真髄であることは、エスノグラフィーを通じて把握できただろう。

　目的をもった集団においては、たとえ選択縁的な自由が前提にあったとしても、基本的に会の維持や発展が優先され、自由なはずのつながりや活動にしがらみの性格が強くなっていく。しかし、「高貴な狼」におけるつながりは、そうではない友情や愛情によって結ばれた関係が基礎であり、そのレベルで「気軽に」実行に至った行為が、ひいては社会的な行為へと発展した例として捉えられるのである。したがって、たとえアソシエーションとしては消滅してしまったとしても、彼ら同士のつながりは持続するので、愛情や友情による同様の行動パターンを基に、機会が訪れれば、新たな社会的行為が生み出される可能性を秘めている。ただし、そこではしがらみの域にまでは達しない、個々人の生活や状況を相互に尊重したゆるやかなつながり方、または心地よい距離間にある関係性の維持がポイントであった。

　「高貴な狼」と同様に社会的な活動を行っている「選択縁的集団」の多くは、一見、計画を話し合ったり、それを実行したりと、目的達成のために集まっていると想像され、概してさまざまな個性をもった成員を

一枚岩として捉えがちである。本章のエスノグラフィーで示したように、可能なかぎり成員を個別に観察する作業を通じて、個人が社会とつながる現実が浮かび上がってくる。社会とのつながりは、他者とつながることを基礎としている。つまり集うことを通じてである。

post-work
ポスト・ワーク

【課題1】

「ワーク①」のA～Hのなかで、あなたがもっとも気になるところを選び、自分をそのなかに入れた上で、その関係のあり方を「ワーク②」のように図式化し、個々人と結ばれる契機も□に記してみよう。

【課題2】

あなたが何らかのアソシエーションに属していればそれを対象として、そうでなければ数人の友人関係を対象として、「高貴な狼」を例にエスノグラフィーを書いてみよう。そこでは自分を含めた成員個々人の入会（またはつながり）のきっかけ、内部での人間関係、現在に至るまでの関係の変化をポイントにして、できればインタヴューなどを行って明らかにしてほしい。

第5章

抗う
――抵抗する人びとに学ぶ

出口雅敏

introduction
イントロダクション

　何かに抵抗することは大変そうだ。反抗したり、歯向かったり、異議を唱えたりすれば、それは多少なりとも自分に跳ね返り、対立や対決、緊張を自分の周囲にも自分の内部にも引き起こす。「抗う」ためには尋常ではないパワーを必要とすることが予想されよう。では、抗っている人びとは特別な人たちなのかといえば、必ずしもそうとは限らない。なぜなら、「抗う」という行為は個人のパーソナリティにのみ還元できるものではなく、じつは私たちの人類文化に深く根ざした行為のひとつだからだ。

　もちろん、一口に「抗う」といっても、抗う行為には多種多様な形態がみられ、抗う理由も抗いの対象も千差万別である。また、どんな行為や外観をもってそれを「抗っている」と判断するか、じつは難しい。しかしいずれにせよ、人類学は、一般に反社会的な行為として否定されがちな「抗う」という行為のうちに、積極的な意味を見出そうとしてきた。たとえば、抗っている人びとの声に耳を傾けると、ふだんは気にとめもしないまま私たちが従っている日常的規則や特定の社会秩序、支配的な価値観や先入観が露わにされる場合があるからだ。本章では、私たちにとって「抗う」とはどのような文化的・社会的意味をもつのか考えてみよう。

▶work
ワーク

　以下のフレーズは、フランスの若者たちによる反政府抗議行動であった1968年のパリ五月革命や、2006年春のCPE（初採用雇用契約法案：26歳未満の若者を2年間は理由なしに即座に解雇できるとした）反対運動の際に、パリの街角や大学の壁に書かれた「落書き」の一部である。それをまねて、自分のフレーズを三つ以上つくってみよう。

　「想像力が権力を奪う」/「敷石をはがすと、そこは浜辺だった」/「指導者を変えるのではなく、生き方を変えよう」/「私を解放しないで。それ

「禁止することを禁止する」

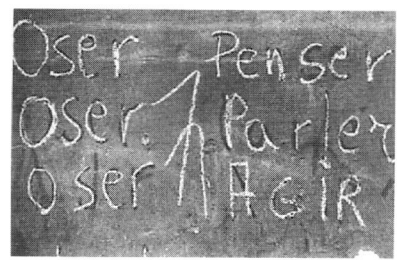

「あえて考えてみる。恥ずかしがらずに話してみる。思い切って行動してみる」

「警察はあふれているが、正義はどこにもない」

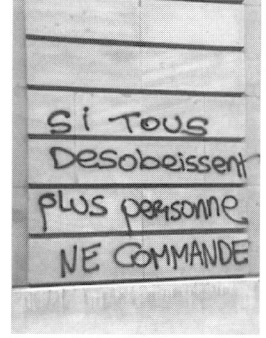

「もしみんなが従わないとしたら、誰ももう命令なんかしないはず」

は私自身がやることだから」/「自然は召使いも主人も創造しなかった。私は支配することも、支配されることも拒否する」/「まずは君自身に異議を申し立てろ」/「政治こそは街頭で行われる」/「カネを愛するなんて、なんて悲しいことだろう」/「最初の不服従、それは壁に書くこと」/「聞き分け悪くなろう」/「バリケードは街を封鎖する。しかし道をひらく」

keyword
キーワード

あなたはどんな言葉を書きつけただろうか。

落書きには世界を変えるイメージが潜んでいる。そこには、自分たちが暮らしている社会のあり方や風潮を相対化する視点、突き放してみる視点、すなわち「批評性」が存在する。「抗う」という行為は知的かつ創造的行為であり、落書きも抗いのひとつだ。

人類文化には、ほかにも多彩な抗いの表現方法が見出せる。この「抗いの文化」について、いくつかの事例をみてゆこう[1]。

1 未開社会の「抗い」

反逆の儀礼

人類学が対象としてきた「未開社会」（以下、括弧省略）の慣習や儀礼のなかには、ときに抗いの表現が姿を現す。儀礼のなかで表現される反抗は、具体的にどのようなものなのか。よく知られている研究は、マックス・グラックマンが分析した「反逆の儀礼（ritual of rebellion）」である〔Gluckman 1955, 1963〕。

たとえば、南アフリカ連邦のズールー族社会では、王子が王に反逆する。王位の継承をめぐって複数の王子たちの間で絶えず争いが存在するが、国王が暴君である場合、王子は自分を支持する人びとのリーダーとなって反乱を企てる。だがそれは、王権そのものを否定するためではない。「悪しき王」に反対して、王権の価値を守るための反逆であった。それゆえ、王子の反乱は王権への忠誠をむしろ示しているのであり、さらに王権に対する王族の権利を再確認するもの、とM.グラックマンは分析する。

また、ズールー族のいくつかの儀礼では、生活における役割や地位が転倒されて演じられることがよくある。たとえば、若者が長老に対して無礼を働いてみたり、平民が首長をバカにしたり、女性が男装し、ふだ

んは彼女たちに禁じられている牛の搾乳を行ったりする。グラックマンによれば、それら反逆的振舞いは、儀礼という非日常の場で顕在化する日常の社会生活に対する不満の表現であるが、儀礼におけるそのような振舞いを通じて、人びとの不満は解消されるという。つまり、反逆の儀礼は、社会生活を首尾よく営むために必要な「ガス抜き」の場、「安全弁」として機能していると分析した。

　このようにグラックマンは、社会構造の内部に潜在する不満、葛藤、対立は、ときに「反逆」となって顕在化するが、それは既存の社会秩序の否定や転覆を目指すものではなく、反対に、その維持や正当化に役立っていると考えた。いいかえれば、それは既存の秩序維持に役立つ反逆であって、根本的な社会変革にはつながらない。反乱はあっても、「革命」は存在しないのである。では、人類学が調査してきた未開社会はつねに予定調和的で、真にラディカルな抗いは存在しなかったのであろうか。

ゴースト・ダンスとカーゴ・カルト

　近代以降、未開社会の多くは西欧社会による植民地支配下に置かれてしまう。それゆえ、そうした外部社会の支配に対する反抗がしばしば起こる。彼らの抵抗は、一般に「土着主義運動（nativistic movements）」と呼ばれ、さまざまな形態がある。その代表的なものが、「ゴースト・ダンス（ghost dance）」と「カーゴ・カルト（cargo cult）」である。

　ゴースト・ダンス（幽霊踊り）は、アメリカ・インディアンたちの間で広まった信仰である。19世紀後半、白人の容赦ない西部開拓によって土地を奪われ、食料源の野牛（バッファロー）も激減し、それまでの生活環境を破壊され苦しんでいたインディアンたちに、ある時、預言者が啓示を伝える。それによれば、「数ヵ月のうちに大災害が起こる。そのため、白人たちは彼らのもつ家や店、機械、商品などの利器をすべて残して、地上からいなくなる。一方、インディアンたちは難を逃れ、白人たちが残していったものも含め、大地の豊かさを享受する。集まって歌い踊り続ければ、死んだ先祖が蘇り、野牛をはじめとする野生動物もインディアンの

手に戻ってくる」という預言であった。アメリカ政府は、ゴースト・ダンスの普及をインディアンたちの新たな抵抗と判断し、弾圧した。インディアンたちは、「ゴースト・シャツ」と呼ばれる弾丸をも跳ね返すと信じられた衣装を着て、輪になって踊った。だが、1890年、ウーンデッド・ニーにおけるインディアン大虐殺という悲劇的結末を迎えてしまう〔ムーニー 1989〕。

　カーゴ・カルト（積み荷崇拝）は20世紀前半、やはり植民地状況下にあったニューギニアやソロモン諸島などメラネシア各地で頻発した信仰である。白人支配下で暮らす人びとに、預言者はつぎのように伝える。「まもなく火山が噴火し、津波も起き、白人たちだけが駆逐されるだろう。そしてその後、彼らが所有していた豊かな富、製品や食料を満載した船に乗って、死んだ祖先たちが戻ってくる。その積み荷のおかげで、自分たちは恵まれた生活を送るだろう」という預言であった。メラネシアの住民たちは積み荷や先祖の到着に備えるため、倉庫や桟橋の建設を始めたり、貯えを消費したり、積み荷を待つため仕事をサボったり、農作業などの労働を放棄したりして白人に反抗した。だが、積み荷は到着せず、また行政当局の介入もあってやがて沈静化する〔ワースレイ 1981〕。

　ゴースト・ダンスやカーゴ・カルトは、植民地状況下の先住民が植民者に対して示した反応の一形態である。それは、一見すると奇妙な反応にみえる。だがそれは、政治的・経済的・軍事的に弱者である未開社会が、西欧社会との遭遇、植民地統治の経験による急激な文化的・社会的混乱のなかから生みだした、信仰を核とする宗教的反抗であった。その「都合のいい」預言には、白人に対する拒否と羨望のジレンマが表現されている。だがそれは、西欧社会との接触を読み替えながら、植民地支配下に置かれた自らの危機的状況を克服しようとする姿でもある。

　彼らの反抗は自然発生的に生まれ、統一された政治的抵抗運動ではなかった。また、一方的な弾圧によって敗北に終わることが多かった。しかしそれは、既存の体制や秩序を拒否し、社会変革を本気で願い求めたという点で、グラックマンの分析した反逆の儀礼とは明らかに異なる形式の抗いであった。

2　ヨーロッパ社会の「抗い」

カーニバル論―象徴的逆転―

　反逆の儀礼のように、日常の価値や秩序が儀礼の場で転倒される事例は、未開社会に限らず、ヨーロッパ社会の民衆文化のなかにも広く認められる。「カーニバル」は、その典型である。それは、日常生活を支配する秩序や価値をひっくり返して「逆さまの世界」をつくりだし、想像力や行動における日常的規範や拘束から人びとを解放する儀礼として論じられてきた。

　カーニバルとは本来、キリスト教圏における四旬節（レント）（復活祭前の40日間斎戒の期間）直前に行われる3日間の民俗儀礼をさす。毎年2月あるいは3月に行われ、キリスト教布教以前の土着の民間信仰的要素や雑多な民俗文化が、そこには多く登場する。たとえば、フリオ・カロ・バロッハは、スペインの事例としてつぎのものを列挙している。すなわち、仮面や仮装、山車や行列、藁人形やぬいぐるみ人形の火刑・水刑や埋葬、水や玉子のぶっかけ合い、投石、紙吹雪、爆竹、よび子やうなり子による騒音、悪戯、罵倒、悪態、嘲笑、卑語、駄洒落、権力者への風刺、スキャンダルの公開、盗み、暴飲暴食、踊り、太陽の活性化に関係するシーソー・ゲームやブランコ遊び、パレードや競技会、見世物や道化芝居、動物への暴行、スカトロジーなどである〔カロ・バロッハ 1987; 蔵持 1984〕。そして民俗儀礼としてのカーニバルの目的は、(1) 宇宙とくに太陽の活性化、(2) 悪の排除、(3) 秩序の破壊、(4)「饗宴のイメージ」（バフチン）と整理できる〔黒田 1988〕。

　ところで、ミハイル・バフチンは、「カーニバレスク（カーニバル的なるもの）」という概念を新たに提起し、儀礼としてのカーニバルにとどまらない、人類のさまざまな文化表現の解読装置としてカーニバル文化論を展開した。バフチンにとってカーニバル的世界とは、「逆さま」で「ごちゃまぜ」の世界である。そこでは、〈男/女〉、〈人間/動物〉、〈主人/奴隷〉、〈上半身/下半身〉、〈公式/非公式〉、〈支配的なもの/庶民的なもの〉、〈クラシックなもの/グロテスクなもの〉など、日常生活を支配す

る上下関係をともなった二項対立が転倒される。そうした転倒は、世界を下から見上げる「民衆的願望」の放埓(ほうらつ)な表現といえる。だが同時に、日常の秩序や価値、公式言説に対する「民衆的批評」の辛辣な表現でもある。そして、カーニバルのなかで転倒された日常的秩序や価値は滑稽にされ笑われるが、このカーニバルの「笑い」があるからこそ、人びとは「陽気な相対性」をもって自分の生活世界を眺めることができるのだ、とバフチンは考えた〔バフチン 1973; ストリブス & ホワイト 1995〕。

　一方、バーバラ・バブコックは、カーニバルに限らず、通常受け入れられている文化的約束(コード)、価値、規範を否定・拒絶し逆転させる文化の反作用的働きを、「象徴的逆転（symbolic inversion）」という用語で定式化した。人間の文化の働きには、自分の生きる世界を秩序づけると同時に、ときにそれを解体もする。家畜が人間を飼い、囚人が判事を叱責し、子どもが親を叱り、妻が夫を尻に敷き、生徒が先生に教え、主人が下僕に仕える「逆さまの世界」は、未開社会のみならず、じつはヨーロッパ社会の民俗儀礼、また絵画や文学の領域でも取り上げられてきたテーマであった〔バブコック編 1984〕。

コムニタス論

　では、カーニバルや反逆の儀礼などによって一時的に発生する時空間を、人びとは実際にどのように生きているのだろうか。グラックマン門下の一人、ヴィクター・ターナーの「コムニタス（communitas）」論はそれを明らかにしようとした。中央アフリカ・ザンビアのンデンブ族社会の儀礼分析から、ターナーは、儀礼における「過渡性（liminality）」に注目し、その過渡状態における人びとの情緒的共同性のことをコムニタスと呼んだ。抗いの文化を考える場合、このコムニタス概念は重要である。

　ターナーのコムニタス論は、ファン・ヘネップ（ヴァン・ジュネップとも呼ばれる）の「通過儀礼」論をヒントにしている。通過儀礼とは、年齢、身分、状態、場所などの変化や移行にともなう一連の儀礼をいう。具体的には、誕生式や成人式、結婚式や葬式など人生節目の儀礼

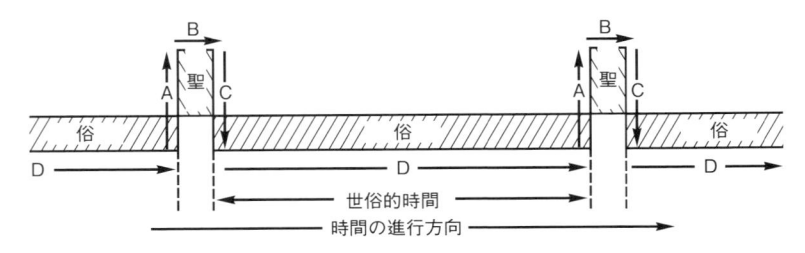

A:「分離」：聖化
B:「過渡」：どっちつかず、非日常
C:「統合」：脱聖化
D：世俗的時間、日常

このダイヤグラムは、時間の流れを「繰り返し現れる対立の不連続」としてとらえる「振子的見方」を示している。リーチによれば祭りや儀礼は、聖と俗の間を行き来する時間的転換の場面である。

図1　リーチのダイヤグラム〔リーチ1990〕

や、入学式や入社式、入会式などイニシエーション的儀礼をいう。ヘネップは、世界各地のさまざまな通過儀礼に共通してみられる儀礼の構造として、(1) 儀礼以前の状態からの「分離」、(2) どっちつかずの境界状況にある「過渡」、(3) 新たな状態で社会に戻る「統合」、の三つの段階があることを発見した〔ファン・ヘネップ1977〕。ちなみに、エドマンド・リーチは、ヘネップの通過儀礼論とデュルケムの聖俗理論（世界は聖と俗に二分され、聖のもつ威厳や力こそが社会統合の源泉だとする）を重ねて、社会的時間の流れをダイヤグラムでうまく表現した（図1）〔リーチ1990〕。

ところでターナーは、儀礼のもつ本当の意味を知るためには、儀礼参加者の経る独特な体験について理解する必要があると考えた。そこで、儀礼の三つの局面のうち、「過渡」段階の体験に着目する。過渡状態とは、以前の状態でも新たな状態でもない、「どっちつかず」の状態である。無事に通過できるかは、まだわからない。それは不安定で、危険で、ときに身体的苦痛（たとえば、割礼、抜歯、刺青など）をともなう試練のときであり、無秩序や反秩序の状態が生まれやすい。そのため、過渡段階では、参加者に対してタブーや隔離が課されることがよくある。

だが一方、そのような宙ぶらりん状態に置かれた人間の間では、地位や役割、性別といった日常的区別がどうでもよくなるような、強い友愛関係も生まれる。ターナーは、そのような人間同士の結びつき方を「コムニタス」と呼んだのである。

構造化されたヒエラルキーにもとづく日常の人間関係とは反対に、コムニタスは、無構造もしくは最低限にしか構造化されていない。それは、利害関係や上下関係にもとづかない対等な人間同士の共同体であり、そこには全人格的で直接的なふれあい、親密さ、一体感、絆がある。ターナーによれば、コムニタスこそ文化や社会の基礎であり、コムニタス状態をつくることが儀礼の目的である〔ターナー 1976, 1981〕。

このようにコムニタス論は、日常世界を相対化し、本来の人間性を回復させる「非日常世界の力」を高く評価するものであった[2]。ターナーは、カーニバルや祭り、巡礼、千年王国運動（この世の終わりという認識から、理想社会を希求する運動）、対抗文化（カウンター・カルチャー）（支配的文化に敵対する思想・価値・ライフスタイルをもった文化）などの文化分析にも、幅広くコムニタス論を活用した。

ただし、ターナーのコムニタス論の限界も指摘された。それは、構造とコムニタスの二項対立モデルが図式的な点、コムニタス状態の早急な想定が人びとの間の葛藤や対立を低くみてしまうおそれ、などである。そして、反社会的・反秩序的に一見みえるコムニタスであるが、結局それは一時的であるため、コムニタスも反逆の儀礼同様、既存の社会構造を維持するための「ガス抜き」や「カタルシス」でしかない、とする批判である。

祭りと反乱—カーニバルの流用—

しかし、ヨーロッパ社会を対象とした歴史人類学や社会史の研究によれば、カーニバルをはじめ祭りの機会が、場合によっては民衆反乱の舞台に転化する歴史的事例は少なくない。

たとえば、エマニュエル・ル・ロワ・ラデュリの『南仏ロマンの謝肉祭（カーニバル）』〔2002〕がある。1580 年 2 月、南フランスの小都市ロマンで起

きたカーニバル仮装者同士が殺し合いに至った事件の顚末が、克明に記述されている。カーニバル期間中に起こったこの事件は、一部の有力者や富裕者に寡頭支配されていた都市行政に対する、中小市民の階級的反逆であった。

　また、そのロマンの事例も含め、イヴ゠マリ・ベルセは『祭りと叛乱』〔1992〕において、中世から近代への移行期にあたる16〜18世紀の主にフランスの諸所の事例をもとに、「祭りと民衆蜂起の親近性」や「民衆叛乱の祝祭性」について指摘している。かつては、祭りの日に反乱が起き、お祭り騒ぎが武装蜂起に変わった場合もあれば、逆に、反乱が勝利を収めると、そのままバッカスの祭り（酒宴）に変わる場合もあった。ベルセは、祭りが直ちに社会体制に対する反逆や社会転覆に結びつくわけではないと強調したうえで、しかし、祭りに登場するさまざまな文化的仕掛けや民俗慣行は、民衆反乱や人びとの異議申し立て行為を支えるうえで重要な心的意味や役割を担っていた、という。

　事実、民衆蜂起には多くの祭りの符牒といえるものがうかがえた。とりわけ、かつて若者組が中心となって企てた、「笑い」と「逆さまの世界」の典型であるカーニバル特有の記号（仮面や仮装など）が、そこに見出された。たとえばベルセは、カーニバルの仮装と反乱とが結びついた顕著な事例として、19世紀を通じて繰り返された、ピレネーの山地住民による、通称「娘たちの戦争」を引き合いに出している。その反乱は、山民たちの古来の慣習である放牧権を厳しく制限する、政府の森林法公布に対してなされた。ベルセは、彼らの「冗談まじりの小戦争」をつぎのように紹介している。

　　叛徒は、二十人ばかりの小集団にわかれ、ほとんどの場合夜間に行動したが、全員女装であった。服の下に亜麻布のシャツを着て、ある時はペチコートと鬘（かつら）、またある時は動物の皮をまとっていた。そしてかれらは顔を黒く塗っていた。首領は「娘番長」とか「上流社会のお嬢さん」と呼ばれていた。（中略）変装、夜間におこなわれる不穏な集まりやら大騒ぎやら角笛の響きやらを伴うどんちゃん騒ぎにも似た

示威行為の形式がみられること、また1830年、31年のようにかれらは謝肉祭の期間中に頻繁に出没していること、あるいは日曜祭日を選んで頻々と出没していること、などを考えると、叛徒たちが民間伝承的儀礼にのっとって行動する意志をもっていたことは、疑う余地がない〔ベルセ 1992：p.139〕。

　この事例にみられる男たちの「女装」は、権力に対して異議申し立てをする際、かつて頻繁に用いられたカーニバル的記号のひとつであった。家父長的社会では、女性は周縁性を帯びる。男性による女装は、地位や役割の転倒という文化的仕掛けをもつカーニバルでは見慣れた慣行であった。それを逆手にとり、男性は女性や娘に扮することで、「男らしくない」とされた行為の数々をすることができた。それは敵をののしったり、卑怯な手を使ったり、我慢しなかったり、逃げたり、見逃してもらったり、無知で無責任な振舞いなどである。この例にもれず、カーニバル的記号や祭りの諸様式はそれゆえ、人びとが権力に対して抵抗したり、怨恨を表現したりする際に有効な手段として民衆に多く利用されてきたのである。
　さらにベルセは、その際、当時の人びとにとってそれが先祖代々伝わってきた慣習に則った「正当」な表現方法であり、また単純明快で「楽しい方法」として理解されていた、という民衆心性についても指摘している。要するに、権力に抵抗する人びとは、彼らにとって馴染みのある表現方法や祝祭性、遊戯性を民俗文化からうまく借用し「流用（アプロプリエーション）（ある特定の文脈で使用されていた物事をそこから切り離し、別の文脈にあてはめて使用すること）」していたのである。だがそれゆえ、カーニバルは支配者側にしてみれば「悪しき慣習」であり、野蛮で威嚇的な犯罪行為とみなされ、しばしば弾圧や取締りの対象とされてきた[3]。
　さてここまで、未開社会とヨーロッパ社会における「抗い」の事例をみてきた。社会に対する不満や葛藤といった抗いの表現は、反逆の儀礼やカーニバルのような民俗儀礼のなかによく観察されてきた。ところで、そのような儀礼場面で表現される「抗い」に対して、それらはたん

なる「ガス抜き」や「安全弁」にすぎないのか、それとも「社会変革」や「真の政治闘争」であるのか、という問いが繰り返し問われてきた。

この問いに対して、ストリブスとホワイトはつぎのような視点を私たちに提案している。彼らによれば、カーニバルの政治的意義とは第一に、日常の階層的社会秩序の下支えにあった。それは「反逆の儀礼」、「公認された解放」（テリー・イーグルトン）であり、人びとの不満に対して周期的に「儀礼的カタルシス」を与えることで、既存の社会秩序の維持強化に貢献する安全弁として機能してきた。だが同時に、カーニバルは民衆反乱の機会、あるいは権力に抗うための道具(ツール)や想像力を提供するものでもあった。

とすれば、カーニバルが既存の社会体制に対し、本質的に、保守的か革新的か、と二者択一に論じてみても無意味だとストリブスとホワイトはいう。そうではなく、彼らが提案するのは、カーニバルのような儀礼的場は現実社会の「触媒(カタリスト)」として機能していた、とみる視点である。つまり、カーニバルは多くの場合は政治的に何ら革新をもたらさない周期的儀礼の場にすぎなかった。だが、ひとたび政治的対立が激しくなると、カーニバルの場は触媒として働き、象徴的にも現実的にも「闘争の場」に転化した、ととらえるべきであろう〔ストリブス＆ホワイト 1995：pp. 28-29〕。

3 「抗い」の多様なスタイル

非日常的抵抗

では、現代社会においてはどのような場面で「抗い」を見出せるだろうか。また、反逆の儀礼やカーニバルのほかに、どのようなタイプやスタイルの「抗い」があるだろうか。つぎに、いくつかのエスノグラフィーをひもといてみよう。

佐藤郁哉の『暴走族のエスノグラフィー』〔1984〕では、カーニバル論やコムニタス論を下敷きに、1980年代初頭の京都で、暴走族として生きる若者たちの世界が描写されている。佐藤によれば、暴走族活動とそ

のシンボリズム（意味世界）を貫く中心テーマは、「非日常性」である。週末の夜ごとに催される集会や暴走は、華やかで騒々しい「カーニバル」ととらえられる。それゆえ改造車両、特攻服、チーム旗、鉢巻やマスクは、彼らのカーニバルには欠かせない山車や衣装、祭具である。また、スピードとスリルに満ちた暴走行為は仲間との間に一体感をもたらし、それは彼らにとっての「コムニタス」なのだ。ほかにもグロテスクでショッキングなコスチューム、騒々しさ、けばけばしい色彩、猥雑さ、日常生活を支配する規範の大幅な緩和など、カーニバルと暴走族活動の間には多くの類似点があると指摘される。

　だがそれは、社会のあらゆる「秩序」や「制御（コントロール）」から彼らが自由であることを意味しない。彼らは、暴走族シンボリズムという別の様式（モード）に沿って秩序づけられ、また、メディアや市場というより大きな大衆消費社会の様式にも組み込まれているからだ。それはたとえば、メディアがつくりあげた暴走族イメージをなぞる自己ドラマ化の身ぶりや、市場に出まわる商品（単車やクルマ）購入を通じての個性化、といった行動に認められる。そして、「ヤンチャ」な若者もやがて成人期を迎える頃には「オチツ」き、「世間一般の物の見方」を身につけ、暴走行為からも「卒業」する。以上のような観察から佐藤は、暴走族活動は社会や文化のあり方に体系的変革をもたらす革命などではなく、あくまで青年期の一時的な反抗であり「遊び」であると分析する。

日常的抵抗

　ところで「抗い」は、これまでみてきたような非日常的場面でのみ表現されるわけではない。注意深く周囲を観察すれば、それが日常的場面でも見出せることに気づくはずだ。

　たとえば、ディック・ヘブディジの『サブカルチャー』〔1986〕では、戦後、英国の白人労働者階級の若者たちが形成したサブカルチャー（テディボーイ、モッズ、ロッカーズ、スキンヘッド、パンクなど）が、支配的ヘゲモニーに対する「抵抗の文化形式」として解読される。ヘブディジは、その抵抗の表現が直接に表明されるのではなく間接的に、「スタイ

ル」という外観レベル、非言語的レベルで示されることに着目する。そして、サブカルチャーのスタイルに含まれる政治的意味を読み取り、それを「さりげない体制拒否の意思表示」としてとらえるのである。

　ヘブディジは、サブカルチャーの若者たちが主流文化（中産階級文化や親世代の文化）の要素を巧みに「流用」し、「ブリコラージュ（ありあわせの道具や材料を当面の目的に応じて使用する工夫）」（クロード・レヴィ＝ストロース）しながら、対抗的アイデンティティや対抗的ライフスタイルを形成してゆく、その抵抗実践の仕方にも注目する。たとえば、パンクの若者たちは、ひも、安全ピン、穴空きTシャツ、鎖、ヘアダイ、先のとがった靴などで身を飾る。それらはどれも大量生産された工業製品であり、安価な日用品にすぎない。だがそれは、ヘブディジによれば、パンクの若者たちがそれらの品物を新たな文脈に置き、その品物本来の使用法を破壊し、新しい使い方や意味を発明することで自分たちのスタイルを創造する「意味産出的実践」（ジュリア・クリステヴァ）としてとらえ直される。また彼らは、日常的事物の使用法ばかりか常識そのものを「カットアップ（切り裂くこと）」する。パンクのコンサート会場では会場の約束事を破り、パンク雑誌には罵り言葉が並べられ、パンクのダンス（ポゴ）では従来の表現豊かなダンスとは裏腹に、うつろなロボットのパントマイムが踊られる。衣服、音楽、言葉、ダンスなど、それらは互いにゆるやかな「同型性（ホモロジー）」を保ち、その全体が「拒絶のスタイル」を構成し、パンクの若者たちに主流社会とは別の現実感（リアリティ）を与えているのである。

　このようにヘブディジは、社会の支配集団と従属集団との「緊迫状態」、「歯を食いしばっている調和」（ルイ・アルチュセール）のB面として、サブカルチャー・スタイルに込められた抵抗実践の解読に努めた。しかしながら、ヘブディジは後年、政治的拒否や抵抗の意思を若者のサブカルチャーに読み取ることについて、それはじつは観察者の恣意的解釈にすぎないのではないかと自ら否定的見解をもつにいたる。それゆえ現在では、サブカルチャーをすぐさま反体制的立場に結びつける視点は留保され、より慎重な観察と議論が必要とされている。

一方、ポール・ウィリスの『ハマータウンの野郎ども』〔1996〕では、英国の白人労働者階級の若者たちをヘブディジ同様に対象としながらも、そこでは「反学校文化」が観察されている。ウィリスの関心は、なぜ労働者階級の少年たちは学校教育という社会的上昇の機会を得ながらも、結局は自分の出身階級に見合う下積み的職業（肉体労働、非熟練労働）に従事するようになるのか、という疑問であった。ウィリスは、彼らが学校で反抗的な「不良文化」、「落ちこぼれの文化」をつくりあげていることに着目し、彼らがそれを通じて、教師や国家が押しつけてくる支配的価値に抗う姿を描写する。そして、労働者階級の男子生徒たち（「野郎ども」）が進んで過酷な筋肉労働の将来を選び取るようになるには、少年たち自身のこの反学校文化が大きく作用していると考える。それは一見、自己否定にみえる。だが、少年たちの体験に内在するならば、それ相応の現実の理解に支えられた独特の自己肯定なのである。
　では、反学校文化とはどのようなものか。野郎どもは、学校の規範である勤勉、服従、敬意という徳目をこれみよがしにくつがえす。教師を愚弄し、学校の権威に従順な生徒たちも馬鹿にする。彼らにとって、校則をはみ出す身なり、喫煙、飲酒は不服従の表現であるが、それは自らを「大人の世界」、とくに成人した男性労働者の行動様式に重ねる行為でもある。悪ふざけは、優等生には真似できない行為だからこそ重要な技量とされる。喧嘩や暴力は男らしさや力強さの表現であると同時に、「規則ずくめ」の日常の支配的秩序に穴をうがつ。野郎どもは、学校の管理やルールをかいくぐり、いかに自分たちの自律性を確保するかに心を砕く。そして、ものごとの「本音」と「建前」を見通すことができ、「世故にたける」能力を会得することが仲間内での成熟の証とみなされている。
　ところでウィリスは、こうした反学校文化は、学校の外の世界にある労働者階級の「職場文化」と相通ずるものがあると指摘する。工場現場に特有の価値観とは、俺たちだからできるという排他的な自尊心、少々のことではへこたれない剛胆さ、攻撃的な男らしさを尊ぶ気風である。また工場労働者たちは、経営者側による従業員の配置や生産速度の調節

といった一方的な管理を嫌い、自分たちで労働過程をコントロールしようとする自主管理への旺盛な関心ももつ。さらに、階級間における勤労観の違いもある。階級社会において自らの地位に敏感な中産階級にとって、教養や資格、知識や理論、言語能力を備えることが職務において大事であり、それが社会的出世の道具でもある。だが労働者階級にとってそれらは、実際の労働には役立たない机上の空論のたぐいでしかない。むしろ、知識より実践、言葉より行動、精神より肉体、理論より経験にこそ価値を認める。それゆえ彼らは、精神労働（頭脳労働）を見下し、筋肉労働を肯定する。

　ウィリスによれば、反学校文化にも同様の階級的「洞察」が含まれているという。学校の授業をさげすむ野郎どもは、知識や理論しか学ばない教師や他の生徒たちより、自分たちのほうがものごとをよく知っていると感じている。職選びに際しても、世の中には一見バラエティにあふれた職種はあるが、賃金労働としてはどれも同じだと考えている。その洞察は、いわば独特な労働観や人生観であり、資本主義社会やそれを維持する制度の裏側を鋭く見抜いている。だがその鋭い洞察も、少年たち自身それを周辺人（マージナルマン）の視点としてとらえ、一般化もしなければ言語化もできないゆえ、支配的イデオロギーに捕捉され、既存の社会秩序や制度を支えてしまっている。

　このような観察と考察から、ウィリスは、野郎どもの学校への反抗は、彼らが労働者階級のメンバーにふさわしい価値観や行動様式を身につけるための予備訓練の場となっている、と分析する。要するに、抗うことが既存の社会秩序の再生産をもたらす逆説を描いた。しかしながら、たとえ限界があるとしても、過酷な労働条件や中産階級の上司に支配される職場で、労働者たちがそこに肯定的な意味を見出し、独自の行動規範を打ち立てる仕方。野郎どもが、「洞察の光」によって学校制度を「異化」（読み替え）し、彼らなりの世界観を生み出す工夫。すなわち、よそよそしい力が支配する状況を自分たちの論理でとらえ返す行為には学ぶべき点がある。それは、ミシェル・ド・セルトーのいう「戦略（状況を支配できる者の作戦）」に対する、「戦術（状況に支配される者の作

戦)」だからである[4]。

　さて、つぎのエスノグラフィーでは、現代日本社会の「サウンドデモ」を対象とする。参与観察にもとづいて、サウンドデモの実行場面を主に記述してゆく。サウンドデモという新しい反抗の形式が、いかに国家に警戒され、また逆に、国家との関わりのなかからどのように新たな反抗の形式を生み出しているのか、明らかにしたい。

註

1) ここで「抗う」とは、社会的な不平等や抑圧に対する反発や反抗、抵抗である。もちろん厳密には、「反発・反抗」と「抵抗」は区別されよう。感情的・無自覚的・一時的な反発・反抗と、組織的・計画的・持続的な抵抗運動との連続性を同一に語ることの問題点はある〔竹中 1998〕。だが、「反抗の雰囲気」が抵抗を支えることも事実であるため、ここでは区別しない。

2) 山口昌男も、「中心と周縁」、「秩序と混沌」による人間社会の弁証法的過程を示した〔山口 1975, 1993〕。

3) 「シャリヴァリ（charivari）」というヨーロッパで広くみられた民俗儀礼もまた、カーニバル同様に注目される。シャリヴァリとは、騒がしい物音、どんちゃん騒ぎ、大騒ぎを意味するフランス語である。シャリヴァリは、共同体の規範や利益に反するとみられた違反者や逸脱者に対して、若者組が徒党を組んでその相手のもとに押しかけ、威嚇し、悪ふざけをする儀礼化された示威行為である。この慣行は主に、結婚や性に関わる規範を破った人びとに対して行われた。寡婦の再婚、年齢差のある男女の結婚（とりわけ、年老いた寡夫と若い女性の結婚）、共同体メンバー以外の男性との結婚、姦通や性的不品行、あるいは家父長制の規範を破るような弱い夫や強すぎる妻に対してである。シャリヴァリの形態は多種多様であったが、そこにはカーニバルに共通する祝祭性と「人間による基本的な示威行為」（E. P. トムスン）を見出すことができた。たいていは、若者たちは仮装し、鍋釜や道具類、太鼓や壊れた楽器を打ち鳴らし、哄笑や奇声を発することで異様な喧噪状態をつくりだす。一方、シャリヴァリを仕掛けられた側は仕方なく彼らに金品を支払うか、あるいは酒食のもてなしをする必要があった。さもないとシャリヴァリは儀礼の範疇を超えて、さらに凶暴化する恐れがあったからだ。このシャリヴァリ儀礼はフランス革命時にも頻発した〔二宮宏之ほか編 1982; 蔵持 1991; 三浦 1998〕。

4) 松田素二は、抵抗論への典型的批判として以下の3点をあげている。①抵抗する人びとの能動性や創造性を過大評価しすぎると、逆に人びとを拘束する支配システムの強靭さを過小評価してしまう点。②抵抗する側の間の矛盾や対立、また支配者への積極的な協調や妥協形態の存在を無視しがちである点。③何が抵抗で何が抵抗でないのか曖昧であり、往々にして観察者による抵抗のファンタジー化・ロマン化が行われがちである点、である。以上の批判点を踏まえたうえで、松田は「抵抗論の再生」を目指す。そのため、①に対しては、弱者（被支配者）の主体性や創造性は自由な選択を行使できない「構造的敗者」のそれであることへの注意。また、そうした支配構造が行使する弱者を弱者たらしめる「暴力」に留意すること。②に対しては、だからといって、支配される側の多様性（物理的抵抗、妥協・協調、受動的抵抗など）にとらわれ焦点を拡散しすぎると、逆にマクロな支配構造を見失うことにわれわれは配慮し、むしろ、被支配者の立つ多様なポジションの共通性に暫定的に依拠する立場を戦略的にとること。③に対しては、抵抗概念をむしろ曖昧なものにとどめておくことで、明確な抵抗意思をもつ狭義の抵抗のみならず広義の抵抗実践、すなわち意思の不明確な抵抗もまたわれわれは対象化できる、とする。

また松田自身は民衆の日常的抵抗のひとつとして、たとえば「ソフトレジスタンス」という概念を提起し、それをスコットの抵抗概念と対比しながらつぎのように説明している。すなわち、「弱者の武器」として弱者の抵抗実践に注目したスコットによれば、「抵抗の日常的形態の目的は、支配システムの転覆ではなく、そのシステムのなかで人々が生き延びること」、つまり「生存することが抵抗」という考え方を示した。それに対して「ソフトレジスタンスは、構造的弱者が示す創発的な創造性に注目する。ただ生き抜くことがそのまま抵抗となるのではなく、押しつけられた法や規範を利用して、その目論見とは別な多様なものを創造していく異化の過程が重要なのである」とする。そしてそのようなソフトでミクロでヘテロな抵抗は、マクロな支配構造自体の変質を導き出す可能性を秘めているという〔松田1999〕。弱者の抵抗に関する議論としてはほかに、小田も参照〔小田1998〕。

引用参考文献

ウィリス，ポール，1996，『ハマータウンの野郎ども』（熊沢誠・山田潤訳），ちくま学芸文庫

小田亮，1998，「民衆文化と抵抗としてのブリコラージュ」，『暴力の文化人類学』（田中雅一編著），京都大学学術出版会

春日直樹，2004，「抗する」『宗教人類学入門』（関一敏・大塚和夫編），弘文堂

カロ・バロッハ，フリオ，1987，『カーニバル』（佐々木孝訳），法政大学出版局

蔵持不三也，1984，『祝祭の構図』，ありな書房

―――，1991，『シャリヴァリ』，同文舘

黒田悦子，1988，「祝祭性について―現代スペインの場合―」『儀礼』（青木保・黒田悦子編），東京大学出版会

佐藤郁哉，1984，『暴走族のエスノグラフィー』，新曜社

ストリブス，ピーター＆ホワイト，アロン，1995，『境界侵犯』（本橋哲也訳），ありな書房

竹中暉雄，1998，『エーデルヴァイス海賊団』，勁草書房

ターナー，V.W.，1976，『儀礼の過程』（冨倉光雄訳），思索社

―――1981，『象徴と社会』（梶原景昭訳），紀伊國屋書店

ド・セルトー，ミシェル，1987，『日常的実践のポイエティーク』（山田登世子訳），国文社

二宮宏之ほか編，1982，『魔女とシャリヴァリ』，新評論

バフチン，M，1973，『フランソワ・ラブレーの作品と中世・ルネッサンスの民衆文化』（川端香男里訳），せりか書房

バブコック，バーバラ・A編，1984，『さかさまの世界』（岩崎宗治・井上兼行訳），岩波書店

ファン・ヘネップ，A，1977，『通過儀礼』（綾部恒雄・裕子訳），弘文堂

ヘブディジ，D，1986，『サブカルチャー』（山口淑子訳），未來社

ベルセ，Y-M，1992，『祭りと叛乱』（井上幸治監訳），藤原書店

松田素二，1999，『抵抗する都市』，岩波書店

三浦耕吉郎，1998，「儀礼のメタ規範と暴力の政治」，『暴力の文化人類学』（田中雅一編著），京都大学学術出版会

ムーニー，ジェイムズ，1989，『ゴースト・ダンス』（荒井芳廣訳），紀伊國屋書店

山口昌男，1975，『文化と両義性』，岩波書店

―――1993，『道化の民俗学』，ちくま学芸文庫

リーチ，エドマンド，1990，「時間とつけ鼻」，『人類学再考』（青木保・井上兼行訳），

思索社
ル・ロワ・ラデュリ, E, 2002, 『南仏ロマンの謝肉祭』（蔵持不三也訳）, 新評論
ワースレイ, P, 1981, 『千年王国と未開社会』（吉田正紀訳）, 紀伊國屋書店
Gluckman, Max, 1955, Custom and Conflict in Africa, Oxford : Basil Blackwell.
———, 1963, Order and Rebellion in Tribal Africa, New York : The Free Presse.

ethnography
エスノグラフィー

サウンドデモ
―抵抗戦術としての祝祭―

はじめに

　数年前より、若者たちによる「サウンドデモ（Sound Demo）」と呼ばれる街頭抗議行動が、日本各地の都市においてみられるようになった。これは音響スピーカーとDJ用機材を積んだトラックを先頭に、ダンスミュージックを大音響で流しながらデモ参加者が道路を踊り歩く、というデモである。シュプレヒコールを叫びながら整然と歩くデモとは、大きく異なる形式だ。

　本エスノグラフィーでは、近年、日本社会に登場したこのサウンドデモに着目し、それを「祭り」あるいは「都市祝祭」として分析できないか検討する。

　祭りを補助線としてデモを考察する、という問題設定は、むろん筆者が初めてではない。むしろこれまで、祭りとデモの間にみられる類似性、相関性は多くの研究者が指摘する点であった。だが、どのような点で類似し、いかなる点で両者が相違するのか、具体的に検討した論考は少ない。一方、近年、反戦運動や反グローバリゼーション運動の世界的高揚にともない、デモ型式も多様化しはじめている。従来のデモに比較して、今日のデモが祝祭性を増してきている点もその変化のひとつだ。デモが祭りに近似してきている現状において、都市祭礼同様に、都市の公道を一時的に封鎖して街頭行進するデモを、都市における祝祭型式のひとつとして考察できないか、という問いが本論の出発点である[1]。

　そこで以下では、今日行われている多様なデモのうち、とりわけ、その祝祭性が顕著とされるサウンドデモを対象とする。そして、主にデモ

実行場面における参与観察や聞き書きを通じて、デモにおいて祝祭性がどのように活用されているのか、その具体的用法、意味や効果について考察を進める。

　なお、本エスノグラフィーにおける「デモ」の定義は、ピエール・ファーヴルにならっている。ファーヴルは、集会、宗教行列、人だかり、暴動などから区別して、便宜的にではあるがデモを「政治的効果を生み出すという目的をもち、意見や要求の平和的表現を用いた、公道で組織された集団的移動」〔Favre 1990：p.15〕、と定義している[2]。

　サウンドデモに関する調査データは、2006年8月5日に行われた「8.5 プレカリアート＠アキバ」デモへの参加、同年9月24日のデモ反省会への出席によって得られた。また、2004年春より断続的に今日まで参加してきた、その他のサウンドデモでの参与観察、デモ参加者に対する聞きとりにもとづいている。

1　祭りとデモの境界侵犯

「祭り」として語られる「デモ」

　これまで多くの研究者が祭りとデモや革命といった抗議行動や政治運動、ないし叛乱との類似性や相関性を指摘してきた。たとえばアンリ・ルフェーブルは、1871年のパリ・コミューン（同年3月から5月にかけて一時的に誕生したパリ労働者の革命政府）を「巨大な祭り」にたとえている。ルフェーブルは、まばらで分断されていたパリの都市民が、いかにして「行動の共同体」となり、さらに「信仰の共同体」となったかを、「革命＝祭り」という比喩を用いて語った〔ルフェーブル 1968〕。またエドガール・モランは、1968年「五月革命」時のフランス学生運動について、「パリ中を喜々として練り歩いた大行進を頂点とする祭りという遊びであった」と指摘している〔モラン 1969：pp.341-342〕。

　一方、同時代の日本の学生運動については、祝祭・カーニバル研究の先駆者である山口昌男が、つぎのように分析している。

現在の状況は、徹底的に俗なるものに転化し、非人間化した時間の上に構築された世界を一挙にくつがえし、いわば人間化した聖なる時間を回復する要求と見受けられます。そこで私には、行動においてラディカルな学生運動がかえって砥ぎすまされた精神性の上に成り立っているような気がします。喧騒のさなかに身を挺して、瞬間的にも世俗的な時間を停止させるというのは、まさに祭りの状況に対応すると思うのです。〔山口 1971：p. 401〕

　山口は、このように聖俗理論の分析枠組みを使って、非人間化した俗なる世界をくつがえして、人間化した聖なる世界を回復する要求として学生運動をとらえた。
　このように、ルフェーブルやモランそして山口の指摘には、デモや革命を「祭り」としてとらえ直すことで、政治的行為を文化的行為として解釈する視点が提起されていた。同様にまた山口の指摘には、近代社会における抗議行動や政治運動をより長い時間軸、すなわち人類学的ないし民俗学的な時間軸上に配置する視点も包含されていた[3]。たとえば、当時の学生運動のスタイルに関する山口のつぎのような指摘である。

　　警官の介入する危惧のないシチュエーションにおいても、学生達がヘルメット（笠）を被り、手拭いで顔を被い（忍び姿の頬冠り）、ゲバ棒（幣束）を手にする、という風俗は、まさに、学生運動が日常性の意識の延長を断ち切ったところで成立しはじめている事を示しているのではないか。〔山口 1971：p. 551〕

　ここで山口は、学生運動の風俗に着目し、そこに本来神に仕えるための状態としての「やつしの民俗」を再発見し、それを儀礼的な非日常性の徴であると私たちに喚起する。もちろん今日、このような象徴論的読解の限界は指摘しやすいであろう。だが、祭りを介したデモへの着目、また山口らの指摘に含まれる政治的行為と文化的行為を切り離さずに解読する視点や、人びとによる民俗文化の借用や流用の指摘は、「儀礼を

通じた抵抗（Resistance through Rituals）」（スチュワート・ホール）にも通ずる射程をもち、現在も重要である。今日のデモに目を転じて、具体的に検証を始める必要があるだろう[4]。

祝祭化するデモ

　近年の世界や日本の若者たちの社会運動を紹介している『文化＝政治』〔2003〕の著者、毛利嘉孝は、街頭で繰り広げられるデモのスタイルに、カーニバル的記号が積極的に取り入れられ、祝祭的な雰囲気に溢れている様子をつぎのように描写している。

　　「シアトルの闘争」から最近の反戦運動まで、目を引くのはそのカーニバル的なパフォーマンスである。色とりどりのコスチューム。巨大なぬいぐるみ。サンバを奏でる楽隊。大音量でテクノを響かせる巨大なサウンドシステム。音楽にあわせて踊っている人も少なくない。もし政治的メッセージが書かれたプラカードや横断幕がなければ、リオやノッティングヒルのカーニバルと見分けがつかないだろう。〔毛利 2003：p.32〕

　引用冒頭にある「シアトルの闘争」は、1999年冬、新自由主義的グローバリゼーションを進めるWTO（世界貿易機関）の会議開催に反対して、世界中から10万人もの人びとが参加した抗議行動であった。毛利は、これを1968年パリ五月革命と並ぶ社会運動の転回点であったとして、そのスタイルの新しさに注目する。旧来の運動ではあまり見かけなかった表現方法やアイテムは、一般の人びとのみならず、従来から運動に関わってきた人びとをも困惑させた〔毛利 2003：pp.18-19〕。

　ところで、モランの指摘にあったように、1968年五月革命時にもすでに街頭デモの祝祭的雰囲気は指摘されていた。そのようなデモが当時の人びとの注意を惹いた理由は、それ以前のデモの雰囲気とくらべ大きく異なっていたからだ。たとえばシドニー・タローは、つぎのようにその雰囲気の違いを説明している。

五月の街頭での運動以前には、デモの大規模で、大衆政党や労働組合に指導された整然としたものであり、一般的な計画と要求の名の下で定番的に組み合わされたパフォーマンスとして行われたものであった。デモ参加者は、大真面目にほとんど軍隊的な規律で、びっしりと整列して行進した。1968年以後、街頭デモは整然としたものでは全くなくなった。デモには、遊戯的な象徴的表現や異国風の衣装やポピュラー・ソングが満ちあふれ、かつてのような広汎な計画よりもむしろ個別の争点のために行われることが多くなった。デモに家族連れや友人どうしで参加すると、機動隊だけでなくホットドッグを売る屋台にも取り囲まれがちになり、自動車を転覆する破壊行為者よりも、緑のユニフォームを着た清掃員がついてきがちである。〔タロー 2006：p. 181〕

　引用文中にあるように1968年以前のデモにおいては、それは政党や組合に組織された「整然とした」ものであり、「定番的」で、デモ参加者も「大真面目」に、まるで「軍隊」のように「整列」して行進していた。そのデモの様子が、五月革命を境に大きく変わった。毛利が描写する今日のデモの祝祭性も、その点ではこの時期と連続している。ただし、仮に今日のデモとの間に違いを見出そうとするならば、それは祝祭性の意識的活用が近年のデモには認められる点であろう。
　毛利によれば、シアトルの闘争に象徴的にみられた街頭抗議行動におけるスタイル変化の兆しは、1980年代末頃から始まった。1987年、ニューヨークで結成された「ACT UP（AIDS Coalition to Unleash Power 権力解放のためのエイズ連合）」は、今日のデモの運動スタイルに影響を与えたグループのひとつである。彼らは当時、エイズ問題に関する政府の無為無策を批判するデモにおいて、演劇的要素の導入をはじめ、ポスター、ロゴ、プラカード、バッジ、Tシャツなど、運動の具体的な視覚イメージを重視し、それらを洗練された形でデザインした。彼らの運動の背景にあるゲイ・レズビアン文化は、もともと芸術表現分野での広がりや支持が厚く、その分野で活躍する彼らの参加が、デモに多彩な文化的

表現をもたらしたのであった〔毛利 2003：pp. 56-91〕。

　また 1991 年、ロンドンで結成された「リクレイム・ザ・ストリート（Reclaim The Streets ストリートを取り返せ：以下 RTS）」、1992 年にサンフランシスコで始まる「クリティカル・マス」（自転車に乗ってデモをする集団）など、もともと反道路運動（路上解放運動）として始まった運動も、その後の運動スタイルに大きなインパクトを与えた。とりわけ RTS の運動は、都市空間をカーニバル的手法で変容させる運動スタイルを確立する。彼らにとって道路は本来、人間にとって生活の多様な営みの場であるはずだが、それが交通や移動の空間に貶められている。自動車に占拠された道路を奪い返すことで、日常生活の豊かさを取り戻そうと彼らは主張する。そこで彼らは、ゲリラ的に、「路上パーティ」を企画した。1995 年 5 月、初めて行われたその様子は、つぎのような演劇的手法で始まった。

　　2 台の古い車がわざと互いにぶつかり、ドライバー同士がウソのケンカを始める。（中略）交通が安全に遮断されたら、「この通りは私たちのもの」と宣言され、一斉に「息をしよう」「車はいらない」「空間を取り戻そう」といった立て看板が上がる。色とりどりの背景に稲妻柄の RTS の旗が上がり、サウンドシステムが最新の電子サウンドから、ルイ・アームストロングの「この素晴らしき世界」まで放ち始める。そして、RTS のカーニバルが始まる。自転車乗り、竹馬乗り、ドラムを叩く人。あるパーティでは、ジャングルジムが交差点の真ん中につくられた。巨大な砂場、ブランコ、プール、ソファー、絨毯、バレーボール・ネットも登場した。無数のフリスビーが飛び交い、タダの食べ物が配られ、みんなが車の上で、バス停で、看板の上や周りで踊り出す。〔クライン 2001：p.292〕

　祝祭性を意識的に活用する RTS のこの運動スタイルの拡大は、さらに、「グローバル・ストリート・パーティ」の実現が物語っている。これは 1998 年 5 月、G8 サミット開催や WTO50 周年に対抗して、じつに

20カ国30以上の都市のRTSによって展開された、世界同時多発パーティである。翌年6月にも43カ国で、「資本に反対するグローバル・カーニバル」と銘打って行われた。だが一方、2001年の9.11以降、こうしたRTSの活動に対して、警察の弾圧も強化されるようになった。

RTSの運動スタイルは、路上を意図的にカーニバル世界に転換する。警察の弾圧に対して、石やビンではなく、「パイ投げ」で応酬するような「創造的なバカらしさ」をみせる。その規模や形式は異なるにせよ、このスタイルは広く今日のデモに受け継がれている[5]〔クライン2001；毛利2003〕。

ところで以上みてきたように、「祝祭化」や「カーニバル化」をキーワードとする視点は、デモのみならず、今日、それらの運動の背景にあるレイヴやパーティ、あるいはクラブ・カルチャーを語る際にも重要となる。だが、それらの文化に精通した研究者であり、また自身DJでもある上野俊哉は、そうした「祝祭論モデル」で語ること、または現代社会批判の文脈でそれを使用することについて感覚的には同意するが、理論的には不満があるとして、この祝祭論モデルについての批判的検討を私たちに提起している〔上野2005：p.127-134〕。

祝祭論モデルとは、「祝祭」に「今ここ」に対する批判的機能を読み取るものである。すなわち、ハレとケ、聖と俗の対立において、前者が後者の秩序を転覆し、価値を揺さぶると考える。山口昌男の「中心と周縁」、「秩序と混沌」の弁証法的図式や、ターナーの「構造と反構造」や「コムニタス理論」が、その代表的なものである。だがたとえば、「祝祭＝祭り」としての野外パーティ（音響システムを自然のなかにもち込んで楽しむ）についても、「祭りの非日常的な状況は日常のテクノロジーと合理性」〔上野2005：p.130〕にもとづいて構成されている、とする。つまり上野は、日常と非日常とは安易に分節できない点を指摘する。

同様にまた、祝祭性は直接に批判的機能を担うわけではない、という。なぜなら、祝祭は商品化や商業化と共存可能であるし、また祭りは、容易に「疑似イベント」や「スペクタクル」（ギー・ドゥボール）として体制に回収される場になりやすいからだ。

このように、祝祭論モデルを使って現在の「カーニヴァル的な運動スタイル」を解読する際に注意すべき問題点を示しつつ、上野は、「祝祭による秩序や体制の象徴的転覆＝転倒というバフチン的なモチーフが、どこで有効で、どこで凡庸な、あるいは危険なものとなるかをそのつど検証していかなくてはならない」〔上野 2005：p.133〕と述べている。
　そこでつぎに、実際に今日の日本のサウンドデモの事例について取り上げ、その祝祭性が、具体的にどのような状況の下で実現されているのかを検討しよう。

2　包囲されるサウンドデモ

　日本におけるサウンドデモの登場は諸説あるが、2002 年末頃からとされる。米国によるイラク攻撃に対してなされた反戦デモの高揚のなかで登場し、そのスタイルの奇抜さからメディアにも取り上げられてきた。
　サウンドデモについては、寺師正俊と河島茂生らが、東京・渋谷で 2003 年から 2005 年にかけて行われたサウンドデモの調査にもとづいて分析をしている〔寺師・河島 2007〕。それによれば、サウンドデモは、「合意の動員」と「行為の動員」のプロセスを逆転している点にその特色が認められるという。一般に社会運動への動員プロセスでは、まずは合意を獲得したうえで行為に導く、というプロセスを経る。だが、サウンドデモの場合は逆に、サウンドの力によって沿道の人びとをデモにまずは参加させたうえで、つぎにデモが掲げるメッセージに同意してもらうことを可能とするからだ。
　ただし、サウンドデモには、そのような「サウンドの媒介力」を駆使した参加者増加の効用のみならず、じつはサウンド自体がもたらす否定的側面があることも寺師・河島は指摘する。というのも、クラブ・カルチャーを背景とするこの種のデモは、それゆえ、同様な文化的趣味を共有しない人びとにとっては、メッセージには同意できても、デモからは排除されてしまう場合もありえるからだ。
　本論が以下で、具体的に検討するサウンドデモの事例についても、寺

師・河島が示した上記の視点を踏まえつつ考察をさらに深めたい。

　ところで、寺師・河島はサウンドデモを取り巻く変化についても指摘をしている。すなわち、サウンドデモの登場当初は機動隊さえいなかったが、回数を経て、その規模や参加者が増すと同時に、警察側の警備体制も徐々に強まっていったという〔寺師・河島2007：p.192〕。以下で検討するサウンドデモは、そのような警備体制が強化された時期の事例（包囲されるサウンドデモ）であり、そこにおいては、「行為の動員」が当初のようには必ずしもうまくいかない。だが、そのようなサウンドデモの事例を主に取り上げることで、サウンドのみに還元されない祝祭性の意識的活用や、サウンドデモにおける祝祭的次元について着目したい。

「8.5プレカリアート＠アキバ」

　ここで事例として取り上げるのは、2006年8月5日（土）に秋葉原・御茶ノ水界隈で行われた「8.5プレカリアート＠アキバ」である。

　まず、「プレカリアート」という聞き慣れない言葉についてであるが、これは「不安定」を意味する「プレカリティ」と、「労働者」という意味の「プロレタリアート」を語呂合わせした造語である（もともとは、2003年にイタリアで見つかった落書きから）。不安定な雇用や労働条件にさらされた人たち（非正規雇用者、失業者など）が共に連帯し、声を上げよう、という狙いがある（図2）〔雨宮2007a, b〕。

　「8.5プレカリアート＠アキバ」の主催者は、メーデー救援会、フリーター全般労働組合、戦争抵抗者の会である。また、このデモの主旨に賛同する賛同者は、個人で115名、団体では20団体であった。賛同者は賛同費として、個人で1,000円、団体では2,000円のカンパを行った。

　ところで、そのデモ主催者のひとつに「メーデー救援会」とあるが、じつはこのとき行われたデモには、因縁があった。それは、3カ月ほど前の4月30日、フリーター全般労働組合の呼びかけで、渋谷・原宿で行われた「自由と生存のメーデー06」と題されたサウンドデモにおいて、警察がデモ隊に対し過剰対応をし、DJや実行委メンバーを含む逮捕者3名を出したのである。その際には、サウンドカーも撤収されてし

図2　デモのビラ

まった[6]。彼らはこれを「サウンドデモに対する不当弾圧だ」として、そのリベンジを期して、このデモを組織したのである。

　準備は、約1カ月前から行われていた。サウンドカーおよびDJの手配、デモ・コースの選定やチラシの作成など、会合を重ね、おおよそデモの概要が決まると、デモ開催場所の所轄の警察署に「デモ申請」と「道路使用許可申請」の手続きをしにゆく。その際、デモの中身、とりわけデモ・コースについて警察から変更を迫られる場合がある。だが、サウンドデモ主催者は、デモ・コースの変更をはじめとする警察による「デモ規制」に対し、「街頭における自由の問題」として強く抵抗する[7]。

　さて、プログラムについてであるが、今回は、前回のデモで警察による不当逮捕があったことにも警戒して、事前に記者会見を行い、デモ当日集まった報道関係者に、デモの主旨、デモ・コース、取材撮影ポイントなどの説明がなされた。またその際に、主催者側からとくにお願いすることとして、「正面や側面写真は撮影しないでほしい（モザイク処理す

るならばよい)」という点がいわれた。これは、公表される写真により、公安委員会がデモ参加者を特定することへの危惧の表れである。約20名のプレス関係者が待機していた。

　当日は、「デモ前集会」が1時間ほど行われた。まず主催者より、デモ参加者に対して、今回のデモの目的やコースが説明された。その目的として、主催者はつぎの三つを挙げた。第一に、労働や雇用における今日の「不安定な生（プレカリティ）」を共有して、世界を変えること。そして4月30日の前回のサウンドデモ弾圧に対する抗議を行うこと。第二に、街頭での表明である。公道は「公の道」であり、誰でも表現を行うことができる。それゆえ公道は車両ばかりが優先されてはならない。街頭で声を上げれば、その主張に人びとが耳を傾け、われわれと行動を共にするかもしれない。4月30日は、声なし、音なしデモになったので、今回は精いっぱい表現する。そして第三に、場の共有と悩みの共有であった。

　つぎに、前回の不当逮捕事件について経緯説明がなされた。事前に提出した届け出どおり、法令（地方自治体条例、表現の自由）を順守したデモを行っていたにもかかわらず、DJプレイを違法扱い（道路交通法違反）とし逮捕したことに対して、「だまし討ち」だと訴える。前回のそのようなサウンドデモに対する不当弾圧に対して、今回は念のため、弁護士にも同行してもらうことが説明された。また参加者に対し、デモ中に何か問題が生じた場合は、すぐに弁護士に接見に入ってもらえること。警察が不当に恫喝してきた場合に、正当な権利を主張し交渉するためにも弁護士を呼んだことを伝えた。そして、前回のような、警察の職権乱用に対しては合法的に対応してゆくことが話された。

　デモ申請の経緯説明がそれに続いた。デモ申請は、デモを行う地区の所轄署（神田警察署）で行ったが、その際、デモ・コースの変更が求められた。だが、それができるのは東京都公安委員会だけの権利だとしてそれを拒否し、希望どおりのコースがとれたと報告される。また、警察はデモ主催者に対し、つぎの三つの点を要求してきたという。第一に、警察の言うことを聞け。第二に、車（サウンドカー）の荷台には3人ま

で乗車可であること。第三に、許可証が車両に見えるように、である。そして主催者は、われわれはこれらを守っているから「合法的である」ことが参加者に伝えられた。

　また、警察に逮捕連行される危険が生じた場合の対応の仕方についても、主催者から参加者に説明がなされた。まず第一に確信すべきは、デモは憲法で保障されている権利であること。だが、万が一逮捕された場合は、「黙秘」を貫き通すこと。デモ主催者は、すぐに弁護士を派遣する。そして、その不測の事態のために、デモ参加者は「救援対策カード」に各自記入してほしい、と伝えられる。

　通称「救カード」と呼ばれるその用紙は、参加者各自が以下の項目を記入し終えたら、記入した面を中折りにし、ホッチキス留めをする。そして、その用紙の表には名前、もしくは、あだ名を書いてデモ前に主催者側に渡しておく。何か問題が生じた場合にのみ、それを元に主催者は救援活動を行う。記入する項目については、住所や氏名、学校名・勤務先名などのほかに、①当日の心配事（バイト、仕事、家族などなるべく具体的に書く）、②対策で必要とするメーリング・リストや掲示板（家宅捜査でPC没収の可能性があるため）、③特記事項（持病、常備薬、健康状態など）、④保管場所を移動してほしいもの（PC、名簿、活動関係のレジュメなど）、⑤逮捕時の緊急連絡先（家族ではなく友人か？、あるいは特定の上司か？――デモは政治的行為であるため、突然家族に連絡を入れてしまうと、場合によってはリスクをともなうこともあるので、それを回避するためである――）、⑥家族・親族のうち最初に接触してもよい人物の名前とその連絡先（その人の理解度も記入）、である。

デモ前集会の様子

　以上のように、前回の一件があったためか、「デモ前集会」ではデモ主催者側

よりデモ参加者に対し、デモの目的やその申請経緯、また、デモ中における「恫喝」や「逮捕」といった、警察や機動隊と対峙する際に生ずるかもしれぬリスクに対して、具体的な対策がよりていねいに伝えられた。そこには、デモ参加者の「安全」や「安心」に対する主催者側の配慮が示されていた。だが同時に、権力に物理的に対峙する政治的行為としての街頭直接行動の現実も露呈されていた[8]。

デモ行進

　こうした緊張感のなか、集会後、いよいよサウンドデモが始まる。時間は2時間、コースは、総評会館前を出発して秋葉原駅周辺、御茶ノ水駅周辺を通過し、総評会館前に戻る約2.2kmのコースである。

　なお参加者は、デモ前集会に約80名集まり、デモ開始直前には約120名、デモ行進時は最大約200名参加した。主催者によれば、デモ参加者にはフリーターの若者、派遣パートの女性、障がい者、在日外国人、大学非常勤講師、学生、NPO、アソシエーション、反戦グループの活動家、アート関連のアクティビスト、野宿者とその支援者、失業者など多様だという[9]。

　デモ行進中における配置は、警察車両を先頭に、サウンドカーがそれに続き、その後ろに参加者が続く。サウンドカーにはDJが交替で乗り込んで、音楽を流す。

　実際のデモ行進において特徴的だった点は、デモ参加者に関して、一番踊りまくっている人たちは、サウンドカー直後の参加者たちである。必ずしもデモ参加者全員が音楽に合わせて踊っているわけではない。ときに声を上げながら、ときに音楽のリズムに合わせながら、ゆっくり歩いてゆく。デモ参加者たちの服装も統一されてはいない。マスクやコスプレをしてくる参加者、浴衣を着た女性もいれば、ふだんと変わらない服装で参加する人も多い。持ち物としては旗やプラカードなど、音を出す鳴り物としては、マラカスや笛などが観察された。デモ行進中、通過する駅前周辺では見物客も多いためか、デモ隊も大いに盛り上がる。速度を緩め、あたかも沿道の人びとに見せるように踊りはじめたりする。

サウンドカーと DJ 　　　　　　　　主催者が用意したプラカードのひとつ

サウンドデモの俯瞰 　　　　　　　　警察とアドバルーン

　沿道の人たちには、携帯でデモ隊の写真を撮る人も多い。
　そしてじつは、沿道から行進中のデモ隊を眺めてみて、その最大の特徴は何といっても、デモ隊を「警備」するという名目で「包囲」する警官や機動隊の数の多さであった。公安関係のカメラマンも、デモ隊参加者たちを随時カメラに収めている。さらに、警備にあたっている警察と機動隊は、デモ隊から沿道の人びとへのビラ撒きの制止や、「沿道―車道」の行き来自体の制止に余念がない。要するに、当初は、サウンドデモの最大の特色ともいえた沿道からの「飛び入り参加」を行わせないようにするのが「警備」の目的になっている。参加者が歩道に抜けようとすると、警察や機動隊は、「デモ隊列を出るな！」と恫喝し、制止する。常連のデモ参加者はこれに反発して、警官と「小競り合い」を演ずる。だがさらに、警察は行進中のデモ隊を中傷するような勧告、レッテル張りを随時行う。たとえば、つぎのようなアナウンスが流される。

交通の順序と安全を確保する行為は警察の正当な職務行為である。……速やかに順路を進みなさい。……ご通行中の皆さん。ただいま、ご覧のデモ行進は、デモ行進のルールを無視して多くの皆さんに迷惑をかけたまま進んでいきました。警察はただいまこの状況を早期に解決するため、部隊で警備にあたっています。警察の警備にご協力をお願いいたします。……速やかに前に進みなさい。君たちは通行者の邪魔をしている。交差点で立ち往生しているため、後ろから来る多くのドライバーの皆さんも迷惑をしている。実行者諸君は速やかに前に進みなさい。

　こうした一種異様な雰囲気のなか、デモ隊は行進する。そのデモ隊列のなかでも、主催者が用意した目立った仕掛けが、「赤いアドバルーン」の存在であった。これは前回のデモにも登場したが、このアドバルーンを警察が無理矢理に奪おうとしたことに主催者の一人が抵抗したことで不当逮捕された、という因縁があった。アドバルーンは、異常な数の警察や機動隊によるデモ隊包囲（目隠し）に対抗して練られた策であった。沿道から見ると、それはまるで、大勢の警官が赤いアドバルーンを掲げて歩いているように目に映る。デモ参加者のなかには、デモ隊にぴったり張り付く警官たちを指さし、「これはお巡りさんのデモです！」と叫ぶ人もいる。参加者の側から、沿道の人たちに向かって笑顔で参加を呼びかけたり、ピースサインを送ったり、といったデモ行進中の振舞いも観察された。

　デモ行進の最後には、主催者をはじめ参加者たちの達成感が伝わってきた。今回は逮捕者も出ず、主催者はトラメガで「われわれはやり抜いた！　リベンジしたぞ！」と叫び、警察や機動隊、公安が見守るなか、デモ参加者たちの間で拍手が起きて、終了した。なお、デモ後には、NPO関係者を招き、引き続きプレカリアート問題を中心に車座討論会が会館内にて行われた。

3　考察—サウンドデモにおける祝祭的次元—

　つぎに、サウンドデモの具体的事例記述を踏まえ、デモにおいて祝祭性がどのように活用され、それがどのような意味や効果を生みだしているのか、考察したい。

「デモの楽しさ」

　サウンドデモは、サウンドの力を活用しながら沿道の人びとの参加を促し、「行為の動員」を通じて「合意の動員」を目指すものとして一定の成功を収めてきた。では、このようなデモ型式の成功は、デモ行進中のどのような祝祭性や現実に支えられているのだろうか。フランスの大衆デモの分析を行ったパトリック・シャンパーニュは、街頭の政治行動様式の変化のひとつとして、「メディア向けの示威行動」の増加を指摘している。

　　今日の示威行動はつねにより多くの観衆のために計画されるようになっており、観客の判断が待たれ、さらには期待される。それだけに、隊列の先頭の人物が念入りに選ばれる。（デモ主催者側の）警備担当者は、参加者の「よき振る舞い」と与えられた指令の遵守に眼を光らせる。仮装や、気の利いたスローガンやプラカードによって、さらには特にメディアのためになされるパフォーマンスによって、観衆とテレビ視聴者の共感を得ようとする。〔シャンパーニュ 2004：p.245　（　）内は筆者〕

　シャンパーニュによれば、今日では、デモの「象徴闘争」（ピエール・ブルデュー）としての側面が重要になってきており、デモ行進もそのための工夫や配慮、演出が細かくなされるという。デモ行進の狙いのひとつは、「政治的空間のなかにそのタイプの集合態を存在させること」〔シャンパーニュ 2004：pp.294-295〕にあり、その政治的効果を拡大することにある。つまりデモ隊には、自分たちが掲げる政治的メッセージを正統な

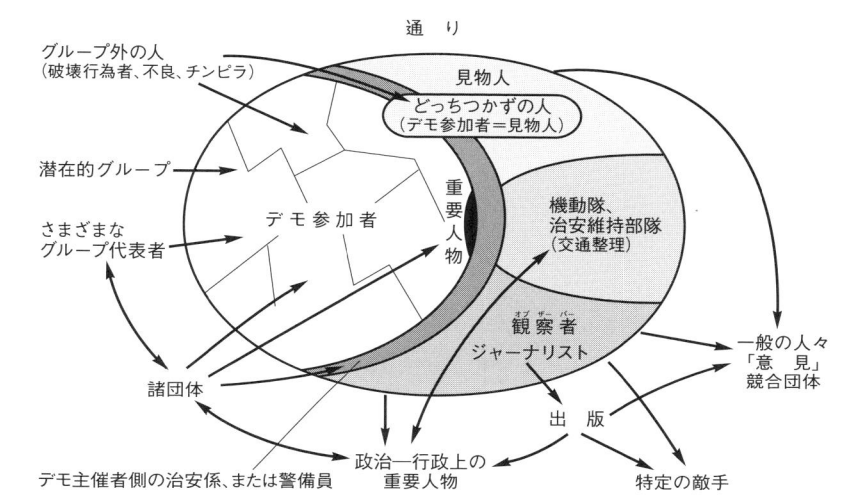

```
                    通 り
グループ外の人
（破壊行為者、不良、チンピラ）        見物人
                         どっちつかずの人
                        （デモ参加者＝見物人）
潜在的グループ
                              機動隊、
さまざまな        デモ参加者    重   治安維持部隊
グループ代表者                要    （交通整理）
                              人
                              物
                                               一般の人々
                         観察者                「意　見」
                        ジャーナリスト            競合団体
  諸団体
                              出　版
                                          特定の敵手
                         政治―行政上の
デモ主催者側の治安係、または警備員  重要人物
```

デモという集合行為は、デモ参加者、デモ主催者、デモを報道するジャーナリスト、見物する公衆、および権力との間に展開される複雑な闘争の所産といえる。

図3　フランスのデモ時における理念図〔Favre, 1990をもとに筆者作成〕

代表性をもって主張するためにも、街頭やメディアの向こう側にいる人びとに「好まれる」デモ行進をする必要が生じている。そして、自分たちのデモがプレスやテレビによってどう報道されるかが、デモ主催者の大きな関心事になっているとシャンパーニュは述べる[10]。こうしたシャンパーニュの指摘から、つぎのような示唆が得られる。すなわち、今日のデモ主催者やデモ参加者たちの意識構造には〈見る/見られる〉関係が埋め込まれており、それが行進中のデモ隊列全体に「自己呈示戦略」（アーヴィング・ゴフマン）をとらせている、という理解である（図3）。

　筆者の観察によれば、サウンドデモにもこの自己呈示戦略が認められる[11]。それはたとえば、デモ主催者による事前の情報開示や当日の報道関係者向け記者会見に、端的にうかがえる。メディアを自らの味方に引き込むだけでなく、そのメディア関係者のなかには、サウンドデモに対して「共感的なジャーナリスト」も存在している。また、デモ参加者においても、沿道からサウンドデモを見物している人びとに対して、デモへの参加を誘い、ピースサインを送る、といった振舞いが観察された。

さらに重要な点は、デモ主催者をはじめ、彼らがデモという街頭直接行動に対する「ふつう」の人びととの視点、すなわち「デモはヤバい」、「デモはコワい」、あるいは「デモはツマラナイ」、といったデモに対する世間的見方を洞察している点である。それゆえ、彼らはその見方を「デモは楽しい」に転倒させようと、デモの表現様式に創意工夫を凝らし、「デモの楽しさ」を上演しようとする。そのような発想が、サウンドデモ全体を支えていると考えられる[12]。

　その場合、祝祭性は、「デモの楽しさ」の演出に積極的に活用される。サウンドシステムの使用も、その表れといえる。毛利がいうように、「サウンドシステムは、しばしば生真面目になりすぎ、ユーモアを失いがちな政治的デモを、ある種の快楽の場へと変容させる重要な装置」〔毛利 2003：p.164〕だからである。だがそれは、祝祭的空間を生みだす数ある技術目録のひとつだともいえる。なぜなら、サウンドシステムのほかにも実際のデモ行進中には、笛、マラカス、歌、叫び声、メガフォンでのスローガンの高唱やデモ隊の唱和など、祝祭的雰囲気を実現する道具としての音（サウンド）の使用も、同時に認められるからだ。

　以上から検討するならば、サウンドデモにおいては、〈見る／見られる〉関係を内面化した自己呈示戦略が積極的にとられ、「デモの楽しさ」が祝祭的に上演されている、と考察することができる。だが、サウンドデモ自体の楽しさやその経験の質について、その内在的理解も必要であろう。

　この点について、これまでサウンドデモに積極的に関わってきた活動家、矢部史郎の発言を参考にしたい。彼によれば、「自分は楽しくやりたい、ということを絶対に譲らない。運動にとって大切なのは、そういった欲求や主観性」〔白石・大野編 2005：p.162〕であり、「人びとにどうしたら受け容れられるかとか、訴求力はどうやってつけるべきかといったことよりも、自分たちの主観性が十分に運動感を経験できるか」〔同：p.170〕、それが重要だと語る。それはたとえば、デモ体験において、「警察と対峙したことのない人が警察に向かって暴れる。それを良いことだと感じられるかどうか」〔同：p.170〕と例を挙げる。矢部は、デモにお

ける自分の振舞いに他者の眼や評価を組み込むのではなく、自己の「主観性」や「欲求」に従うことで発見される「デモの楽しさ」の大切さを語っている。

　では実際に、デモ参加者たちは「デモの楽しさ」を、どのように獲得しているのか。そしてそれは、どのような種類の経験であるのか。以上の問いに対し、行進中の人びとの外面的所作の観察からだけでは手がかりを見出すことは難しい。だが、デモに参加した複数の人たちからの聞きとりや、筆者自身の体験から言及するならば、サウンドデモの「デモの楽しさ」には、「どう見えるか」といった他者の視点を操り込むことによって実現されている部分と、反対に「主観性」や「欲求」に根ざしているからこそ獲得される部分と、ふたつの側面があり、実際の場面では両者は重なっている、と考えられる。いいかえれば、デモ行進中、「楽しげに振舞う」ことと、デモそれ自体を「楽しんでいる」こととは連続している。沿道にいる人びとやメディアに対して、すなわち他者の眼から見て「好まれる」デモ行進することと、自己の眼から見て「楽しめる」デモ行進をすることと、その両者の間に、サウンドデモの「デモの楽しさ」が生まれているのではないだろうか。

　ところで、矢部はまた、日本におけるサウンドデモの最初の試みは、「反戦」を掲げてはいたがむしろ「路上に出ることがそもそも目的」〔同：p.144〕だったのであり、また、当時のイラク反戦デモにおいても、プレカリアートたちのように、実際に生きて存在しているにもかかわらず、「見えないことになっていた人間たちが登場したこと」〔同：p.170-171〕に重要な意義があった、と説明する。白石嘉治も、「デモは手段ではない。『路上で踊るという行為自体』を実現することが、そのままで政治的なものとなる」〔同：p.145〕と、サウンドデモ固有の意味を喚起している。つまり、デモを、社会問題を解決する政治的手段として必ずしもとらえておらず、ただ単に「姿を現す」、「発言する」、「表現する」ことが重要だ、と理解されている。ここにも、デモに祝祭性が宿る契機を発見できる。なぜなら、山口やバブコックがいうように、祝祭とは「文化の中の否定的象徴の顕在化の機会」だとするならば、日常生活に

おいて隠され、スティグマ化された人びととの「出現」や、彼らの「自己表現」自体すでに、サウンドデモに祝祭的次元をもち込んでいるといえるからである。

　以上考察してきたように、サウンドデモは政治的表現を祝祭的次元において発信することによって、「楽しいデモ」、「いけてるデモ」として、若者の支持を急速に広げてきたのである。

「抵抗の発明」

　だが一方、サウンドデモをめぐる新たな状況も登場しつつある。サウンドデモを包囲する、警察や機動隊の異様なまでの過剰警備が認められるからだ。だがなぜ、この一見平和な若者たちの政治的抗議活動に対して、権力は過剰なまでの警戒や反応を見せはじめたのだろうか。警察によるデモ隊の包囲ばかりでない。それは筆者が報告したように、デモ隊に対するあからさまな警告、レッテル貼り、またいざとなれば「逮捕」といった、もろもろの対応に表れている。理由のひとつは、サウンドデモのような祝祭的デモは、沿道の多くの若者の「飛び入り参加」を可能にするため、警察が許容するデモの範疇を越えてしまうからである。警察や機動隊はデモ隊を過剰に包囲することで、サウンドデモの特色といえる「行為の動員」を不能化しているのである。沿道と車道の行き来を制限し、飛び入り参加を困難にさせ、サウンドデモを「スル者」と「ミル者」に明確に断ち切ろうとする。その目的は明らかに、「祝祭の封じ込め」である。祭りとデモを分断する力がここに、象徴的かつ可視的に顕在化する[13]。

　このような警察と機動隊による過剰警備は、少なくともふたつの作用を引き起こしていると考えられる。ひとつは、とりわけデモ主催者やデモ慣れした人たちに対してそれは、あからさまな「弾圧」として映り、ことさらに彼らの「反発」や「抵抗」を促す作用である。もうひとつは、デモを眺める見物人や、一時的参加者をはじめとしたデモ参加者のまなざしの矯正である。「やっぱり、デモはヤバい」という反応に、多少とも見方を導く作用である。デモを包囲する警察や機動隊の「壁」

は、「デモの楽しさ」よりも、権力に対峙する政治的行為としてのデモの姿を丸裸にし、それが不慣れなデモ参加者を怖気づかせてしまうからである。サウンドデモの主催者側からみれば、そのような事態は、彼らが実現しようとしている街頭におけるつながりの否定にほかならない。

　それゆえ、デモ行進中の実際の場面では、警察や機動隊と一部のデモ参加者たちの間で「小競り合い」が生ずる。ときにそれは、デモ参加者の側から意図的に仕掛けられる場合もある。歩行速度を落としたり、行進の間隔を空けたり、警察や機動隊に寄りかかったり、警備線からはみ出したりすることで小競り合いを発生させる。デモ行進やデモ参加者たちの安全を守るデモ主催者側の治安係は、もちろん、そのような場面に眼を光らし、小競り合いが拡大しないよう警察や機動隊とデモ参加者の間を取りなす。そして、こうしたデモ行進中の小競り合いや騒動は、耳目を惹き、沿道の人びとを立ち止まらせ、彼らを「紛争の観客」に変えている。

　このように警察や機動隊と故意に小競り合いを演ずるのは、権力に対する「敵対のドラマ」を自ら生みだすことで、「闘いの実感」を肉体的に獲得することができるからだろう。ただし、こうした小競り合いを演ずるためには一定のデモ経験も必要である。小競り合いの主人公は、警察や機動隊に対して敵対性を示す一方で、どこまでそれを示してよく、どのタイミングで冷静さを取り戻し非暴力を貫くのか、デモ経験に裏打ちされた「勘所」というものが必要だからだ。

　小競り合いの劇的効果は、それを演じている当人だけにとどまらない。そのドラマの現場を目撃している周囲の人間、すなわちデモ参加者たちにも沿道の見物人たちに対しても、強い情緒的効果をもたらす可能性があるからだ。小競り合いに限らず、街頭デモ全体を貫くこうした「抗争のドラマ化」の意味については、デヴィッド・カーツァーがつぎのように指摘している。

　　政治勢力間の闘争は、ひどく抽象的で、おおかたのひとの日常経験からかけはなれている。それを触知できるようにする基本的な方法の

ひとつが、こうした大衆デモンストレイションが可能にする、抗争のシンボリックなドラマ化をとおしてである。個々人はそのとき、抽象的な政治原則を具体的な人びとと同一視でき、政治的立場を触れるシンボルと同一視できるのである。警官に物理的に襲われながら、これらのシンボルをおだやかに誇示する人びとの光景が、傍観者に強い情緒的効果をもちうるのだ。〔カーツァー 1989：p.159〕

　要するに、ここでカーツァーは、デモ時の時空間が政治的象徴性を帯びた舞台であることに注意を促している。デモ中における抗争の場面はそれゆえ、たとえそれがどんなに些細な小競り合いであっても、日常では触知されない抽象的な政治対決の構図を人びとの眼前に具現化させるし、その政治的意味合いも拡大されて伝達される。

　さて、サウンドデモを取り巻く新たな局面に付随したおもな特徴は、筆者の観察によれば以上である。こうした状況のなか、筆者が既述したように、サウンドデモ主催者はまず第一に、デモ参加者の「安全」と「安心」に対する配慮と、その万全な確保でこれに対処している。サウンドデモとはいえ、直接行動は「闘い」である以上、デモ行進中、前回の不当逮捕のように「暴力」に直面する場面は常に予想されるからだ。

　また、「祝祭の封じ込め」に対抗した戦術の工夫も認められる。それは、警察や機動隊との対峙を前提とした祝祭性の活用である。このような戦術について理解するためには、デヴィッド・グレーバーによる「戦闘規約（rule of engagement）」の考え方が参考になる。グレーバーによれば、戦闘規約とは、暴力に先立つ約束事であり、どこまでやってもよく、どこからはやってはいけない、というルールである。国家同士の戦争には、名誉ある行動とは何か、使っていい武器といけない武器、戦いの区域、兵士と非戦闘員の区別、捕虜の扱い方、戦勝者の決定の仕方など、必ず規則がある。同じように、国家権力と直接に対峙する直接行動にも、その現場を規定する戦闘規約が存在するとグレーバーはいう〔グレーバー 2006a, b〕。

　そして、この戦闘規約に直接に働きかけ、直接行動の「戦場」を支配

するルールそのものを書きかえてしまう手法として、「道化」や「パフォーマー」、「巨大操り人形〔ジャイアント・パペット〕」の投入、といった祝祭的戦術が多用される。戦闘規約に働きかける道化としては、たとえば、「クラウン・アーミー」と呼ばれる集団がいる。彼らは軍服姿にピエロの化粧・仮装をし、警察や機動隊をからかうことを任務とする。とりわけ、デモ隊が武装した機動隊に対峙する緊張した場面において、クラウン・アーミーたちは果敢にも両者の前線に割って入り、おどけた仕草（突撃のパロディなど）を通じて、直接武力衝突の回避も行う。また、グレーバー自身も関わった直接行動の経験から、彼はつぎのように語っている。

　（直接行動の現場は、）基本的に戦場なのですが、われわれは突然それを祝祭（あるいは儀礼行為）〔カーニバル〕に変換してしまうわけです。アナーキストは常に「規約」を変換していきます。そこで「人形」〔パペット〕はその権能を具現化するものなのです。われわれは、状況が悪い意味で緊張を孕んできた時にしばしばそれを散逸させるために「人形」を送り込みます。そしてそれを喜劇に変換するわけです。そのように状況を再設定してしまうことほど、警官隊を困らせることはないのです。それは戦場における全ての出来事を規定しようとする権力への挑戦なのです。
〔グレーバー 2006a：p.100、（　）内は筆者〕

このグレーバーの説明にあるように、戦闘規約に働きかける祝祭的戦術は、緊迫した場面を一気に転換し、支配的状況を転倒し、自らの置かれた疎外状況を克服するために有効な手段となっている。そしてそれは、伝統的な「暴力／非暴力」の区分も完全に混乱させてしまう。たとえば、つぎのような戦術である。

　何百人もの活動家たちが、妖精の恰好をして現れ、毛のはたきで警官をくすぐった。空気チューブとクッションがつまったミシュランマンのような恰好でバリケードの上をころがる者たちは、誰のことを損傷する意図もなかったが、同時に警官たちの警棒を受けつけない効果

もあった。〔グレーバー 2006b：p.146〕

　筆者が観察したサウンドデモにおいても、デモ主催者による戦闘規約の読み替えにもとづく祝祭的戦術の駆使が認められる。既述したように、デモ隊の目隠し包囲に対して、包囲されても目立つように「アドバルーン」を彼らは投入していた。また、「8.5プレカリアート＠アキバ」のつぎに実行された彼らのサウンドデモにおいては、主催者の扮した二体の「なまはげ」をデモ行進中に突如登場させた。サウンドカーからは、「悪い子はいねーがー？ネオリベはいねーがー？」（「ネオリベ」は新自由主義の罵倒語）とマイクで囃し立てる。それは、伝統的民俗文化の借用・流用でもある。そして、週末の人混み賑わい夕闇迫るなか、東京・青山のブティック街を「なまはげ」たちはあちこち逃げまわり、警官たちはそれを必死になって追いかけまわすのであった。そのとき、戦場は喜劇となり、祝祭は戦術となる。

　シャンパーニュもいうように、政治行動は儀礼化やルーティン化が進むと、政治的効力を発揮することが難しくなる。行動がどのように繰り広げられるか予測可能なため、容易に統御されてしまうからである。それゆえ、政治における社会的アクターは一個の儀礼に従おうとするよりも、敵手を出し抜き、その裏をかこうとする。だから、「真の政治闘争」においては、政治行動は絶えず形を変えていかなければならない〔シャンパーニュ 2004：p.214〕。同様に、矢部もグレーバーとの対談のなかで、「実践がルーティン化して制度として見慣れた光景になってしまったときに、暴力に負けてしまうのではないでしょうか。日本の若い活動家の間で、いま標語のようになっているのが『抵抗の発明』という言葉です。つまり『驚き』ですね」〔グレーバー＆矢部 2007〕と語っている。

　以上、検討してきたように、祝祭的戦術によって戦闘規約に働きかけることは、「真の政治闘争」を繰り広げるためである。真の政治闘争には、その都度、一回限りの「抵抗の発明」が必要とされ、そのたびごとに祝祭的世界が街頭に広がるのである。

おわりに

　今後もまた、日本のサウンドデモをめぐる状況がどのような展開をたどるか予断は許されない。だが本論では現段階において、サウンドデモの祝祭的次元がどこに認められるのかを観察し、権力の包囲に対しても、サウンドのみならず、祝祭性が意識的に活用されることで警察や機動隊と対峙する戦術を生み出していることを明らかにした。

　サウンドデモは、政治的表現を祝祭的次元において発信しようとする。だがそれは、祭りとデモの境界を侵犯し攪乱するがゆえに、警察や機動隊の過剰反応や過剰警備を招き、祭りとデモの境界をむしろ可視化させてしまう場合がある。にもかかわらず、祝祭性の意識的活用は、そのような「祝祭の封じ込め」に対抗する新たな抵抗も発明する。すなわち、「抵抗戦術としての祝祭」とは、デモという直接行動の場面を支配する「戦闘規約」を読み替えることによって、状況を有利にするために編み出された工夫なのである[14]。

　デモとは自らの生活や生存が脅かされる、あるいは危機に晒されているときに、それを可視化・顕在化させて街頭から直接訴える政治行動である。プレカリアートたちは、「生きるとは、自らの考えや意見を表明し、意志表示していくこと」と考えているからこそ、路上に立ちつづける。彼らは、日本社会は現在、「人びとの生活を生存へと切り詰め、その生存さえ貶められている」とサウンドデモを通じて訴えている。こう主張する彼らに対して、私たちはどう対峙するのか。答えがない場合、そういう彼らに寄り添いながら共に考えてゆくこともできるはずだ。

註

1) 本章で使用する「祝祭」の定義は、松平誠にならった。すなわち、「日常生活の反転、それからの脱却と変身によって、日常的な現実を客観化、対象化し、それによって感性の世界を復活させ、社会的な共感を生み出す共同行為」〔松平 1990：p.13〕である。
2) 政治的行動としてのデモの歴史とその意義について、一言述べておきたい。デ

モはその多くを「宗教的行進」の形態に負っている。だが、デモは、世俗的要求がなされたときに宗教的行進から区別されるようになった。そうした「大衆デモ」の確立は、1848年とされる〔Favre 1990〕。そして19世紀末までには、デモは労働組合や大衆政党が自分たちの要求を宣伝し、数でもってその強さを示威するための主要な手段となっていた。また、デモは法体系の下で規制されると同時に、犯罪活動とは区別されるようになった〔タロー 2006：p. 124〕。

ところで、政治的行動としてのデモの意義・特質とは、議会制民主主義（間接民主主義）制度の枠外における人びとの「意思表現の回路」として位置づけられる。それは被支配者が彼らの問題を政治界のアクターに想起させる手段であり、より直接的に権力と対峙し、場合によっては治安維持力との物理的衝突も生じる。今日あらためてデモが着目されている背景には、現代におけるそうした議会制民主主義の形骸化、行政権力の強化などが考えられる。「デモ大国」フランスでも、近年再び、デモに対する人びとの評価が高まっているという〔Tartakowsky 2004〕。

3) 中沢新一もまた、当時の学生運動について、父と叔父の会話エピソードを引きながら、機動隊に対する学生たちの「投石」に、中世・古代の「飛礫(つぶて)」を再発見する。そしてそこには、人類の原始に根ざす根源的衝動や、政治における「直接性」の論理が見出されるとしている〔中沢 2004：pp. 43-54〕。

4) デモは、長らく違法であった。だが合法化され、多くのデモが繰り返し行われることで儀礼化し、その表現様式も確立してくる。それゆえ人類学者は、こうしたデモのなかに一種の「政治的儀礼」をみるようになる〔カーツァー 1989〕。たとえば、フランスのデモに関する人類学的分析の例としては、コレを参照〔Collet 1982〕。

5) 毛利は、これら最近の運動を「新しい文化＝政治運動」と呼んで、「新しい社会運動」（アラン・トゥレーヌ）とは区別する。1970年代以降生まれた「新しい社会運動」は、それ以前の階級闘争中心の伝統的左翼政治では扱われてこなかった諸問題、たとえばエコロジーやフェミニズム、反人種差別運動などに焦点を当てていた。それは、ポスト産業社会期における政治形態であり、階級的関心よりも、自分の生活様式、つまり価値観や文化に関心をもつ人びとによって担われてきた。だが毛利によれば、「新しい社会運動」が掲げてきた議題は、今日すでに社会的に認知され、行政や教育のなかでも制度化されるようになったが、同時に、社会に鋭く問いを突きつけるような政治的契機も喪失しつつあるという。そこで、文化が本来はらんでいる「反社会性」の再発見によって、あらためて失われた政治的力を取り戻そうとする認識が、「文化＝政治」

という用語に込められている。
　では、そのようにとらえられる近年の社会運動には、どのような具体的特徴があるのか。その戦術上の概念と傾向として、「予示的政治（prefigurative politics）」〔グレーバー 2006a, b; 高祖 2006〕、DiY（= Do it Yourself）文化、非ヒエラルキー的組織の形成、アフィニティ・グループ（類縁集団）の参加、「非暴力直接行動（NVDA = Nonviolent Direct Action）」という理念、快楽や享楽の積極的肯定、文化的実践の多用、身体的実践やその反応の重視、また、倫理性、道徳性の重視、などがその特徴である〔毛利 2003：pp. 190-213〕。

6) その経緯の詳細については、鈴木を参照〔鈴木 2006〕。
7) たとえば、Noiz を参照〔Noiz 2004〕。
8) 毛利は、首都で行われるサウンドデモは、地方都市のサウンドデモにくらべて警察の介入が強いのではないか、と指摘している〔毛利 2003：pp. 175-176〕。
9) サウンドデモの参加者について、毛利は、彼らは「下層フリーター」ではなく、「上層フリーター」による「中流階級的ラディカリズム」ではないか、と指摘している。下層フリーターはデモに参加できないほど「文化的アクセス」が制限されているからだ、という。そのうえで毛利は、運動の担い手のプチブル急進主義を肯定している〔毛利 2003：pp. 179-187〕。同様に、小熊英二も、プレカリアート運動の担い手について、「所得は低いが文化資本は高い人」と指摘する〔小熊 2007：pp. 89-91〕。
10) ただし、シャンパーニュも指摘するように、そこには「儀式化」や「スペクタクル化」の罠も潜んでいる。この陥穽について自覚的な一部のデモ主催者や参加者は、デモを都市祭礼のように華美壮麗化することに対して、批判的立場に立つ。そのため、彼らがデモ行進において追求するのは都市祭礼とは逆に、「しょぼさ」や「くだらなさ」という価値である。
11) 自己呈示戦略は、デモ集団の名称・名乗りについても認められる。たとえば、「プレカリアート」という名乗りである。これは「フリーター」、「パート」、「派遣労働者」、「非常勤講師」など、多様に呼称され分類・分断されるデモ参加者たちの間に、「集団の一体性」をつくりだすと同時に、沿道の人びとに対して「連帯」の呼びかけを行うことを目的としている。
12) 「デモはヤバい」、「デモはコワい」という世間の見方の背景には、「積極的で問題に直接関わる少数者と、傍観的、『平和的』で『分別のある』多数者を対置させる世論調査の実施」〔シャンパーニュ 2004：p. 213〕も、関係しているかもしれない。すなわち、デモに参加するような人間は「野蛮人」であり、それに対置されているのは調査によって「世論」として創出される多数の平和的で

分別のある「文明人」、という対立の構図である。
13) 現代社会におけるカーニバルとデモの恣意的切断について、毛利はつぎのように指摘する。「カーニバルと暴動、政治的デモは、しばしばメディアや警察によって別々のものとして恣意的に分類されているが、それはその情動の部分において水面下で地続きにつながっている」〔毛利 2003：p.53〕。
14) サウンドデモのような祝祭的デモは、祭りとデモの関係を攪乱する点において、われわれの従来の都市祝祭観を相対化する視点も包含してはいないだろうか。これに関して以下、指摘したい。まず、サウンドデモの担い手たちは「デモは祭りだ！」と明確に自覚し、積極的な主張をし始めている。その傾向は、たとえば彼らがデモについてそれを「俺たちの祭り」とし、「祭りは自分たちだけでつくれる」と強く主張する点にうかがえる。2006 年 9 月、高円寺におけるデモにおいて、地元の都市祭礼「高円寺阿波踊り」を意識してか、デモ中に、「誰かが決めたような祭りとかじゃなくて、もう、てめーらでも祭りはできると！　だから、祭りをどんどんやっちまいましょ‼」と参加者に呼びかけているのだ。そして彼らのデモには、日本の祭りのシンボルとも言える「神輿」まで手作りで登場した。また註10）でも述べたように、「デモ＝祭り」における「しょぼさ」や「くだらなさ」という価値の追求は、「華美壮麗化」や「スペクタクル化」してゆく現代の都市の祭りに対する批判も内在させている。

引用参考文献

雨宮処凛，2007a，『生きさせろ！』，太田出版
―――2007b，『プレカリアート』，洋泉社
上野俊哉，2005，『アーバン・トライバル・スタディーズ』，月曜社
小熊英二，2007，「戦後日本の社会運動」，『論座』11 月号，朝日新聞社
小田マサノリ＋イルコモンズ，2003，「ぼくらの住むこの世界ではデモに出る理由があり犬は吠えるがデモは進む」，『情況』10 月号，情況出版
カーツァー，D. I. 1989，『儀式・政治・権力』（小池和子訳），勁草書房
クライン，ナオミ，2001，『ブランドなんか、いらない』（松島聖子訳），はまの出版
グレーバー，デヴィッド，2006a，「新しいアナーキズムの政治」，『VOL』01 号，以文社
―――2006b，『アナーキスト人類学のための断章』（高祖岩三郎訳），以文社
グレーバー，デヴィッド＆矢部史郎，2007，「対談　新しい運動と知の配置をめぐって」，『図書新聞』2804 号
高祖岩三郎，2006，「アナーキー、オートノミア、アート―現代アクティビズムの諸

相一」,『ニューヨーク列伝』,青土社
シャンパーニュ,パトリック,2004,『世論をつくる』(宮島喬訳),藤原書店
白石嘉治&大野英士編,2005,『ネオリベ現代生活批判序説』,新評論
鈴木剛,2006,「『自由と生存のメーデー06』サウンドデモへの弾圧を許すな!」,『インパクション』152号,インパクト出版会
タロー,シドニー,2006,『社会運動の力』(大畑裕嗣監訳),彩流社
出口雅敏,2008,「都市祝祭としてのサウンドデモ」,『生活学論叢』13号,日本生活学会
寺師正俊&河島茂生,2007,「サウンド・デモ」,『路上のエスノグラフィ』,せりか書房
中沢新一,2004,『僕の叔父さん 網野善彦』,集英社新書
Noiz,2004,「街頭における自由の問題」,『現代思想』5月号,青土社
松平誠,1990,『都市祝祭の社会学』,有斐閣
毛利嘉孝,2003,『文化=政治』,月曜社
モラン,エドガー,1969,「学生コミューン」,『学生運動』,筑摩書房
山口昌男,1971,『人類学的思考』,せりか書房
―――1984,『祝祭都市』,岩波書店
ルフェーブル,アンリ,1968,『パリ・コミューン』,岩波書店
Collet, S, 1982,《La manifestation de rue comme production culturelle militante》, Ethnologie française, 12（2）
Favre, P, 1990, La Manifestation, Presse de la foundation nationale des sciences politique.
Tartakowsky, D, 2004, La manif en éclats, La dispute.

conclusion
まとめ

　本章では、つぎの二つの点を明らかにしたかった。第一に、「抗う」という行為は否定的に評価されがちであるが、そこには積極的な意義が見出せる点。第二に、「抗う」という行為は個人的力量に帰するというよりも、人類に広く共有された能力である点である。

　なぜ、「抗う」ことは否定的に評価されるのか。なぜ、「抗う」ことは特殊な個人や集団に結びつけられてしまうのか。おそらく、「抗う」ことについて考えることは、「従う」ことについて考えることと、じつは切り離せない。誤解を恐れずにいえば、抗うことは、従うことの意味をつかみ直すことではないだろうか。

　ふつうは、「抗う」よりも「従う」という行為のほうがより日常的で社会的な営みとされている。そこには、私たちの社会は私たちが「従う」ことによって円滑に維持されている、という認識がある。家では親に従い、学校では先生に従い、サークルでは先輩に従い、会社では上司に従う。授業が成立するためには、〈教師—生徒〉という地位・役割関係に従う必要がある。事故が起きないのは、人や犬が歩道を歩き、車やバイクが車道を走るからである。

　社会は私たちを通じて日々再現され、それは毎日のことなので、「従う」ことは習慣化・習性化され、「従っている」という感覚さえ麻痺し忘却されてゆく。要するに、日々の私たちの振る舞いは、いま現にある社会の成り立ちと一種の共犯関係にある。それゆえ、こうした同意関係を壊すような「抗う」という行為は、社会的・心理的に評価されないし、そのような個人や集団を特殊化してきたのである。

　だが本章でみてきたように、「抗う」という行為には、私たちがオートマチックに従っている日常的規則や特定の社会秩序、支配的な価値観や先入観を露わにする積極的意義が認められるばかりか、それは人類文化に深く刻まれた行為でもあった。

　自分が何に従っているのか、何に奉仕しているのか見定めることがま

すます難しくなりつつある現代社会においては、それゆえ、共同でより良い社会を築いてゆくためにも、「従う」ことではなく、「抗う」こと、「抗う人びと」に深い関心を寄せるべきだろう。関心を寄せるのは、誰かの「抗い」ばかりではない。それはおのずと、自分の内なる「抗い」にも目が凝らされてゆく。

　ところで、「抗う」という言葉には、何か大きな力に自分が飲み込まれそうになるギリギリの地点から発せられる響きが感じられるが、それは「抗う」ことが、今日は限りなく「表現する」ことに近づいているからではないだろうか。本章冒頭の「落書き」ワークは、唐突な印象を与えたかもしれない。

　けれども、ワークを通じて、自分は何が嫌で何を望んでいるのかを考えるきっかけにしてもらえれば、それでよかった。「心に届く」落書きとはおそらく、立派な「社会批判」というよりは、よく「自己表現」されたものであり、それはきっと「詩(うた)」に近いものだろう。だからこそ、「抗う」という行為は感性的かつ知性的、個人的であると同時に社会的行為となり、創造的なものとなりうるのではないか。

　いずれにせよ、人間の抗い方やその表現の創意工夫は、地球上の動物の形や色同様に、これまでも多彩なヴァリエーションがあり豊かであった。解説で紹介した、反逆の儀礼、ゴースト・ダンス、カーゴ・カルト、カーニバル論、象徴的逆転、コムニタス論、祭りと反乱、流用、日常的抵抗／非日常的抵抗、ブリコラージュ、異化（読み替え）、戦略／戦術などの概念や議論、事例は、「抗いの文化」の解読に役立つであろう。またじっさいに、「抗いの文化」そのものを私たち自身がより豊富化してゆくための知的道具としても活用できる。

　さて、エスノグラフィーで紹介したプレカリアートたちのサウンドデモであるが、生来臆病な私は、恥ずかしながら及び腰でデモに参加していた。それでも新鮮な驚きと発見があった。エスノグラフィーを一読してもらえばわかるように、彼らの用意周到さ、きめ細かい配慮には深く感心し、路上での彼らの陽気で自由闊達な振る舞いには少々うろたえたが、「デモの楽しさ」も少しは理解した気になれた。とりわけ心を奪わ

れたのは、彼らが「笑い」までデモに取り入れていたことだった。そんな彼らから私自身が学んだこととは、抗うことはそんなにコワいことではない、そんなに難しいことでもない、そんなに遠い国の出来事でもない、ということ。「抗う」ことのより自由な解釈や創造の可能性であった。

post-work
ポスト・ワーク

【課題 1】

ワークでつくったフレーズを参考に、それを 1 枚の「ビラ」に表現してみよう。

【課題 2】

あなたにとって、「抗っている」と思われる周囲の人びとに話を聞いてみよう。その対象、理由、抗い方に注意するとともに、軋轢や葛藤が生じる問題のありか、問題解決の糸口について考えてみよう。

第6章

祈る

――信仰と儀礼にこめられたこころ

長野隆之

introduction
イントロダクション

　民放テレビの朝のワイドショーには必ず占いのコーナーがある。この占いでは、その日のラッキー・カラーやラッキー・アイテムを教えてくれることがある。ラッキー・カラーやラッキー・アイテムとは、悪い運勢から逃れようとする一種のまじない、呪術といってよい。占いや呪術を非科学的なものと断定する人は多いであろうが、現代の私たちの日常生活のなかにも呪術的なことが行われているのである。

　正月には神社に参拝し、節分には豆をまき、盆には寺院で死者供養を行い、そしてクリスマスをイベント化している日本人の姿は、仏教・キリスト教・イスラム教などの宗教をあつく信仰している人びとにとっては不信心とも思われていることだろう。日本で行われるこれらの儀礼は、順に、神道、宮中および民間の儀礼、仏教、キリスト教にもとづくものであり、その宗教的基盤は多様である。しかし、仏教を帰化させ、さまざまな仏をも「神」として信仰してきた日本人にとっては、そういった信仰のあり方はむしろ当たり前なのである。本章では、そうした信仰をとらえるために、日本人が生活のなかで伝承してきた民間信仰についてみていこう。

　近年の文化人類学では、信仰・宗教を対象とする場合に、政治や権力との関係から論じていくことが多いが、そうした側面だけが信仰の分析ではない。むしろ、何が眼前で行われているかを把握したうえで具体的なテーマが設定されなければならないのである。

work
ワーク

①いま叶えたいことを具体的にあげてみよう。
②その実現のために何をするかあげてみよう。
③それによって、実現できないときには何をするかあげてみよう。

keyword
キーワード

　世界各地のテロ事件が頻繁にニュース報道をにぎわせている。近年のそうした事件に宗教と密接に関わっているものが少なからず認められる。2001年9月11日にアメリカで起きた同時多発テロ事件や、日本のオウム真理教による一連の事件など、その目的や要因をひとつに特定することはできないが、共通の宗教基盤をもった集団によって起こされている側面は認めることができる。

　高校の世界史の授業では、11世紀末から約200年間、西ヨーロッパのキリスト教国が、聖地エルサレムをイスラム教諸国から奪還するために遠征軍を派遣した、いわゆる十字軍の遠征が必ず取り上げられるが、そこにある心情や感覚を理解することは日本人には難しかった。この歴史的出来事は、現代日本からすると、時代的にも地理的にも遠く離れていることに加えて、キリスト教やイスラム教をあつく信仰している人びとの宗教観は、大半の日本人のそれとは異なっているのである。

　満20歳以上の男女を対象とした「日本人の宗教団体への関与・認知・評価に関する世論調査」によれば、信仰とか信心とかをもっていない者が72.3％、神社仏閣・宗教団体が行う行事や活動に参加したことのない者が78.4％を占めている。その一方で、神社に参拝する機会として、69.5％の者が初詣をあげ、以下、祭り、七五三、厄除け、何か願い事があるときなどが続いている。寺への参拝は祭りが55.0％、以下、お参りはしない、初詣、その他、何気なく・通りかかったときなどが続いている〔石井 2005〕。つまり、少なくともアンケートに回答した日本人の7～8割は信仰に関与していないと意識しているが、初詣・祭りといった年中行事や、七五三などの人生儀礼、あるいは厄除けや願い事があるときなどの祈願や除災に神社仏閣に参拝することがあり、それらは宗教的行為と認識されていないことが少なからず認められるのである。

1　世界宗教・民族宗教・民俗宗教

　宗教という語からすぐに連想されるのはキリスト教・イスラム教・仏教などであろうが、それだけが宗教ではない。これらは「世界宗教」と称され、キリスト・ムハンマド・釈迦などの特定の教祖・開祖にもとづいた宗教集団としての組織があり、民族や国家の枠組を越える普遍的な性格をもっている。その一方で、人間生活の必要から生まれた自然発生的な「民族宗教」と称される宗教がある。これは特定の家族・集落・部族・民族などの諸集団・社会で行われるもので、それらの集団・社会を越えない特殊な性格をもっている。

　ただし、世界宗教と民族宗教は、実際の生活のなかでは必ずしも明確に分類できるとはかぎらない。前者は地域社会に定着するために、その地域の民族宗教、あるいは民俗と習合する場合もあるからである。たとえば仏教の場合、執着を捨てて真理を体得すれば悟りである涅槃の境地に達することができるという、いわば釈迦の人生哲学であった。それが中国・朝鮮を経て日本に渡来し、定着していく過程で、祈禱・葬祭の機能を担っていったのである。

　仏教・儒教などの外来信仰が伝来する以前の日本の信仰を発見しようとする試みが、とりわけ日本民俗学によって行われてきた。それは主に民間に伝承されている信仰を素材として、外来信仰の要素を消去することによって、固有信仰の姿を浮かび上がらせようとするものであった。しかし、古い時代にすでに両者は習合しているため明確に分けることができず、現在は包括的にとらえる有効な概念として「民俗宗教」という言葉が用いられている。日常生活のなかでは、それが仏教であるのか神道であるのか、あるいは民間の信仰であるのか、そういった分類は意識されない。私たちにとって重要なことは、直面している現実の問題に対して、どのような助けが期待されるのかなのである。

　誰もが病気や災害、災厄といったものから逃れたいものであるが、それらは人生において必ず直面する。そのときに何に救いを求めるか、なのである。たとえば、農業において豊作を期待するときに、一方には科

学的な農業理論や技術がある。しかし、他方には田の神への祈りもあるのである。これらは同じ心情から発するものである。受験のときに有効な手だては勉強することであるが、合格祈願のために神社仏閣に参拝をしたり、占いを見たりもする。占いやまじないも、広い意味では宗教ということができるのである。

2　現代のまじない

　インターネットに「おまじないヒミツじてん」（http://omazinai.himitsu-ziten.com/）というサイトがある。ここではさまざまな願いを叶えるための方法が紹介されている。たとえば、「苦手科目を撃退する」ためには、「青いリボンに「WISDOM」と書き、金のリングに結び付けてシオリにして」、「これを苦手科目の教科書にはさんでおくと克服できる」とあったり、成績を上げるために、「先生がうつっているプリクラを持つ」たり、「思いが通じる」ためには「好きな人の写真に思いをこめて、胸のところを３回ノックする」などの方法が紹介されている。

　苦手科目を撃退する例では、「青いリボン」や「金のリング」というアイテムも必要とされているが、「WISDOM」という言葉によって、それが実現すると考えられている。これらは現代的なアレンジが施されてはいるが、「言霊信仰」に通じるものである。言霊信仰とは言葉には霊魂が宿っており、言葉を発するとその霊魂が発動して、現実が言葉どおりに動くというものである。

　成績を上げる方法と思いが通じる方法は、ともに写真が重要なアイテムとなっている。写真はたんに人の姿が写っている紙ではなく、その人の霊魂と通じているのである。これもまた写真という近代的なアイテムを配置しながらも、「人形(ひとがた)」を用いる祈願と同様な心性が認められる。人形は災いや穢れを祓うために、人の身代わりとしてつくられた人体を模したものであり、それに人の受けた災いや穢れを背負わせてから流したり、焼いたりして災厄を除くのである。

　また、「先生がうつっているプリクラ」も注目すべきである。たんな

る写真ならば撮影するのは容易であるが、プリクラとなると、先生のプリクラをどこかから入手するか、先生をプリクラに連れて行かなければならない。そうした試練を設けることによって、祈願内容を成就させるリアリティを生み出しているのである。これも、ただたんに神社や仏閣を訪れて祈願するよりも、お百度参りのようにより困難な状況が祈願する側にあれば、その祈願もより強固になるという心性に通じている。

こうした方法には、ある種の信仰が認められ、呪術的な行為を支えている。しかし、宗教行為と異なる点は、そこに祈願を託す対象がないということである。たとえば、神社や教会ならば神が、寺院ならば仏といった対象があるのだが、そうしたものがないということである。

3　神の諸相

宗教のもっとも基本的な概念として「アニミズム」がある。これはイギリスの宗教人類学者 E. B. タイラーが唱えた学説で、さまざまな霊魂に対する信仰全体をいう。生霊・死霊といった人霊以外に、超自然的な神霊、動植物や自然物に対して霊魂の存在を認め、自然はそれら精霊から活力を与えられているとするものである。これによりいかに宗教が霊魂への信仰から展開されたかが示された。

そうした霊魂などの霊的存在や霊界と直接交流することによって、呪術的役割を果たす職能者であるシャーマンを中心とする宗教形態が「シャーマニズム」である。日本では、巫術（ふじゅつ）・巫道（ふどう）・巫俗（ふぞく）などと呼んだ。現在でも霊能者と称する宗教者がテレビなどにも出演しており、その真偽がしばしば議論されることがあるが、真偽はともかくも、それに頼りたい人びとを少なからず認めることができるのである。

霊魂に対する信仰は日本の民間信仰に顕著である。稲荷神などの特定の祭神が祀られている場合も多いが、坪井洋文は、稲作民的世界ではタノカミ、畑作民的世界ではヤマノカミ、漁撈民的世界ではエビス、都市民的世界ではイチガミが信仰されているという枠組みを設定した〔坪井1982〕。これらは、その祀り手によって三つに分けられる。個人の家で

祀る屋敷神、本家分家などの一族・一門が祀るマキ氏神、集落で祀るムラ氏神である。

　そして、こうした神の背景には「祖霊信仰」があった。人びとの霊魂は山や海の彼方の他界に去り、そこで浄化されて祖霊となると考えられている。祖霊は盆と正月を中心に、時に応じて子孫のもとを訪れてくる。この祖霊の分身が山の神・田の神・歳神などに表現されているのである。

　また、時に応じて子孫のもとを訪れる神は、集落の人びとがその扮装をする訪問者・来訪神の形をとる場合がある。東北地方のナマハゲやカセドリ、沖縄地方のアカマタ・クロマタなどがそれである。このような来訪神は蓑笠を身に着けており、それが神の姿と考えられていた。

　さらには、日本においては信仰対象が流行することがある。それらは「流行神(はやりがみ)」と名づけられている。たとえば、稲荷神は稲の神であるが、江戸時代には商売の神として人気を集め、稲荷神社の数が急激に増えた。地蔵・七福神・お札参り・エエジャナイカなども流行神であり、現世利益を期待して人びとの欲求に応じてつくり出されていく特徴がある〔宮田 1993〕。

4　稲作儀礼

　信仰に期待されるのは、精神的なものであれ、物理的なものであれ、人間の力では叶えることが困難な願いを実現してもらえることである。その祈願の対象として「神」がいるのである。そして、その方法には「個人祈願」と「共同祈願」とがある。

　現代の都市社会においては個人祈願が専らとされ、村落社会においても個人祈願がなされてきたことは歴史的にも確認できる。しかし、屋敷神・マキ氏神・ムラ氏神が祀られているということは、個人だけではなく、イエや一族・一門単位、集落単位といったそれぞれの氏神に対応する祈願も行われていたとことを示している。そうした集団による祈願を共同祈願という。

代表的な共同祈願には雨乞い・虫送り・疫病送りなどがある。水不足は人びとの生命や集落の存続を危険にさらす深刻なものであるため、水や雨を司る水神・竜神にはたらきかける雨乞いが行われた。これは時に応じて臨時に行われる地域もある。虫送り・疫病送りは悪霊・悪神によってもたらされると考えられ、そのような存在を集落の外に追い出してしまうものである。これらは年中行事として定例化している地域が多い。

　稲作社会における年中行事は自然暦に対応しつつ、予祝儀礼・播種儀礼・田植え儀礼・成育儀礼・収穫儀礼がある。予祝儀礼は小正月を中心に行われ、その年に期待することをあらかじめ模擬的に行うと、それが実現するという考えにもとづくものである。したがって、稲作の栽培過程や害虫駆除を模擬的に演じたり、稲や畑作物の結実化した姿を象徴化したものをつくって祀ったりする（モノツクリ）。また、小正月には祖霊が訪れ、年頭にあたって人びとを祝福する側面をもつ。さらに弓を射て的の当たりはずれによって豊凶を占う歩射などの競技や年占も予祝儀礼に含まれる。

　播種儀礼は種を播くときに行われ、田の神が迎えられる。田植え儀礼は、田植えに先立って儀礼的な田植えである初田植えを行うもので、再び田の神を降ろし（サオリ）、そして、田植えが終わるとそれを送るものである（サノボリ・サナブリ）。サは田の神を表すと考えられており、サオリはサ・オリ、つまり、田の神降ろしであり、サナブリはサ・ノボリ＝田の神送り、サオトメはサ・オトメ、すなわち、田植えをする女性を意味するのである。

　成育儀礼は稲の成長を祈願する儀礼で、上記の雨乞いや虫送りもこれに相当する。稲が成長する時期は夏の暑い時期でもあり、稲作儀礼ではないが、疫病送りが行われ、また、盆には霊魂の供養の儀礼も行われる。そして、それらが終わり、稲が稔る時期には収穫儀礼が行われる。これは稲刈りから脱穀・調整の作業の期間に行われ、稲刈り開始時には穂掛け、終了時には刈り上げ、脱穀・調整後には稲上げ・庭上りの儀礼がある。

5　祈願の手段としての芸能

　日本における伝統的な祭りは、豊かな収穫の祈願、災厄除け、招福、死者供養などを目的として行われてきた。現在、私たちが初詣などで神社に参拝するとき、手洗場で手を清め、口をすすぎ、神殿に行って賽銭を入れ、鈴を鳴らし、二礼二拍手一礼という作法を行う。これは自分一人でできるものであるが、厄払いなどを行うときには神職にお祓いをしてもらう。このように、その祈願の種類や度合いなどによって、その方法も異なってくる。

　日本の民俗芸能は、そうした祈願の手段としても用いられてきた。芸能は演者と観客とからなるが、日本の民俗芸能においては、演者は、時に「神」として人間である観客の前に現れ、時に人間として「神」を観客として演じられる。すなわち、芸能が媒介となって「神」と人との関係を成立させているのである。

　本田安次は、民俗芸能を「神楽（かぐら）」「田楽（でんがく）」「風流（ふりゅう）」「語り物・祝福芸」「外来系とそれを含むもの」に分類している〔本田 1990〕。この分類案については、神楽・田楽・風流は芸能を行う目的によって、語り物・祝福芸は芸態、外来系は芸能史を勘案したものというように、分類の基準が一定ではないことが、すでに山路興造によって指摘されている〔山路1999〕。しかし、それでもなお有効であることも同時に指摘されており、この分類案を使えるように多少解釈を加えてみる。すなわち、神楽は神座（かむくら）の神、田楽は田の神、風流は外から来る神への芸能、語り物・祝福芸は言霊信仰にもとづき、外来系とそれを含むものはそれらと異なる系統とする。

　こうしたあり方は信仰の一事例であり、当該社会における芸能の位置づけと密接な関係がある。その一方で、現代社会においては、必ずしもそのような関係があるわけではなく、信仰は別の形をとって認識される。つまり、何に祈るのか、その対象を明らかにすることにより、信仰の世界観と「祈り」の社会性が理解されるのである。

引用参考文献

飯島吉晴編，1999，『幸福祈願』（民俗学の冒険①），ちくま新書

石井研士編，2005，『日本人の宗教意識・神観に関する世論調査（2003年）―日本人の宗教団体への関与・認知・評価に関する世論調査（2004年）：報告書―』，國學院大學21世紀COEプログラム「神道と日本文化の国学的発信の拠点形成」

大間知篤三他編，1958，『日本民俗学大系』第9巻，平凡社

―――，1959，『日本民俗学大系』第8巻，平凡社

タイラー，エドワード・B，1962，『原始文化』（比屋根安定訳），誠信書房

坪井洋文，1982，『稲を選んだ日本人―民俗的思考の世界―』，未來社

本田安次，1990，『日本の伝統芸能』，錦正社

宮田登，1993，『江戸のはやり神』，ちくま学芸文庫

山路興造，1999，「「芸能」の機能と類型」，『芸術と娯楽の民俗』（講座日本の民俗学8）（赤田光男他編），雄山閣出版

「おまじないヒミツじてん」（http://omazinai.himitsu-ziten.com/）

ethnography
エスノグラフィー

岩手県旧江刺市広瀬の民俗芸能

はじめに

　日本の民俗芸能の総数は約 30,000 と推定されている〔宮田繁幸 2003〕。岩手県内には 1,000 以上もの団体があり、民俗芸能の宝庫と呼ばれている。調査対象地の旧江刺市にはおよそ 100 団体がある〔岩手県文化財愛護協会 1999〕、平成の町村合併以前、日本には約 3,500 の市町村があり、単純に平均すれば、民俗芸能団体は一市町村当たり 10 足らずにしかならない。岩手県、および旧江刺市の数の多さが知られよう。また、平成に入ってから生活のなかでうたわれていた民謡が急速に人びとの記憶から失われ、民謡調査が成立しないような状況のなかで、江刺では豊富に残されていた。

　これは歌や芸能が生活と密接に関わりながらあったためであり、歌や芸能は祈願の一つの方法としても存在していたのである。

1　調査地の概況と芸能の位置づけ

　調査対象地である岩手県旧江刺市は、1955 年に江刺郡 1 町 12 村のうち、1 町 9 村が合併して江刺町となり、その 3 年後に市制が施行されて江刺市、そして 2006 年に江刺市を含む 2 市 2 町 1 村が合併したことにより奥州市となった。そのなかで広瀬は昭和の合併以前の村である（図1）。

　江戸時代、江刺郡は仙台藩の北端として盛岡藩と境を接していた。そ

図1

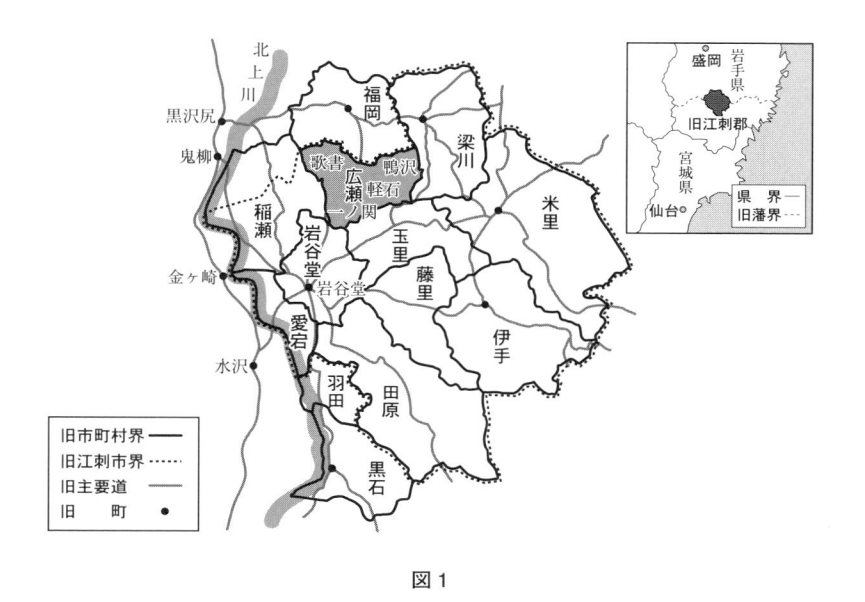

のため、藩境警備の地として治安上重要であり、郡代官所が江刺郡を統治していた。この代官所は、現在の奥州市役所江刺総合支所のある岩谷堂に置かれていた。したがって、岩谷堂は江刺郡の政治的中心といえる。それと同時に経済的な中心地であった。江刺郡の西は北上川に接して舟運がさかんに行われ、また江刺郡の主要な道は、すべて岩谷堂に集中するようにあり、郡内の物資は一度、岩谷堂に集積されていたのである。

　明治時代中頃に東北本線が開通したことにより、物資の集積地は岩谷堂から水沢へと移り、急速に経済が衰退していったが、現在でも旧江刺郡内においては、北上市と合併した旧福岡村と旧水沢市に合併した旧羽田村と旧黒石村を除けば、岩谷堂は中心であり、周辺の農山村の中心に、政治経済施設をもつマチ場の岩谷堂があるという構図は変わらない。

　こうしたなかにあって、旧広瀬村は岩谷堂の北東に接し、比較的高地で、北上川沿岸ほどの収穫高ではないものの、稲作などの農業が主生業であった。この旧広瀬村の成立は、1875年の鴨沢・軽石・歌書・一ノ

関の4村の合併にまでさかのぼるが、それから130年以上経た今でも、実生活のなかには、それら4村をもとに把握される場面もある。たとえば、信仰における氏子や檀家の組織、かつての農業の労働組織もこの集落を単位として把握されるし、民俗芸能の保存団体も同様である。

前述したように、岩手県は民俗芸能団体がたいへん多い地域である。そのなかにあっても、広瀬はとくに多い地区といえる。『岩手の民俗芸能』には23の芸能団体名（神楽・太神楽・田植踊り・鹿踊り・剣舞・人形芝居・歌舞伎）があげられている。これらすべてが現在も継続しているわけではないが、1,500人ほどの広瀬の人口を考えれば、やはり芸能がさかんな地域といえよう。

このことは、たんに芸能が好きな土地柄というだけでは説明できない。祭礼や祖霊供養などの信仰の場にあって、芸能は特定の機能をもって伝承されているのである。その具体的な様相は後述することになるが、そのほかに芸能団体が社会的に機能していることも指摘できる。江刺のあたりでは明確な年齢集団はないが、小学校の低学年ぐらいまでの子どもが「シンガク」、小学校の高学年ぐらいは「剣舞」、青年は「鹿踊り」、壮年は「神楽」、女性は「太神楽」にそれぞれ属するというように、芸能団体の存在が年齢階梯的なのである（ただし、この芸能団体にすべてのムラ人が所属してはいないので、厳密には年齢集団とはいえない）。

このような芸能集団は、集落のなかでの行事で一定の役割を担っているだけではなく、小正月のカセドリ祭や盆に岩谷堂や花巻などのマチ場に門付けに訪れる。これによって臨時収入を得ていたのである。門付けなどの芸能活動は、芸能集団だけではなく、それに属さなかった人びとも、同じ集落の人と芸能の組（歌い手1名・太鼓1名・三味線1名・踊り男女1名ずつ）をつくって行っていた。また、女性たちにとっても芸能は重要で、歌や踊りは料理や裁縫と同じように女性ができなければならないことだったという。他の集落から嫁入りして、歌や踊りのできなかった者は、近所の上手な人に教わったともいう。この歌や踊りは結婚式などのハレの機会に披露された。集落内でのコミュニケーションの一手段だったのである。

このように、旧江刺市広瀬は芸能が集落内部で重要な位置を占めている地域である。この調査資料は、1989年から2001年まで國學院大學歌謡研究会が断続的に行った民謡調査をもとにしたものである。なお、この調査では、旧江刺郡全体を対象としていたため、本章で対象としている小集落のエスノグラフィーとしては資料に不足がある。したがって、その場合には、広瀬だけではなく近隣の集落の事例や文献資料で補いながら記述していく。

2　招福・厄除け：大正月を中心とした儀礼

　前述したように、調査対象地の主生業は農業であったため、そこで行われる行事は農耕儀礼・豊作祈願が主であり、そのサイクルも農事暦に沿ったものとなる。ただし、年中行事には一年を両分する考えが認められる。正月と盆は対をなし、双方ともに祖霊を迎える神霊祭りの性格がある。このときには神霊祭りのみならず、そのほかの生活に関わる祈願も行われる。正月には主に予祝儀礼が、盆には除災の儀礼がともなう。また、正月も厳密には大正月と小正月とでその信仰的な性格が異なる。予祝儀礼が主となるのは15日を中心とした小正月であり、1日からの大正月では招福や厄除けが祈願される事例が多い。現在でも、日本中の神社では厄払いを行う光景が見られ、また初詣客の多い寺院として厄除け大師が上位にあげられる。

　正月の準備は前年の12月から始められる。全国的には12月13日を「煤掃き(すすはき)」、もしくは「正月事始め(ことはじめ)」「正月始め」「年取りの始まり」などと呼んで、正月準備を始める日と考えている地域が多い。江刺あたりではその日を特定するのは難しく、煤掃きはほぼ12月27日であるが、稲瀬では12日が山の神、13日が虚空蔵、以下、14日が八阪神社、15日が恵比寿と八幡、17日が観音、19日が白山と蒼前、20日が田の神、25日が天神と文珠、27日が清水、28日が荒神といった「神」の年取りの日と考えられていたため〔山口1975〕、やはり12月13日あたりから正月の忌みが始まり、神聖性を犯す行為が避けられるようになると考えてよ

いであろう。

　同様に、正月の忌み明けの日も特定しがたいが、稲瀬では6日は爪を切る日であり、正月3日以前に爪を切るとよくないことが起きるといわれていた。これは「夜に爪を切ってはいけない」という禁忌に通じ、忌みの期間には人間の生命力を宿す爪を切ることは禁忌とされていたのであり、その意味で6日は忌み明けの一つと考えられるであろう。

　おおよその「神」の年取りが終わった28日に餅を搗き、31日には「ミタマメシ」を供えるイエが多い。ミタマメシとは、農具の箕の上に半紙を敷いて、小さな握り飯を12個（閏年には13個）並べて歳神に供えるものである。ミタマは御魂・神霊であり、餅と同様に、祖霊、ひいては田の神・歳神に対する供物と解釈される。

　正月の儀礼は基本的にイエごとに行われるが、広瀬の鴨沢では元旦0時から氏神である新山神社で、地元に伝承される鴨沢神楽の神歌が奏され、地域の安寧や五穀豊穣が祈願される。その後に、各イエでは若水を汲み、朝食後に氏神に詣る。若水は炊事をする者が、

　　○若水むかえます　なに水むかえます　黄金の水をむかえます
と唱えながら井戸から柄杓で桶に水を汲む。若水には邪気を除く効き目があると考えられており、これでつくった雑煮などを食べると一年間健康に過ごせるといわれていた。

　こうした招福・除災の儀礼は順次行われる。7日は「七草」で、朝早く起きて、七草を切りながら、あるいは七草を切る真似をしながら、

　　○何草はたく　七草はたく　唐土の鳥と田舎の鳥と渡らぬ先に　何
　　　草はたく　七草はたく
と唱え、七草を入れて粥をつくる。七草も病疾を払うものであり、除災儀礼の性格が強い。

　小正月は主に予祝儀礼が中心となると前述したが、除災や来福を願う行事もあった。14日にはさまざまな小正月の年取りの行事が行われた。たとえば、米里では「アラグロ」や「モグラ追い」が行われた。アラグロは夕食前に行うもので、ダンナサマ（架空の長者）のための餅を門口に掛け、男の子が各建物全部に五升桝に入れたソバガラをまきなが

ら、

　　○あらぐろー　飛んでこよー　銭も金も飛んでこよー
と大きい声で唱えながら歩く。その晩は福を呼び込むように戸を閉めないで開けておく。方角に厳格な年寄りのいたイエでは、家のまわりは北東の角から西をまわって、南の玄関から入れといわれた。猟師のイエでは夕食の後に空砲を撃った。これは節分の豆まきと同様の意味をもつと考えられる。節分は立春の前日であり、一年を分ける節目に行われる厄除けの儀礼なのである。

3　予祝儀礼・稲作儀礼：農神に対する信仰
予祝儀礼

　予祝儀礼は主に正月15日、すなわち小正月を中心に行われる。江刺あたりでは、この日を「モチの日」とか「女正月」といった。15日は旧暦では満月にあたる。つまり、その年の初めての望月の日なのである。

　予祝に相当する儀礼が行われるのは11日からである。この日は仕事始めの日であり、「農始(のうはだて)」、もしくは「庭田植え」「モノマネ」と呼ばれる儀礼が各イエで行われた。雪の積もった田圃に行き、豆ガラなどを苗に見立て、田植えの真似をしたのである。

　予祝儀礼は必ずしも稲作に限定されるものではない。たとえば、「モノツクリ」と分類されるものでは、水木に蚕を真似た米の団子をつけたものを土間に立てたり、藁に5、6個の餅をつけて稲穂に見立てたイナボなどもつくられたが、1本の藁を粟に見立てたアワボをつくり、豊作を願って庭に立てたりもした。

　また、「木責(きぜ)め」は樹木に秋の稔りを約束させる儀礼であり、おとなと子どもの2人で、庭にあるナリモノの木（実のなる木）の前に行き、一人がまさかりを担いで木を切る真似をし、

　　おとな「なるかならんか、ならざら切るぞ」
　　子ども「なります、なります」
というやりとりを行うものであった。

こうしたイエごとの行事が終わると、主に集落単位の行事が行われた。それらは、来訪者の形をとるものであった。「カセドリ」は、15日の晩に、7～10歳ぐらいの子どもが、男女混合で集落の各家をまわるもので、家のそばまで行ったときに
　　「カセドリこんこん」
と唱える。すると、その家の者が「よく来たなあ」と言いながら、約5cm四方の角餅を一人につき2個ずつ配った。お金を1～2銭配るイエもあった。もらった餅やお金は持参した袋に入れる。ひと通りまわり終えたら、一緒にまわった誰かの家に行って、もらった餅を食べた。
　「田植踊り」も来訪者の形をとった。これは15日から行われるもので、集落の芸能組が各家に門付けをして、その家の座敷で行った。田植踊りは米作りの作業を舞踊化した芸能であり、その意味では前述の農始と同じく稲作作業の模擬行為なのである。広瀬では、太鼓と笛と三味線を伴奏に歌い手がうたい、それに合わせて踊り手が踊る。ここでうたわれる詞章には田植え作業のときの田植え歌と同じものもある。田植踊りを踊った年は米がよくできたといわれたが、田植踊りの歌は正月にうたうもので、5～7月はうたってはいけない、うたうと稲が育たなくなるといわれた。この時期は田植えが行われるのであり、祈願の方法も異なるのである。

田植え作業

　稲作作業は種籾準備・耕田・苗代播種・育苗・田植え・除草・育成・収穫（稲刈り）・脱穀・調製といった順序で行われる。田植えとは、苗代で育てた苗を取り、本田へと移植する作業のことであり、実際の田植えの開始は苗の成長で決まるが、梁川では「四十九日苗は植えない」といい、49日以上育ててから行った。田植えは、早いところで5月20日頃、遅いところで6月20日頃からはじめ、7月に入っても終わらないことがあった。
　広瀬では、苗取りは年寄りの男性が行った。男性がいないところでは女性も行った。苗運びは子どもかワケェモンの仕事で、これをヤンジュ

ウロウといった。ヤンジュウロウは転ぶと餅を振る舞わなければならないといわれた。

　田植えは主に女性が行う地域もあれば、男女の別なく行う地域もあった。しかし、一般的には女性が田の神を祀る役目を担って田植えを行うと考えられている。

　田植えの日は、暗いうちにその日作業をする田の持ち主の家に行き、たいていはそこで朝ご飯を食べる。朝ご飯を食べていると明るくなってきて、それから田植えをした。ご飯の用意は、田植えをする田のイエのみで行う場合と、ヨイッコ（結）のなかで役割を決めて行う場合とがあった。

　田植えの後、9時から10時ぐらいに「タバコドキ」がある。タバコドキは、「イップクヤスミ」「コヤスミ」「コビル」「オヤツ」ともいった。タバコドキは午後2時から3時頃にもあった。タバコドキには、おふかし（赤飯）・おこうこ・煮染め（昆布・こんにゃく・豆腐・芋）・ざく煮（ささぎ・芋・人参に葛をまぶしたもの）・干しニシン・田作り・シラヲなどのゴチソウや酒が出た。タバコドキのゴチソウは楽しみだった。おふかしは朴の葉に盛った。この朴の葉を腰に差すと、田植えのときに腰が痛くならないといわれた。

　また、伊手では、午前中のタバコには「お田の神様」をニワに上げ、皆でつまんで食べた。「お田の神様」とは、苗三把の上に朴の葉をのせ、その上に小さな赤飯のおにぎりを3つのせたものである。「お田の神様」をいただいてから他のゴチソウを食べる。「お田の神様」をいただくと、田植えで腰が痛くならないと言われていた。12月31日のミタマメシと同様に、おにぎりには稲霊がこめられていると考えられていたのであろう。

　田植えのとき、植える手の早い人が外回り、遅い人が内回りで苗を植えた。植えるのが遅く、田の中にひとり取り残されることを「田の神様になる」といって揶揄した。

田植え歌

　江刺あたりでは、田植えの時期は里芋を植える時期でもあり、田植え歌を大きな声でうたうと、里芋もよくおがる（育つ）といわれた。また、うたいながら植えると、米をつくときにつきやすい米ができるといわれていた。田原では、朝、田に入ってすぐうたったが、タバコドキに酒が出されて、その後の作業からうたう地域も多かった。
　一番始めに、
　　　〇お田の神様　はかござれ　晩のあがりの　早いように
といった「お田の神様　はかござれ」の詞章をうたい、後は何をうたってもよかった（田原）。梁川でははじめの詞章は決まっていなかったが、その日一日の仕事のあがりのときには、つぎのような詞章をうたった。
　　　〇植えれば植えれば　腰が病める　お暇申すぞ　田の神
つまり、田植えは労働であると同時に田の神祭りであり、開始にあたって田の神を降ろし、終わりに田の神を送ったのである。広瀬においてはこのような詞章はなかったが、
　　　〇一本植えれば千本になるよ　秋はかんべを刈るよに
とうたわれた。これは豊作の願いの吐露であるだけでなく、田の神への祈願でもあったのであろう。
　その一方で、田植えはたいへんな重労働でもあったので、作業の途中で歌によってタバコドキや腰を伸ばすなどの催促をしたところも多かった。
　　　〇植えれば植えれば　腰が痛い　今日の日も早や　たんばこになるが　たんばこ持ちの　遅いサヨ
また、作業のつらさをまぎらわせるために、バレ歌（性的な歌）もうたったという。性的な歌は妊娠にも通じるものであるため、稲の豊穣を祈願する類感呪術でもあると考えられる。江刺では餅つき歌を転用して、
　　　〇呼べば来るヤヨ　呼ばねば来ない　堰の水　呼ばずともヤヨ　ござれや裏の　細道を
　　　〇今朝見わればヤヨ　七重に垣を　結われたヨ　結わば結えヤヨ　七重も八重も　九重も　結うたとてヤヨ　心に垣は　結われまい

○忍び来てヤヨ　枕がないと　ぼうふらたつ　枕にはヤヨ　互いの
　　　　腕を　枕にヨ

といった詞章があった。餅つき歌はテンポのよい歌であり、田植えのときの詞章の数を増やすという目的とともに、作業能率をあげると考えられていた。このような田植え歌も、機械が導入されていくにしたがってうたわれなくなっていった。

　集落の田植えがすべて終わると「サナブリ」が行われた。江刺では「オッキリ」とか「足洗い」ともいって、イエごと、集落ごと、班ごとなど地域によって違っていたが、みんなで飲食をした。各人が当番であるヤドの家に餅米一升と肴代である御念様（お金）をもっていった。田植え歌は、田植え作業のとき以外にはうたうものではないといわれていたが、広瀬ではサナブリのときにはうたってもよかった。他の江刺の地域では「式三番」（男性が「四海波」「長生」など、女性が「さんさ時雨」）をうたい、その後は何をうたってもよいというところが多かった。これが終わると田植え休みとなる。

　田植えが終わると、稲の成育に関わる作業や儀礼が行われるが、それは次項にゆずる。田の神への儀礼は９月にも行われる。この月は稲刈りがあり、祭りの月でもあった。稲刈りでは歌はなく、収穫の感謝と豊作祈願が各地で行われている。収穫を感謝する行事である「オカリアゲ」などでは儀礼歌がうたわれる。

4　除災・供養の儀礼

　夏は稲の成育とって大事な時期であると同時に、災厄の季節でもあった。その代表的なものに虫害がある。虫害がひどいと凶作になり、生命に関わるのである。そのため「虫送り」という「鎮送呪術」が旧６月に行われた。川のある地域では、桃の枝に虫の名前を書いた紙を吊して、家の東の川に刺す。川のない地域では、ギシギシ（スナヒコ）という花をとってきて、蚤や他の虫を集めて乗せたノミノフネをつくっておき、ムゲノツイタチ（６月朔日）に、ノミノフネとテントウ虫や青虫を集め

鹿踊り

て袋に入れて笹に吊して、集落の一カ所に集める。

　以上はイエの行事として行われたが、玉里ではムラの行事であり、とくに日は決まっていないが、旧6月末〜7月のお盆の頃、おとなが太鼓を叩きながら行列をつくって山の方へ小さな虫を送る。そのときに、
　　　○何虫おーくるよ　稲の虫おーくるよ　芋の虫おーくるよ　粟の虫
　　　　おーくるよ　高い山さ　ぽってやれー
という言葉がともなわれた。また、大きなテビロッコ（蛾）などは、風のない日の夕方に何人かのおとなが集まり、山の方へ行って麦の殻を焚くという「火焚き」を行って山の方に飛ばす。これが終わると、どこかヤドを借りて酒を飲んだりツメリ（すいとん）をつくったりした。

　また、旧7月の盆の頃には「鹿踊り」という芸能で、豊作や疫病除けが祈願された。広瀬にはこの芸能の組が3組あった。鹿踊りにおいては、それらが祈願されるだけではなく、初盆のイエから頼まれて供養も行った。稲瀬では寺院の境内にある地蔵を供養するために鹿踊りが招かれたこともあり、娯楽以外の意味をもつ芸能なのである。

　剣舞という芸能も鹿踊りと同様に供養のために行われる。宮沢賢治の

詩「原体剣舞連」でも有名な田原の原体剣舞(はらたい)は、盂蘭盆の起源を説明した仏教説話を再現するもので、その説話は剣舞の起源伝承に関わったものである。踊り手は一剣舞2名、押剣舞2名、踊り子8名で、これらは亡者である。ほかに信坊子がおり、信坊子は釈尊十大弟子の一人目連導者であり空也上人でもある。つまり、演じ手は盂蘭盆の起源説話を追体験し、死者の霊魂はその説話を見ることによって供養されるのである。

　太鼓は2名が2組、笛は最低限1名でもよいが通常は3名、キリコ持ち1名である。キリコ持ちとは、提灯を持ち、庭で踊る場合にはそのイエのホトケサマの正面に立つ。鉦とササラはそれぞれ女の子1名ずつで、この2名は信者とも呼ばれる。踊り手・鉦・ササラは、1996年までは小学4～6年生だったが、子どもの減少により現在は1～6年生が行う。中学生になってもお囃子として残る者もいる。お囃子はおとなで、太鼓たきは20～60歳である。

　原体剣舞は、基本的には初盆のイエやお彼岸に行われる。踊りの場に行くまでの道中、行列を組み、道太鼓を叩き、節のついた念仏を唱えながら歩く。途中、橋があれば「橋」というように、回向の歌を太鼓はたきがうたう。

　　「橋」
　　　〇これの大橋見申せば　飛騨(たくみ)の匠の架けたる万年橋(まんねんばし)　弥陀願似此功(みだがんにしく)
　　　徳平等施一切同(どくびょうどうせっさいどう)　発菩提心往生安楽国(ほつぼだいしんおうじょうあんらんこく)
この歌を回歌(かいこう)という。供養する家に一番近い辻につくと、そこに太鼓を置いて「ゴシャラク」をうたう。これと同じことを庭の入り口でも行う。踊りが始まる前に太鼓と太鼓はたきは所定の位置につき、供養の回歌をうたう。供養の回歌には、通常のもの、
　　　〇参り来て　これのお仏見申せば　光り輝くありがたや　弥陀願似
　　此功徳平等施一切同　発菩提心往生安楽国　南無阿弥陀
25、6歳ぐらいまでの若くして亡くなった人を供養するもの、
　　　〇去年まで花と見られし禊萩(みそはぎ)は　今年来てみりゃ位牌なり　涙ばかりで目が開かぬ　弥陀願似此功徳平等施一切同(みだがんにしくどくびょうどうせっさいどう)　発菩提心往生(ほつぼだいしんおうじょう)
　　安楽国(あんらんこく)　南無阿弥陀(なむあみだ)

の2種類がある。この後に僧侶にも供養をしてもらう。

　江刺では、こういった芸能は盆の15日を中心に各家で門付けをしてもらうのであるが、盆棚をつくるなど盆の準備は13日ぐらいから行われ、16日が地獄の釜の蓋が開く日で送り火が焚かれた。また、二十日盆には墓参りをし、30日か31日が送り盆であった。

　盆棚は幅が約90cm、高さが約1mで、これの上に川端に出てるガツギという草で編んだコモをかける。コモの両端の編んでいないパサパサした部分を両横に垂らす。その上に新しく買ってきたゴザをかける。ゴザは前に垂らす。その上にホトケサン（位牌）、おふかし・お煮染め・りんご・お菓子などの供物を供える。たいてい13日か14日に墓参りをし、そのあたりから迎え火を焚き、盆踊りが行われた。

　どこの地域でも、公民館などの広場に櫓を立てて、そのまわりで踊っていた。かつては、
　　○盆はナー　盆はうれしや　別れた人も　アラセーヨホホイ　晴れてこの世に　会いに来る（梁川）
　　○盆の十六日　正月から待ちた　待ちた十六日　今宵限り
　　○盆の十六日　闇夜であらば　忍び男も　泣かせまい（福岡）
などがうたわれていたが、江刺甚句や秋田甚句、北海盆歌が流されるようになった。盆踊りは早い時期から供養の側面よりも娯楽的側面が強くなっていったことが、こうした歌の変化からも読み取れるのである。

5　まとめにかえて：儀礼構造

　以上、岩手県旧江刺市広瀬を中心とする信仰と儀礼を一年の流れに沿って、大まかに招福・厄除け、予祝、農神に対する信仰、除災・供養に分けてみてきた。

　現在の私たちの生活のなかでは、招福・厄除け祈願は自分の住んでいる地域にかかわらず、より御利益の期待される寺社で行われることが多い。しかし、旧江刺市広瀬では地域の氏神や祖霊が祈願の対象となっていた。招福と予祝、稲の豊作祈願などは異なる祈願内容ではあるが、そ

の対象は祖霊に通じるものであり、信仰と地域が密接に関係していることを指摘することができる。
　また、そうした祈願の内容と対象は歌や唱えごとといった言葉に表象されていた。この言葉を中心に信仰や儀礼をみていくと、信仰とはほとんど関わらない儀礼にも同様の構造を認めることができる。最後に、その代表例として婚姻儀礼を取り上げ、儀礼形式の分析を行ってまとめにかえる。
　人は一生を通じて、その節目節目で婚姻・出産・成育・年齢・葬送といった儀礼を行う。これらはそれぞれの世界に定着し、その世界での安寧を祈願するものであった。婚姻儀礼の把握は、結婚式以前、すなわち婿・嫁の選定などから、婚約に関する儀礼（結納）・成立に関する儀礼・披露の儀礼などをみていかなければならないが、ここでは儀礼構造を抽出することを主とするため、婚姻の成立から披露の儀礼までをみていくこととする。
　婚礼当日は嫁迎えが行われる。仲人・婿・婿の両親・長持ち担ぎ・荷背負いが嫁方の家に行き、そこで「フルマイ」がある。フルマイが終わると長持ちを外に出し、嫁方の長持ち担ぎがうたってから婿側の長持ちが肩を入れて受け取り歌をうたう。
　　○[婿方・嫁方] 今日は日も良し　天気も良いし　結び合わせて縁となる
　　○[嫁方] お渡ししましょ　この長持ちを　二度と返すな　古里に
　　○[婿方] 受け取りましたよ　この長持ちを　二度と返さぬ　古里に
　　○[婿方・嫁方] めでためでたの　若松様よ　枝も栄えて　葉も繁る（田原）
結婚式の当日の天気が悪くても、日がよいので「天気もよいし」とうたった。この担ぎ出しには男性しか関わることができなかったので、長持ち担ぎも男性しかできなかった。長持ちは婿方２人・嫁方２人の４人で運ぶ。担ぎ手はうたえる人でなければならず、うたえない場合には誰かを頼むか、うたえるように練習した。
　嫁入り行列には、仲人・嫁・嫁添い（近親者）・オモリャアサマ（嫁と

婿の両親）、荷背負い、長持ち担ぎが加わり、遠距離からの嫁入りでは、嫁は馬に乗った。道中「馬方節」をうたう地域もあったが、ほとんどのところでは歩きながらうたうことはなかった。長持ち担ぎがうたったのは、休み場で酒を出されるときだった。まず酒をふるまうほうが長持ち歌をうたい、
　　　○さすぞ盃　中みてあがれ　中に恋路の　文がある
受け取る方は受け取りの歌をうたって酒をもらった。
　　　○受け取りましたぞ　この盃を　ついでくなんせ　たっぷりと
　その後、嫁入り行列が婿方の家の門口までできたら、庭で餅つき歌をうたいながら千本杵で餅をついた。
　　　○嫁が来たヤーヨーイ　小豆鍋かけろ　塩入れて　塩入れてヤーヨーイ　嫁御に食（く）せて　抱いて寝ろ　抱いて寝てヤーヨーイ　寝肌が良から　妻とする
　　　○餅つきは　楽だと見せて　楽でない　何仕事　仕事に楽は　ありゃしまい
婿の家では、昼でも門に松明もしくは提灯を灯していた。婿や結婚式を取り仕切る座長が提灯を持って迎えに行く地域もあった。これは、盆における迎え火と通じるものがあると考えられる。
　嫁は入り口から入った。このときに嫁が敷居をまたがないよう、あらかじめ婿方で頼んだ男性が嫁を抱き上げてキジリまで運んだ。この後、嫁はつぎの用意ができるまで納戸で休んだ。この間に、嫁方の長持ち担ぎから婿方の長持ち担ぎへと長持ちの受け取り渡しが行われ、双方の担ぎ手で「長持ち歌」を掛け合いでうたった。
　　　○［嫁方］めでためでたの　若松様　枝も栄える　葉も繁る
　　　○蝶よ花よと　育てた娘　今日は他人の　手に渡す
　　　○この長持ちを　お渡し申す　道中繁盛と　頼みます
　　　○［婿方］受けて喜ぶ　左の肩に　繁盛と届けます
　　　○これの家柄は　めでたい家柄　四つの隅から　黄金湧く
　　　○黄金長持ち　受け取りました　二度と帰さぬ　この里に
こうして婿方に渡された長持ちや箪笥は縁側から入れた。

この後に祝言が上げられた。祝言の進行も地域差があるが、オデアイ（家族の紹介）、ゼンマイ（膳が出される）、トリカワシ（酒が出される）、中座が座をにぎわす、イワイッコ（小謡、さんさ時雨、甚句などの踊り）、本膳（小豆餅、汁こ餅で腹ごしらえ）、蓬莱を飾り祝い言・踊りの順で行われ、お開きになると嫁を置いて客たちは帰り、座直りとなった。このときにうたわれたのは、基本的には男性が小謡、女性が「さんさ時雨」であり、その後に無礼講となるのはどの地域も同じである。
　江刺の儀礼的「場」においては、儀礼の終わりに小謡と「さんさ時雨」がうたわれ、「さんさ時雨」は酒宴のカワキリにもなる。つまり、
　　儀礼の終わり→儀礼と酒宴の間の歌（謡曲・さんさ時雨）→酒宴の歌
という構造がみられるのである。婚姻儀礼の場合、結納・ヨメムカエ・嫁の家の出家儀礼・婿の家での入家儀礼・祝言・床入り・客送り・座直りといった各機会で繰り返し行われるのである。これは、人生儀礼に限ったことではなく、サナブリや山の神講などの宴会をともなう年中行事にも認められるのである。山の神講においては、婚姻儀礼における謡曲が御詠歌となり、
　　○ありがたや　小牛田の神の　誓にて　産む度毎に　心安かれ
　　○一筋に　願いをかくる　山の神　産む子延命　富貴繁盛
　　○難産も　洩らさで救う　願なれば　参る輩（ともがら）　頼もしきかな
その後に「さんさ時雨」がうたわれる。
　　○この家かか様　朝起き早い　障子開いて福招く
　　○この家かか様　牡丹の蕾　ござるお客に　さけさけと
山の神講は、毎年3月と9月の12日に掛け軸を掛け、事前に宮城県の小牛田の神社からもらってきたお札を1枚置いて、妊娠祈願・安産祈願をするのが本来だといい、女性のみで千本杵で餅つきをした。男性はヤドの者とその近隣5、6軒の者たちが、オキズという接待役として酒をついでまわったりしていた。したがって、この場合の「さんさ時雨」の詞章も「かか様」が主役の詞章になっているのである。
　以上の儀礼においては、その「場」の性格が儀礼から酒宴へと変化する契機を歌にみることができる。そして、そうした構造は田植えにおい

ても、
 儀礼的な歌（一本植えれば千本になるよ　秋はかんべを刈るよに）→作業能率を高める歌（「餅つき歌」の転用）

というように、儀礼から作業へと性格が変化する契機を歌にみることができるのである。

　信仰と儀礼においては、その背景と形式の両面から分析することができるのであり、さらには、現在の占いやまじないについても、同様にその方法のみならず、それらが行われる状況にまで分析の領域を拡大することによって、人びとの心情がより深く理解されるであろう。

引用参考文献

岩手県教育会江刺郡部会編，1972，『江刺郡志』，名著出版

岩手県文化財愛護協会編刊，1999，『岩手の民俗芸能―国と県指定団体のすべて―』

國學院大學日本文化研究所編，2003，『歌のちから―岩手県旧江刺郡の民俗歌謡資料と研究―』，瑞木書房

長野隆之，2007，『語られる民謡―歌の「場」の民俗学―』，瑞木書房

宮田繁幸，2003，「民俗芸能の文化財指定・選択」，東京文化財研究所第 27 回夏期学術講座レジュメ

山口弥一郎，1975，『山口弥一郎選集第 4 巻』，世界文庫

conclusion
まとめ

　かつて、人間の生命の維持は集落などの社会の維持に直接つながるものであった。個人の願いと集団の願いがイコールとなる側面があったのである。たとえば、前近代において、より大きな収穫を得るための方法のひとつに田の神への祈りがあり、それは現在の農業テクノロジーに匹敵するほどのものであった。

　そうした信仰や儀礼は、現在の科学がより進化していくように、より効果のあがる方法が求められてきた。古代日本において、大陸から仏教を取り入れたのは国家的な政治戦略があったにせよ、それを受け入れた一般の人びとはその実際的な効果を期待したと考えられる。そして、実際的な効果をあげる方法は一つではなく、古来より信仰してきた「神」を「仏」などの外来神と並列させ、それへの祈りの方法として宗教者以外の一般の人びとによる田植え歌や芸能もあった。歌や芸能は、現在のような娯楽的側面のみならず、儀礼的であり、実利的であったのである。

　信仰との関わりから芸能を位置づけると、①神と人との媒介（祈願・託宣・清祓）、②奉仕（神へのもてなし）、③追体験・再現（神話・説話の可視化）となる。いずれにしても、神をよりリアルに感じ、同時に神をリアルな存在として成り立たせる想像力が発揮されていたのである。

　しかし、時代が下り、欧米の合理主義的科学が日本に取り入れられ、農業技術の変革が進展するにしたがって、作業能率や収穫高を上げるための方法が、より科学技術的なものへと変わっていった。

　旧江刺市広瀬において、儀礼的な田植え歌の後に餅つき歌をうたったのはその過渡期であったと考えられる。餅つき歌は餅をつく人たちがリズムを合わせるためにうたったテンポの速い歌であった。それを田植えにうたうということは、植え手のテンポを速めて作業能率を高める効果が期待されたと推測される。田の神への祈りの手段という信仰的な意味をもっていた田植え歌が、実利的なものへと変化していったのである。田植え歌から信仰が失われていき、やがて田植えが機械化されたことも

加わって、歌そのものが失われていったのである。

　しかし、いかに科学が進展しようとも、科学が森羅万象のすべてを解き明かすことは困難である。科学技術で解決することができないものに直面したとき、人びとは神や仏などの科学では理解されていないものに頼るのである。現在でも農作業は天気次第の側面があり、地域社会が変化していくことによって、共同祈願から個人祈願へと主体が変わっていったものの、豊作を祈願する心意は失われてはいない。

　この祈願のあり方は、村落とか都市とかにかかわらず、現代に生きる人びとにも通じるものである。受験や恋愛を人間にままならない存在としてとらえたとき、私たちは過去の日本人や日本文化とつながる入り口に立つことができるのである。

post-work
ポスト・ワーク

【課題1】
　近所で組織（集落・町会）的に祀っている神社について調べてみよう。（名称・祭神・祭日）

【課題2】
　その神社で祭りがどのように行われるのか調べてみよう。（日程・目的・行事次第）

【課題3】
　祭り以外にどのような祈願が行われるか調べてみよう。（個人祈願・共同祈願）

索　引

ア行

アソシエーション	140
アニミズム	237
有賀喜左衛門	25
一般的互酬性	94
移動販売	99
稲作儀礼	238
ウィリス, P.	191
受け取る義務	91
宇宙観	20
エヴァンス＝プリチャード, E. E.	56
選べない関係	133
贈る義務	91
恩義	93

カ行

カーゴ・カルト	181
カーニバル	182
解釈人類学	21
概念装置	17
核家族	135
核家族普遍説	135
隠れた構造	20
家族	131, 134
神	237
借り	93
考えるに適している理論	54
韓国料理	59
機能	19
キムチ	60
ギムワリ	89
行商	99
共食	63, 92
共同祈願	238
儀礼的カタルシス	188
儀礼の構造	184
均衡的互酬性	94
クラ	23
クラ交換	87
グラックマン, M.	179
クワキウトゥル	92
ケ	65
経済活動の智恵	97
経済交換	84
血縁関係	132
血縁集団	134
圏	131
言語カテゴリー	16
権力	93
交換	84, 95
構造主義人類学	20
ゴースト・ダンス	180
互酬	95
互酬性	94
個食	63
個人祈願	238
言霊信仰	236
コミュニティ	137
コムニタス	183

サ行

サーリンズ, M.	94
再分配	95
サウンドデモ	197
佐藤郁哉	188
サブカルチャー	189
参与観察	23
時間的な差異	90
死者祭宴	93
市場社会	96
自治会	137
シャーマニズム	237
社縁関係	132
社縁集団	138
社会階層	61
社会構造	20
社会秩序の再生産	192
社会的距離	94
社会的空間	18
社会に埋め込まれた経済	95
宗教的行為	234
習合	235
集団	128
祝祭	23
呪術	55
出自集団	134
純粋贈与	94
象徴人類学	21
象徴体系	20
象徴的意味	21
象徴的逆転	183
食事作法	61
食習慣	60
食による他者認識	59
食文化	52
食物タブー	54, 58
進化主義	19
新自由主義社会	96
親族	134
親族研究	133
ズールー	179
鈴木栄太郎	25
住まう	18
聖俗理論	184
聖と俗	23
性別組織	137
世界観	20, 25
世界宗教	235
セルトー, M. de	192
戦術	192
全体的社会現象	90
選択縁	132
選択縁的集団	140
千年王国運動	185
戦略	192
双系出自	134
贈与交換	90
ソシアビリテ	144
祖先祭祀	65
祖霊信仰	238

タ行

ターナー, V. W.	183
対抗運動	96
対抗文化(カウンター・カルチャー)	185
大転換	96
タイラー, E. B.	237
ダグラス, M.	58
タブー	23
食べる	52
食べるに適している理論	54
タラヴァード	135

単系出自	134	ハレ	65
地縁関係	132	ハレの日	65
地縁集団	137	反学校文化	191
中心と周辺	23	反逆の儀礼	179
町内会	137	バンド	137
通過儀礼	65, 183	否定的互酬性	94
つきあい	143	人形（ひとがた）	236
妻方あるいは夫方居住	137	非日常的抵抗	188
抵抗すること	176	ファン・ヘネップ（ヴァン・ジュネップ）	183
デュルケーム, E.	56	フィールドワークの方法	23
伝播主義	19	フィルター	16
同心円的構造	24	フォーテス, M.	56
トーテミズム	55	福祉国家	142
トラジャ	64, 93	父系	134
トロブリアンド諸島	23, 55, 88	負債	93
		ブリコラージュ	190
		ブルム社会の家屋構造	21

ナ行

ナーヤル	135	フレーザー, J. G.	55
内容的な差異	90	文化コード	17
ニーダム, R.	19, 21	返礼の義務	91
二元論的対立	22	ボアズ, F.	92
二項対立	25	暴走族	188
『西太平洋の遠洋航海者』	23	母系	134
日常食と儀礼食	65	母系制社会	23
日常的抵抗	189	ポトラッチ	92
日本民俗学	235	ポランニー, K.	95
認識人類学	20	ホルド	137
年中行事	64		
年齢別組織	137		

ハ行

マ行

バブコック, B.	183	マードック, G. P.	135
ハウ（hau）	91	マッキーヴァー	138
バフチン, M.	182	マックレナン, J. F.	55
流行神（はやりがみ）	238	祭り	185, 240
ハリス, M.	56	マリノフスキー, B. K.	19, 23, 55, 87
		民俗芸能	240
		民族宗教	235

民俗宗教	235		ラ行・ン	
無縁	133			
無縁死	128		落書き	179
モース, M.	90		ラドクリフ＝ブラウン, A. R.	19, 56
モルガン, L. H	55		リーチ, E. R.	19, 57, 184
			利益	96
ヤ行			流用（アプロプリエーション）	187
			レヴィ＝ストロース, C.	19, 23, 54, 57
両班（ヤンバン）	62		労役婚資	22
友人関係	142		ンデンブ	183
米山俊直	139			

執筆者紹介

第1章
矢野敬生（やの・たかお）
早稲田大学名誉教授
主な著作　『東アジア村落の基礎構造』（共編著）御茶の水書房，2008年／「アジア文化論」中島義明・根ケ山光一編『現代人間科学講座　第2巻「環境」人間科学』朝倉書店，2008年

第2章
林　在圭（いむ・じぇぎゅ）
静岡文化芸術大学文化政策学部国際文化学科教授
主な著作　「韓国における日常食の特徴と基本パターン」『静岡文化芸術大学研究紀要』VOL.11，2010年／『日本の食の近未来』（共著）思文閣出版，2013年

第3章
小林孝広（こばやし・たかひろ）
東海大学人文学部人文学科講師
主な著作　「地方居住問題にみる憐みのディスカルテ―フィリピン・ビサヤ地方・イビサン町の事例から―」『生活学論叢』15号，日本生活学会，2009年／「越境する小商いサリサリストア―日本人配偶者の役割に焦点をあてて―」蔵持不三也・嶋内博愛監修『文化の遠近法―エコイマジネールⅡ―』言叢社，2017年

第4章
竹中宏子（たけなか・ひろこ）
早稲田大学人間科学学術院人間環境学科教授
主な著作　La Fiesta en la Ciudad : Antropología de la fiesta de San Lorenzo en Huesca, Ayuntamiento de Huesca, 2005／「遺産を担う変わり者―スペイン・ガリシアの古城をめぐるM氏とアソシエーション―」飯田卓編『文明史のなかの文化遺産』臨川書店，2017年

第5章
出口雅敏（でぐち・まさとし）
東京学芸大学教育学部教授
主な著作 「地方社会集団の再編成と協同関係―フランスの地域自然公園と地方文化団体―」森明子編著『ヨーロッパ人類学の視座―ソシアルなものを問い直す―』世界思想社，2014年／「伝統文化をテーマとした小学校での授業実践―「総合的な学習の時間」での教育支援事例―」『東京学芸大学紀要人文社会科学系74』，2023年

第6章
長野隆之（ながの・たかゆき）
元國學院大學文学部准教授（2011年没）
主な著作 『語られる民謡―歌の「場」の民俗学―』瑞木書房，2007年／「可視化される仏教説話―岩手県の剣舞を中心として―」五連合フォーラム編集委員会編『國學院大學・短期大学文学系五学会連合フォーラム報告書』國學院大學国文學會，2008年

人類学ワークブック——フィールドワークへの誘い

2010年7月1日　第1版第1刷発行
2023年5月1日　第1版第2刷発行

編　　者＝小林孝広，出口雅敏
発行者＝株式会社　新　泉　社
東京都文京区湯島1-2-5　聖堂前ビル
TEL03(5296)9620／FAX03(5296)9621
印刷／三秀舎　製本／榎本製本

ISBN978-4-7877-0804-5　C1039

未開人の性生活

B. マリノウスキー著　泉、蒲生、島訳　4500円（税別）

> 母系氏族制のトロブリアンド島で部族の性生活を実地調査することにより、母系相続法の体系の中での個別的家族成立に果たす父子の愛情的結合、哺育、保護の役割を分析し、人類学に文化現象を共同体と切り離さず有機的にとらえようとする機能主義の新しい方向を開いた労作。

未開社会における犯罪と慣習　●付 文化論

B. マリノウスキー著　青山道夫訳　3000円（税別）

> 1914年から4年間を西太平洋のトロブリアンド島で未開人の生活にとけこんで調査した文化人類学史上の不朽の名著。とりわけその理論は法社会学に大きな影響を与えた。付録に「原始法の特性」を付す。セリグマンの社会科学辞典に執筆された「文化論」は本邦初訳。

未開社会における構造と機能

ラドクリフ＝ブラウン著　青柳まちこ訳　3200円（税別）

> 現代社会人類学の父といわれる著者が、その理論の中心概念"機能的一致の原理"を展開した「社会科学における機能の概念について」をはじめ、社会人類学の基本概念を定式化した論文や親族にまつわる諸問題、冗談関係、トーテミズム、タブーを論じた代表的論文12編を収録。

文化人類学の歴史　●社会思想から文化の科学へ

M. S. ガーバリーノ著　木山英明、大平裕司訳　2500 円(税別)

> 人類学における社会理論と文化理論の入門書。人類学の先駆となった大航海時代、啓蒙主義から説きおこし、草創期の民族学、アメリカ文化人類学、イギリス社会人類学、機能主義、構造主義など 60 年代までの流れを中心に、代表的人類学者を取り上げながらていねいにたどる。

社会構造　●核家族の社会人類学

G. P. マードック著　内藤莞爾監訳・解説　7000 円(税別)

> 原始乱婚説、母権論、進化論的家族発展説などの家族論に対し、本書は、科学的・実証的資料に基づいて決定的批判を加え、核家族の普遍的な存在を証明する。日本における急速な核家族化に対処するために多くの示唆に富む好著。付論「歴史的再構成の技法」

「エスニック」とは何か　●エスニシティ基本論文選

青柳まちこ編・監訳　2500 円(税別)

> F. バルト「エスニック集団の境界」、W. W. イサジフ「さまざまなエスニシティ定義」、E. イームズ・J. グード「都市におけるエスニック集団」、R. コーエン「部族からエスニシティへ」、A. ロイス「キリスト教徒でもユダヤ教徒でもなく」収録。